爱智学术文库

主　编

董尚文

副主编

杨海斌　王晓升

编　委（排名不分先后）

陈　刚　李耀南　张廷国　程新宇

吴　畏　唐　琳

爱智学术文库

中央高校基本科研业务费资助项目"中世纪艺术哲学"（项目编号：2019kfyxJJS121)成果

美学前沿问题研究
RESEARCH ON FRONTIER ISSUES OF AESTHETICS

林季杉 著

中国·武汉

作者简介

林季杉 中国人民大学哲学博士,华中科技大学哲学学院副教授,博士研究生导师,University of Birmingham、Gordon Conwell Theological Seminary、Baylor University访问学者,英国AMPHLETT奖学金、香港道风奖学金获得者,湖北大学青年英才,华中科技大学华中学者。近年来较专注于西方宗教经典、宗教艺术与伦理、美学与艺术哲学的研究,主持国家社会科学基金重点项目《基督教伦理的艺术教化研究》《中世纪艺术哲学》等国家级、省部级课题多项,出版《T.S.艾略特基督教思想研究》《宗教与文艺:伦理的视域》等学术著作,并在《哲学研究》《世界哲学》《世界宗教研究》《伦理学研究》等重要学术刊物上发表学术论文三十多篇。

内容简介

"美是什么"不同于"什么是美的",后者形成的是"意见",前者形成的形而上的"真理"。作为形而上的美学,顾名思义就是回答"美是什么"的学问。人类的审美意识尽管很早就产生了,"美是什么"却至今依然没有定论,由此导致美学也没有形成定论。美学至今仍处在无序状态。美学的困难在于美不是科学问题却似乎又必须成为"学"。关于美学的定义,当下流行的理解是,要么认为美学是关于美的哲学,要么认为美学是艺术哲学,要么认为美学是以美感为中心研究美和艺术的哲学。这些流行的美学定义,显然将美、美感与艺术彼此割裂,忽略了其内在相关性。其实,无论"美是什么"多么不确定,美学之为学都必须从学科上确认互相关联的三个理论问题:一是美,二是美感,三是致美。美学就是关于美的追问,既追问何谓美,又追问何谓美感、美何以致。其中,美何以致的形而上思考还须进一步延伸至何以实践美、提升美的思想维度。

总序

恩格斯曾说:"每一个时代的理论思维,从而我们时代的理论思维,都是一种历史的产物,它在不同的时代具有完全不同的形式,同时具有完全不同的内容。"哲学作为"时代精神的精华",必须紧紧把握自己时代的脉动,随着时代的演变而不断创新自己的形式和内容。当今时代,从国际情势来看,世界正经历着百年未有之大变局,各种复杂交织的矛盾处于剧烈爆发的历史时期,不同文明之间的冲突、意识形态之间的对抗、民粹主义与精英主义的抵牾、单边主义与多边主义的博弈、霸权主义与反霸权主义的斗争……凡此种种,无不给原本就脆弱的世界秩序增添了诸多不稳定性、不确定性,加速着世界格局的震荡与重构。从国内情势来看,中国已经顺利完成了社会主义现代化建设的基础性积累,正在开启全面建设社会主义现代化国家的新征程。中国要想实现自身的和平崛起和中华民族伟大复兴的中国梦,一方面必须针对国内各领域的深层次矛盾进一步深化改革,抓住历史机遇推动自身的高质量发展;另一方面必须针对以美国为首的西方世界的遏制进行有理、有利、有节的斗争,最大限度地为自身的和平发展争取广泛的国际合作空间。国际国内局势不断演变的实践进程客观上要求理论进程与时俱进、守正创新,毕竟实践进程需要理论的反思和指导,脱离理论的实践进程是盲目的,理论进程也需要实践的检验和支撑,脱离实践的理论进程是空洞的。此外,当今时代新一轮科技革命和产业变革的深入发展正在不断推动着人类生产、生活和生存方式发生前所未有的巨大变化,中国必须抓住历史机遇,集中力量攀登科学高峰和发展高新科技产业,跻身世界科技强国行列。但是,一如恩格斯所说:"一个民族要想登上科学的高峰,究竟是不能离开理论思维的。"同样地,一个民族要想屹立于世界文明和社会发展的高峰,也终究是不能离开理论思维的。因此,我国全面建设社会主义现代化国家和勇攀科学高峰的实践进程,迫切需要加快构建中国特色哲学社会科学,创新创造能够体现中国特色、中国风格、中国气派的学科体系、学术体系、话语体系,推动中华民族的理论思维走向成熟,达到应有的高度和深度。

在这一因变促新的时代背景下,哲学的形式和内容的创新对于肩负"立德树人"根本任务的中国高等学校而言显得尤其重要。目前我国高等学校越来越充分认识到哲学教育对于人才培养的极端重要性,普遍把哲学导论、逻辑与批判性思维等哲学通识教育课程作为所有学生的必修课来开设。哲学作为一门基础性人文学科,致力于人所特有的自身生存根基、生命意义的反思和探索,不断提升人的自我意识和生存自觉,哲学教育对于整个人类文明的形塑和发展,乃至人与社会、人与自然的和谐共存具有根本意义。《易经》曰:"文明以止,人文也。观乎天文,以察时变;观乎人文,以化成天下。"在以"化成天下"为主要功能和根本目的的人文科学中,哲学相较于文学和历史学而言,无疑是一门具有更强人文性的学科。从根本上讲,哲学完全可称得上是人之为人赖以安身立命的"为己之学""成人之学",抑或是一门努力使人变得高贵或者高尚的人学。在比较学哲学与学其他科学的目的之不同时,冯友兰先生曾经说:"每个人都要学哲学,正像西方人都要进教堂。学哲学的目的,是使人作为人能够成为人,而不是成为某种人。其他的学习(不是学哲学)是使人能够成为某种人,即有一定职业的人。"冯友兰先生的这一说法不仅表明人文性是哲学最本质的属性,而且道出了哲学的根本使命在于它使人学以成人。哲学的根本使命和社会功能主要体现在它对人的教化或者教育上,即教人学会反思自己、涵养自己,学会觉悟人生意义、陶冶人生情趣、提升人生境界。从这个意义上讲,哲学与教化或者教育是相通的。康德在论述教育时曾经说过:"人惟有通过教育才能成为人。除了教育从他身上所造就的东西,他什么也不是。"教育既是完成哲学的根本使命所要达到的终极目的,又是实现哲学的社会功能的必要手段。归根结底,哲学的终极目的在于以教化或者教育的方式使人成为人,即把人的动物性改造成人性。众所周知,人之为人本乎人性,人文素养是人之为人的基本素质。没有人文底蕴的教育无法培养德智体美劳全面发展的人。我国高等学校的办学性质决定了它肩负着培养社会主义建设者和接班人的历史重任。培养德智体美劳全面发展的人是完成我国高等学校"立德树人"根本任务的必然要求,理应以哲学教育为天职和本分。《大学》云:"大学之道,在明明德,在亲民,在止于至善。"哲学教育本质上是一项培养人学会以概念的方式把握世界和人自身,最终达到按照真善美的价值理念塑造世界和人自身,提升人的内在精神生活品质、情操和境界的事业,它不仅要致力于培养人的理性认知能力、自我反思能力和批判性思维能力,而且更重要的是要致力于陶冶人的爱智情趣、求真态度、向善意志、致美境界等精神品格。人的世界观、人生观和价值观之形塑与哲学教育须臾不可离。若强以离之,则谓舍本逐末,蔽于道也,盖因"道之显者谓之文"。

在当今中国社会,虽然人们因受功利主义、效用主义等社会思潮影响而热衷于追求外在的物质生活和工具理性,倾向于重视科技教育而忽视人文教育,进而使人对自己的精神生活品质的关切暂时让位于对物质生活改善的欲求,但是归根结底人总是不可避免地要返回到认识自己、反思自己、涵养自己、改造自己的精神追求上来,以便达到使自己变得高贵或者高尚的目的。当前我国教育主管部门特别强调高等学校必须把"立德树人"作为办学治校的根本任务来抓,这无疑为改善我国一段时间以来人文教育式微的处境、回归高等教育的本位提供了一个重要契机。当然,落实"立德树人"根本任务有赖于采取各种切实可行的具体措施,其中强化科研育人也是重要抓手之一。创新和精进人文学术研究并使之转化为育人资源,不仅是彰显人文价值和人文情怀的一个重要方面,而且是敦化人文教育的一个重要举措。从这个意义上讲,充分发挥哲学研究的育人作用对于落实我国高校的"立德树人"根本任务显得尤其重要。

刚刚过去的 2020 年是极不寻常的一年,它注定会以一场突如其来的肆虐疫情及其影响被浓墨重彩地载入世界历史。这场可怕的疫情持续的时间之长、在全球蔓延的范围之广都是前所未有的,它给全球经济、政治、社会的发展所造成的严重冲击和阻碍不仅是全方位的,而且是难以估量的,对世界历史的发展进程产生的巨大影响将随着时间的推移而在后疫情时代逐渐凸显出来。中国共产党和中国政府在抗疫防疫上本着以人民为中心和生命至上的理念,及时果断地动员和组织全国力量,科学有效地打赢了一场抗疫的人民战争,并迅速引导全国生产和生活秩序回归正常,不断推动经济持续恢复和高质量发展,使我国成为全球唯一实现经济正增长的主要经济体,提交了一份人民满意、世界瞩目、可以载入史册的优秀答卷。中国抗疫防疫的伟大实践为世界各国抗击新冠肺炎疫情的斗争提供了非常宝贵的中国经验、中国方案,充分彰显了中国共产党和中国政府的强大领导力、凝聚力以及中国特色社会主义道路优势和制度优势。华中科技大学(以下简称华中大)在这场抗击疫情的斗争中是全国抗疫战场投入力量最多的高校,为打赢武汉保卫战、湖北保卫战,乃至取得全国疫情防控的胜利做出了巨大贡献，用实际行动诠释了"天下兴亡，匹夫有责"的家国情怀和与祖国人民同舟共济的使命担当。值得一提的是，这所具有强大理、工、医科背景的高校在取得抗疫斗争胜利后迅速调整了学科布局，毅然决然地成立了哲学学院。这是华中大哲学学科发展史上一件具有里程碑意义的事件，它不仅为华中大哲学学科跻身国内一流学科方阵提供了一个具有独立建制的专业平台，而且彰显出华中大党政领导班子在功利主义、实用主义、技术理性、工具理性泛滥于世的大环境下仍然恪守"求真高于求用"的精神品格和追求"厚德爱智"的人文情怀。

为了通过科研育人来落实"立德树人"的根本任务，提升建设一流学科和培养一流人才的整体实力和水平，华中大哲学学院决定推出一套高质量的学术丛书。由于哲学就其本义而言是对智慧的热爱和追求，即"爱智之学"，因此我们将这套学术丛书命名为"爱智学术文库"。本文库收录的是华中大哲学学院部分教师的学术研究成果，其选题涉及哲学门类的不同二级学科。这部分教师不仅是长期耕耘在哲学教育第一线的传道、授业、解惑者，而且是能够以"板凳坐得十年冷"的毅力潜心问道的哲学研究者，他们既有造诣精深的哲学素养，又有弘毅致远的人文志向和大爱仁慈的人文情怀，更有学术创新的使命担当。虽然他们的哲学研究成果明显地折射出他们因各自的学术涵养和兴趣偏好之差异而具有不同的理论关切、思考和表达，但是一如梁启超先生所言"学术乃天下之公器也"，体现他们个性化的哲学思考和言说只有受到广大学界同仁的认真审视和严格批评，才能成为"化成天下"的学术公器。因此，一方面我们提倡学术研究自由，坚持"百花齐放、百家争鸣"的方针，热忱欢迎广大哲学学人不吝赐教，对本文库中的每一部作品都尽可能客观公允地提出宝贵的批评意见，毕竟学术真理只有在学术争鸣中才能不断去蔽；另一方面我们强调学术研究的使命担当，坚守学术规范，讲求学术诚信，注重文责自负，衷心希望每一位作者都能在独立自主地表达自己的理论观点时尽量虚怀若谷地悦纳学术同仁的批评指教，毕竟每一位作者的问题视角、理论视域、观点阐释、思想深度、研究方法、论证过程乃至语言表达等都难免会有这样或者那样的局限，其理论创新只有在不断修正错误中才能从不完善走向完善、从稚嫩走向成熟。

我们相信，本文库的出版对于弘扬人文精神、提升哲学素养、繁荣我国哲学事业，乃至推动中国特色哲学社会科学的创新发展都会做出应有的贡献。衷心祝愿本文库能够提供更多更好的、令广大哲学爱好者满意的学术精品！

华中科技大学哲学学院院长，教授、博士生导师

2021 年 1 月 1 日

目录

导言 / 1

第一章 何谓美? / 18

  第一节 美不应该描述为什么 / 24

    一、美是客观的? / 25

    二、美是主观的? / 44

  第二节 美应该描述为什么 / 49

    一、爱就是美,美就是爱 / 49

    二、美就是生活世界的显现 / 60

第二章 何谓美感? / 65

  第一节 历史的回答:以中西美学史为例 / 71

    一、比德:中国美学史的解释 / 72

    二、移情:西方美学史的解释 / 79

    三、和美与壮美 / 96

  第二节 康德的启示 / 119

    一、康德论美感的共通性 / 119

    二、康德论审美的"普遍性" / 139

第三节　美何以令人感动？／ 152

一、超越主客二分／ 154

二、超越有限，走向无限／ 169

第三章　何以致美？／ 180

第一节　从特殊出发，以情感为开端／ 181

一、从特殊出发／ 184

二、寻求情感的共通／ 191

第二节　拥有感性的全面丰富性／ 202

一、回到现实的感性／ 202

二、自由的劳动创造美／ 208

三、按照美的规律建造世界，拥有全面丰富性的感性／ 218

第四章　何以实践美？／ 222

第一节　康德论艺术／ 222

一、哲学人类学视域是康德艺术观的逻辑前提／ 222

二、合目的性的艺术促进人类内在情感的普遍传达／ 229

三、如何破解康德艺术观的两个疑点／ 234

第二节　美与艺术／ 245

一、艺术是美的理念的感性显现／ 245

二、自然美与艺术美之间有一条隐秘的通道／ 248

三、艺术具有最强的审美效应／ 252

第五章　何以提升美？/ 254

第一节　美的丰富性：艺术·伦理·宗教 / 254

一、艺术与伦理 / 254

二、宗教与伦理 / 262

三、艺术与宗教 / 274

第二节　艺术让美学成为美学自身 / 283

一、"爱的自我感的丧失"与美学的缪斯原则 / 283

二、"出发再涌回"实际生活经验 / 285

三、哲学美学与追寻真理的多重路径 / 288

四、走向艺术之美学，塑造艺术的真理性 / 292

参考文献 / 296

导言

美,妙不可言。这使得美与言之间产生了一种紧张。所有对无言之美的言说都是一场历险。尽管如此,爱美之人还是得进入并参与这场历险,主动地去言说那种不可言说之神秘,并且,言说美的问题只能从人说起。除此之外,别无他途。这既是因为只有人才会追问,也是因为只有人才爱美。但是,在这里,对于人,又不能仅仅加以生物学的、考古学的理解,而必须进行思想的把握与追问。只有思想的把握与追问,才能进入人性的内部。只有进入人性的内部,才能发现美的源头。有了人,从逻辑上看,美就有了可能性;但人性如果没有得到进化(其实是净化),就不能算真正意义上的人。如果没有真正意义上的人,当然也就没有真正意义上的美。事实上,人类的历史已经很漫长、很悠久,但时至今日,依然有人远离美。这是人性的危机,也是美的危机,当然也是美学的危机。从来,爱美的人都比爱美学的人多很多。

当今世界,经济、社会、政治和文化等各个方面都面临着严重的问题和危机,这些危机威胁着人类自身和世界的存在。在人类世界,物自有其自身的存在样态,如森林有森林的存在样态,猴子有猴子的存在样态。但是,当人将物当成物质材料、生活工具的时候,物随时都有可能被人加工、占有、消费、征服甚至抛弃,从而不复存在。随之,物就丧失其自身的存在本性,如森林成为林场、猴子成为猴戏演员。更为严重的是,当物失去物性的时候,人也失去了人性。然而,人之所以称得上是人而存在着,恰恰是因为有人性。但当今世界,人已经不再具有完整统一的存在性,而是成为一个分裂的存在者,成为碎片,成为零部件,甚至下降为一般意义上的物质材料,物化为人力资源。于是,人的存在受到巨大威胁。人沉沦了,人似是而非地存在着,有家不能回,甚至是无家可归。舍勒曾经这样描写现代人的处境:"一种盲目的工作追求倾向,同时这种追求的最终根基在于一种完全世俗——享乐的事物估价和一种禁欲的快乐抑制——这种倾向无疑构成了现代复杂文明的驱动车轮之一。"①他还进一步描

---

① [德]舍勒:《伦理学中的形式主义与质料的价值伦理学——为一种伦理学人格主义奠基的新尝试》,倪梁康译,商务印书馆,2011年版,第373页。

写道:"工作和营利;这对更古老的类型来说多少是由生活需要支配的任意活动,对现代人来说则变成本能的,并且因为是本能的,就变成无限制的了。这一类型通常对事物的直观和思考的内容和方式,变成了它在事物那里忙碌的内容和方式的一个结果。"①人在逐利与享乐中把工具置于生命之上,一步步走向沉沦。这也就是说:"人之物、生命之机器、人想控制因而竭力用力学解释的自然,都变成了随心所欲地操纵人的主人;'物'日益聪明、强劲、美好、伟大,创造出物的人日益渺小、无关紧要,日益成为人自身机器中的一个齿轮。"②

人的存在所面临的威胁,就是哲学所面临的威胁。由于美学致力于对人生之美好存在的追寻,所以,在某种意义上可以说,一个人的存在问题,一个人的生命问题,实际上本身就是美学的核心。美学完全没有必要一般性地去争辩何谓美、何谓美感、何谓艺术,而是要把这种争辩引入生命的存在中来展开。"即把美看成人的生存的自由实现。""让人的生存在审美中获得自身最高的意义。"③在这里,不是美和美感,也不是艺术,而是人的存在才是美学的关键词。美和艺术都不具有超验的意义,只不过是人的存在的自由活动的另一表达,而假、恶、丑也不过是表达了人的存在的异化、美的毁灭。美学的使命就是克服人

---

① [德]舍勒:《舍勒选集》下卷,上海三联书店,1999年版,第987页。
② [德]舍勒:《价值的颠覆》,罗悌伦等译,生活·读书·新知三联书店,1997年版,第161页。
③ 彭富春:《漫游者说——一个哲学家的心路历程》,团结出版社,2016年版,第108页。

的有家不能回或无家可归的困境,指明人诗意地栖居的方向,让人成为自身,如其所是。张世英指出:"人和其他任何事物一样,原本植根于隐蔽的无穷尽性之中而与之合一,这合一的整体就是人生的家园。自从有了自我意识从而能区分主体与客体之后,人一般地就把事物当成外在的客体、对象而加以认识、加以占有和征服,人在这种认识、占有和征服的不断追逐的过程中反而觉得失去了万物一体的庇护,失去了家园。"① 如果说,美学是要寻找人类返回家园的线索,那么任何一种美和艺术都是努力让人通往诗情画意的生活,让人抵达自身存在的根基。张世英指出:"一旦有了人与存在相契合的感悟,人就聆听到了存在的声音或召唤,因而感到一切都是新奇的,不同于平常所看待的事物,而这所谓新奇的事物实乃事物之本然。"② 不是人创造了美,而是美和艺术给人提供一条道路,一条通往家园的道路,让人走向存在的家园,成为真正的人、审美的人。"人生的家园只有在艺术中、在审美意识中,或者更确切地说,在诗意中才能达到。"③

从积极意义上,美实际上表达的是一种存在论意义上的生存状态或气质,是存在的光辉。没有审美感,人根本无法成为一个富有精神气质的人。人的存在问题理应居于美的首要位置。

---

① 张世英:《美在自由——中欧美学思想比较研究》,人民出版社,2012年版,第43页。
② 张世英:《美在自由——中欧美学思想比较研究》,人民出版社,2012年版,第32页。
③ 张世英:《美在自由——中欧美学思想比较研究》,人民出版社,2012年版,第44页。

包括海德格尔和萨特在内的所有存在主义哲学家在追问存在问题时,最后都自觉地转向了美或艺术。在存在哲学家看来,美或艺术是开启存在者的存在的最根本途径。存在主义哲学家海德格尔始终未能建立系统的美学,但他对人的存在问题思虑最多、研究最深。他认为,人的本体存在直接现身于此在(存在者),存在的意义只有从这种此在(存在者)的直接体验中才能得到理解。"对存在的领悟本身就是此在的存在规定。"① 这种此在体验并不仅仅是人的心理学的现象,不仅仅是一般的存在者,而是现象学意义上的存在真理,即存在本身的真相的显露与去蔽。叶秀山解释说:"'人'的'存在',就是'人'的'生活','我在'是我的活生生的存在。我的活生生的存在就是我的非生物意义上的'活着',不是'植物人''动物人'式的'活着',而是真的'活着',这样,'我在',就是'我活着',而'我活着',则必定可以'推出''我思想',这里已不是'逻辑'的推理,而是'历史的''现实的'推理,'我活着'是'我思想'的'历史'的'先天(a priori)'条件。'我活着'的'活',不是生物学的'概念',而是基本生活经验里的语词,是基本生活世界里的'度'。"② 海德格尔为了让美在存在世界扎下坚实的根,以便充分吸取存在的养分,将美的本性置于存在的基础上,认为美的问题只能从对存在的追问中得到解释。在海德格尔看来,美是存在的创建、展示乃至本性,审美欣赏就

---

① [德]海德格尔:《存在与时间》,陈嘉映、王庆节译,生活·读书·新知三联书店,1987年版,第16页。
② 叶秀山:《美的哲学》,北京联合出版公司,2016年版,第41—42页。

是人对存在之真实的创造性保存和看护。人只有在诗意之栖居中才能复归到本真状态,美或艺术发展人的自由感,克服压在人头上的各种现实力量,是人达到真正存在的见证。从此,美不再是某种愉悦的感受,而是生命的在场、存在的显现。一个美的世界是一个灌注了生命力的世界。在美中,我们不仅看到了人自身生命力的表达,看到了世界的生生不息,还看到了人与万物的相互生成。海德格尔说:"美乃是作为无蔽的真理的一种现身方式。"①在海德格尔看来,美就是存在者(此在)的真理或真相的自我显现。海德格尔强调,只有通过诗歌才能返回家园,返回人的存在。诗歌作为最原始的语言能使人感受自身的存在,使存在向人敞开自己的根源。萨特的美学思考同样是从人的直接感受出发,恶心、羞愧、烦恼等情绪都是向人的存在——自由发出的呼叫,一切文艺都是向人的自由提出吁求。审美使人类全体都以自身最高自由的面目出现。萨特说:"美表现世界的一种理想状态,相关于自为的理想实现,事物的本质和存在在其中被揭示为与那在这种揭示本身中与它本身一起融合到自在的绝对统一中的存在同一。这正因为美不仅是进行着的超越综合,而且只能在我们本身整体化中并通过这种整体化而实现,正是为此我们需要美的东西,并且就我们把我们本身当作一种欠缺而言,我们认为宇宙是欠缺美的。"②

---

① [德]马丁·海德格尔:《艺术作品的本源》,孙周兴译,载《林中路》,上海译文出版社,1997年版,第40页。
② [法]萨特:《存在与虚无》,陈宣良等译,生活·读书·新知三联书店,1997年版,第260页。

如果说,从积极意义上,理想的存在状态或气质是美的,那么,从消极意义上,美意味着不甘于沉沦,不为物所役,不放弃神性,拒绝虚无与荒诞。上帝已死,神性归隐,黑暗笼罩整个世界。于是,这个世界只剩下可见之物,并且,可见之物成为唯一的真实之物,不可见的无限之物隐而不见。在这样的世界,人遭遇巨大的空虚和遗弃,没有存在感,人与存在的距离恰好是人自己造成的。当然,在人之外,距离是毫无意义的,虚无其实就是人体会到的一种无处不在的普遍距离。荒诞的核心是人无法解释自己和世界,也无法相信现有的解释世界的理论,因此,人看不到生命存在的意义。用加缪的话说就是:"一个哪怕用极不像样的理由解释的世界也是人们感到熟悉的世界。然而,一旦世界失去幻想与光明,人就会觉得自己是陌路人。他就成为无所依托的流放者,因为他被剥夺了对失去的家乡的记忆,而且丧失了对未来世界的希望。这种人与他的生活之间的距离,演员与舞台之间的分离,真正构成了荒诞感。"[①]荒谬与崇高不同。荒谬的对象是与人敌对的东西,但又不像崇高那样具有可怖的表象。荒谬的可怖是深层的,是看不到可怖的可怖。可怖的不是可怖,而是可怖的深不可测。如果说崇高使人从痛感走向壮美,荒谬则不可能有这样的胜利,因为它展现的是人生最深层的矛盾。如果说崇高还有对象,那么荒谬根本就没有具体的对象,因此既不可能有抗争,也不会有胜利。这种无法战胜,甚至无法战斗,

---

[①] [法]加缪:《西西弗的神话》,杜小真译,生活·读书·新知三联书店,1987年版,第6页。

都是没有理由的。如果说,人是理性的动物,理性可以许诺美好的未来。那么,荒谬表明,人失败了,理性也失败了,没有美好的未来,只有无尽的荒谬。《等待戈多》中两个流浪汉爱斯特拉冈和弗拉其米尔黄昏的时候在荒郊路边一棵光秃秃的树下等待等不来的戈多。戈多是谁,是上帝?还是人生的意义?戏中的流浪汉、局外的观众甚至剧作者都回答不了,这些问题的答案像梦一般朦胧与虚无。加缪的《局外人》的主人公莫尔索仿佛活在世界之外,对世上发生的一切都淡然处之,对于莫尔索来说,一切都无所谓,一切都没有意义。在卡夫卡的《变形记》中,人变成了甲虫,变成甲虫的人深刻体验到作为非人的甲虫的孤独。在尤内斯库的《犀牛》中,人变成了犀牛,体验了人非人化的必然命运。所以,荒谬构成了对人的存在最严重的威胁,相应地,也成为对美最强烈的呼唤。

在萨特的《恶心》里,洛根丁和安妮是一对恋人,双方的思想观念和价值观念几乎一模一样,但是安妮最终还是离开了洛根丁,洛根丁觉得很荒谬和虚无。如何超出存在的荒谬感与虚无感?萨特笔下的洛根丁正是借助音乐的歌声摆脱人世的恶心的:"再过几秒钟,那个黑女人就要歌唱了。这似乎是无可避免的,因为对这个音乐的需要十分强烈。没有什么能够使它中断;现在是世界搁浅的时间,从这个时间来的一切都不能使它中断……它会自己接受命令而停下来。……最后的和弦消失了。在接下来的片刻静寂里,我强烈地感到行了,有件事情发生了。……所发生的事情就是'厌恶'消失了。歌声在静寂中响起来时,我觉得我的躯体坚硬起来,'厌恶'走得无影无踪。"①洛根丁的厌恶感来自不能自由支配自己的存在,而厌恶感的消失又归缘于在音乐的帮助下终于获得自由、找回存在。

可见,面对沉沦的人生、堕落的现实,审美与艺术不能采取回避的态度,不能丧失抵抗堕落的能力。相反,审美与艺术必须保持批判的姿态与权利。陀思妥耶夫斯基认为,沉沦的人生、堕落的现实,其实都根源于人内在世界的分裂和人与人兄弟之爱的消失。正如《卡拉马佐夫兄弟》中佐西马长老的神秘访客所说:"我们这个时代,大家各自分散成个体,每个人都隐进自己的洞穴里面,每人都远离别人,躲开别人,把自己的一切藏起来。……现在人类的智性已到处在带着讪笑地不愿去了解,个人真正的安全并不在于个人孤立的努力,而在于社会的合群。"②若要克服现代社会的疾患,就必须恢复"爱之联系"。基督教三位一体神学三个位格的相融互摄关系展示的是关系性存在,每个位格不是孤立的实体,它的本质是由它与另外两个位格的关系决定的。别尔嘉耶夫认为,上帝分化为三个位格就是为了打破僵死的统一性,在差异中实现统一即爱。③ 爱是人最深切的存在感受和生命体验,也是战胜丑陋的方式。这种战胜不是通过强制性取消矛盾,而是通过爱在矛盾双方建立起互相吸纳的联系。通过

---

① [法]萨特:《萨特小说选》,郑永慧译,西安交通大学出版社,2015年版,第88-89页。
② [俄]陀思妥耶夫斯基:《卡拉马佐夫兄弟》,耿济之译,译林出版社,2012年版,第341-342页。
③ [俄]别尔嘉耶夫:《自由精神哲学——基督教难题及其辩护》,石衡潭译,上海三联书店,2009年版,第144-151页。

爱,最大限度地实现了特殊性与普遍性的联系,这种联系不是外在的,不是让特殊性消失在普遍性之中,而是让普遍性就在特殊性的根基上建立起来。俄罗斯思想家弗兰克说:"爱是人类全部生命的基础和本质;如果说人在世界上感到自己是脱离了存在的自我封闭的一个片断,应当依靠其他的生命才能确立自己,那么,在包容整个世界的统一中找到了自己的真正本质的人,就意识到,没有爱就没有生命,他愈是克制自己的封闭性,愈是在他人中确立自己,他就愈能确立和实现自己的真正本质。人的个性从外部看似乎是自我封闭的,与他人分离的,而从内部看,在自己的内心深层,则是与他人相通的,是与他人在原初的统一中融为一体的。因此,人离开外表向内走得越深,他自己就会变得越开阔,他就会获得同他人和整个世界生命的自然的和必要的联系。"① 雨果、陀思妥耶夫斯基描写过杀人凶手在看到美丽风景时,由于意识到自己与人的隔离而产生的羞耻、绝望的心情。美唤醒的这种对隔离的羞耻感,是重新建立爱的契机。生命尚在的时候,存在往往不被意识;生命受阻的时候,存在才凸显出来。

　　谢林把艺术看成是解决日常生活的困扰的救世主。叔本华认为,避开人生的苦痛,只能通过艺术。在艺术上,黑格尔把整体性作为人物性格的最基本要求。他说:"理想才真正是美的,因为美只能是完整的统一,但也是主体的统一。因此,理想的主

---

① ［俄］弗兰克:《人与世界的割裂》,山东友谊出版社,2005年版,第239页。

体也必须显现为从原来个体及其目的和希求的分裂状态回原到它自己,汇合成为一种较高的整体和独立存在。"①他还说:"每个人都是一个整体,本身就是一个世界,每个人都是一个完满的有生气的人,而不是某种孤立的性格特征的寓言式的抽象品。"②席勒相信,审美可以救治社会,拯救人类。席勒说:"唯有审美国家能使社会成为现实,因为它是通过个体的本性去实现整体的意志。尽管需求迫使人置身于社会,理性在人的心中培植起合群的原则,但只有美才能赋予人合群的性格,只有审美趣味才能把和谐带入社会,因为它在个体身上建立起和谐。"③帕克说:"艺术是种族的忏悔书。艺术家提供了一种媒介物,使一切人都能忏悔和医治自己的灵魂。"④

如果说,在亚里士多德和黑格尔那里,爱欲(努斯)存在于一种最高的存在或观念里。直到叔本华,才提出了作为意志表象的世界观,将意志作为另一种逻各斯。但叔本华没有达到对爱欲和满足原则的本体论提升,只有尼采才真正实现了这种爱欲的本体论。在叔本华那里,意志指的是一种盲目的生命冲动,这种冲动意味着有欲望和需求,而在意志的驱使甚至是奴役下,这种欲望可以说是无休止的,而个人作为有限的个体,满足不了这无限的生命冲动产生的欲望,这种精神无限和肉体有限的矛盾

---

① [德]黑格尔:《美学》第1卷,朱光潜译,商务印书馆,1979年版,第303页。
② [德]黑格尔:《美学》第1卷,朱光潜译,商务印书馆,1979年版,第303页。
③ [德]席勒:《审美教育书简》第27封信,冯至、范大灿译,北京大学出版社,1985年版,第152页。
④ [美]帕克:《美学原理》,张今译,广西师范大学出版社,2001年版,第33页。

让叔本华看到的是充满痛苦的人生,而即使这种欲望是有休止的,当其被满足时,人生又会陷入空虚无聊的状态,仍然是一种痛苦的人生。因此,叔本华的哲学是一种极度悲观主义,他认为人生就是悲剧性的,充满痛苦,通过否定"个体化原理"而否定整个生命意志,在此基础上进而对整个人生的意义和价值进行否定,透露着浓厚的悲观主义气息。尼采认为,悲剧的本质是个人境界同作为世界本体的生命意志合为一体的酒神精神。他说:"甚至在其最陌生、最艰难的问题上也肯定生命,生命意志在其最高类型的牺牲中感受到自己生生不息的乐趣——我把这叫做狄奥尼索斯式的……。"①酒神精神的本质是对生命的肯定,肯定生命意味着既肯定生命的苦难,又肯定生命的欢乐,要以酒神式的人生态度去面对生命中的苦难。在尼采看来,我们的人生虽然充满了悲剧性,但是生命以及我们人类自身都有着超越的本性,我们得不断超越自我,战胜人生的悲剧性。"尼采思想的伟大处,在于把人的力量视为一切创造的本源,他歌颂生命、奋进与超越。在经历传统哲学唯理的独断观念重压之后,尼采的精神不啻是一种醒觉的讯号。"②尼采美学的核心是将美、美感和艺术的本性理解为陶醉即生命力的丰盈和剩余,他的美学以生命即存在来反对理性,结果艺术成为人生的出口和存在自身的直接表达。尼采在《查拉图斯特拉如是说》的《纯洁的知识》中

---

① 尼采:《偶像的黄昏:我感谢古人什么》,李超杰译,商务印书馆,2017 版,第 100 页。
② 陈鼓应:《悲剧哲学家尼采》,生活·读书·新知三联书店,1987 年版,第 13 页。

写道:"美在哪里？在我须以全意志意欲的地方；在我愿爱和死，使意象不只保持为意象的地方。爱和死：永远一致。求爱的意志，这也就是甘愿赴死。"①

所有的沉沦与苦痛不外乎是爱的消失与缺席。爱是世界上最美的风景。求爱不得而痛苦，原本不是为所爱的对象而痛苦，而是为自己的爱本身而痛苦，因为爱就是美，美就是爱。黑格尔说："爱就是单纯的精神的美。"②由于弗洛伊德最终倾向于压抑性文明是一种永恒的本能结构，这就使得他本人并没有把握爱欲原则的本体论意义。马尔库塞的任务就是将爱欲和满足原则提升为本体论的存在，指明爱欲及其满足才是存在的真正本质。爱在马尔库塞那里立足于人的全面自由发展，体现的是人的总体性存在，反对的是片面的人。爱与其说是一个哲学概念，不如说是一个美学概念，更是对操控原则普遍施行、工具理性甚嚣尘上的发达工业社会导致人的沉沦进行美学批判的武器。事实上，爱是一个解放性概念，就是要把人沉沦中解救出来。爱是唯一可能反抗全面压抑的力量。面对这样一个压抑性社会，马尔库塞一直谋求来一次"大抗拒"。他把消除压抑的希望从劳动解放转换成了美学解放，即寄希望于在美学的意义上实现沉沦在全面异化境遇中的人类救赎。美学是马尔库塞心中最典型的非压抑性文明形式。

---

① ［德］尼采:《悲剧的诞生——尼采美学文选》，周国平译，生活·读书·新知三联书店，1986年版，第262页。

② ［德］黑格尔:《美学》第2卷，朱光潜译，商务印书馆，1979年版，第302页。

在中国,爱就是召唤。"每逢佳节倍思亲""酒意诗情谁与共""冷雨疏花不共看,萧萧风思满长安""今夜月色人尽望,不知秋思在谁家""永夜角声悲自语,中庭月色好谁看""明月照高楼,流光正徘徊,上有愁思妇,悲叹有余哀"……这些诗句都是爱的召唤。如果说,爱就是召唤,那么,缺席就是美中不足。如果说,美意味着完满与共鸣,那么,美中不足意味着深刻的孤独与不完满,因此,美就成为连接自我与他者、个体与整体、有限与无限的桥梁与通道。梁启超说:"我确信'美'是人类生活一要素——或者还是各种要素之中最要者,倘若在生活全内容中把'美'的成分抽出,恐怕便活得不自在,甚至活不成!"①彭富春说过:"爱与智慧的完满实现就是美。美不仅包括自然美、艺术美,而且包括人和世界的美。最高的美是爱的美,是智慧的美。因此,美是人生的最高原则,美是存在的最高规定。人陶醉于美中就是在亲证爱与智慧。"②他还说:"哲学就是去追求智慧,而最高的智慧就是爱本身。当人获得智慧的时候,人也就达到最高的美的境界了。"③对美的爱可以为找回人的存在在内心产生的一种力量。邓晓芒说:"爱是全宇宙的'结',它将世界合订为一册。"④叶秀山说:"'人'本是'诗意地'存在着,'历史地'存在着,'实际地'存在着,'人'按照'美'的规律来创造,来生活。生活中本充

---

① 于民主编:《中国美学史资料选编》,复旦大学出版社,2008年版,第557页。
② 彭富春:《漫游者说——一个哲学家的心路历程》,团结出版社,2016年版,再版前言。
③ 彭富春:《漫游者说——一个哲学家的心路历程》,团结出版社,2016年版,第69页。
④ 邓晓芒:《西方美学史纲》,武汉大学出版社,2008年版,第60页。

满了'美'和'诗意'的'标帜',等待着那配得上'诗人'的'人'去'识别'。那崇山峻岭、小桥流水、画栋雕梁、茅屋鸡舍固然充满了诗情画意,那隆隆的机器声、风驰电掣的飞机汽车,无不有一种现代生活的气息和情趣,甚至那路边的野草小花,也是那样生意盎然,可以触发人们的情思。人生充满了喜怒哀乐,那无情的灾祸,使普通人民流离失所,但那饥荒、瘟疫、战争……无不非常强烈地提示着一个基本的生活的世界的召唤,洗涤着人们的自私、贪婪、奢侈和独断。灾祸提醒人们想起那已然失去的美好的世界,去努力克服灾祸,去重建一个美好的世界,为争取一个基础的、基本的生活世界而奋斗。"[1]真正生活里的人,就是哲学意义上完整的人,就是艺术家,诗意地存在着。基本的生活经验世界是活的世界,是艺术的世界,但这个世界却总是被遮盖,而且随着人类文明的进步,它的覆盖层也越来越厚,表现为日常的现实生活。人的存在的美就这样被覆盖了。所以,敞开美的生存境界,只有超越现实生活。狄尔泰的解释学的核心概念是体验,体验就是对生命或生活的经历,诗就是生命的体验和表达;加达默尔则认为,因为艺术是人的自我理解的基本形态,所以美学也属于解释学。解释学美学一方面用理解转换了传统的理性,另一方面使理解进入存在的领域,于是它让人的一般自我理解的经验特别是艺术审美经验成为人的存在的揭示。在《悲剧的诞生》中,尼采说:"只是作为审美现象,人世的生存才有充足理由。

---

[1] 叶秀山:《美的哲学》,北京联合出版公司,2016年版,第150页。

事实上,全书只承认一种艺术家的意义,只承认在一切现象背后有一种艺术家的隐秘意义,——如果愿意,也可以说只承认一位'神',但无疑仅是一位全然非思辨、非道德的艺术家之神。"①美学就是要紧密关注个人的命运和深渊,探问存在的意义,因此,美学总是与人的存在厮守在一起,力图揭示人的存在曾经如何、应该如何和可能如何。没有美,人的存在是灰暗的、乌蒙蒙的,几乎等于不存在。

谈及"什么是美的",好多人都有一套属于自己的形而下的见解。但"美是什么"不同于"什么是美的",后者形成的是"意见",前者形成的才是形而上的"真理"。作为形而上的美学,顾名思义就是回答"美是什么"的学问。应该说,人类的审美意识尽管很早就产生了,可是,"美是什么"依然没有形成定论,并由此导致美学也没有形成定论。美学至今仍处在无序状态。美学的困难在于美不是科学问题却似乎又必须成为学。关于美学的定义,当下流行的理解是,要么认为美学是关于美的哲学,要么认为美学是艺术哲学,要么认为美学是以美感为中心研究美和艺术的哲学。这种流行的美学定义,显然将美、美感与艺术彼此割裂,而忽略了其内在相关性。无论"美是什么"多么不确定,但美学之为学必须从学科上确认互相关联的三个理论问题:一是美,二是美感,三是致美。美学就是关于美的追问。既追问何谓美,也追问何谓美感、美何以致。何谓美的问题涉及的是本体论

---

① [德]尼采:《悲剧的诞生——尼采美学文选》,周国平译,生活·读书·新知三联书店,1986年版,第275页。

问题,是美学的核心问题、关键问题。何谓美感的问题涉及的是心理学问题,实际上是从心理学角度进一步追问何谓美的问题。令人感动的美必然是值得追求、向往甚至迷恋的。可见,致美的问题与美的问题和美感的问题密切相关,并且,美何以致的形而上思考还将进一步延伸至何以实践美、提升美的思想维度。

第一章

何谓美？

俗话说,爱美之心人皆有之。今天,美已经越来越多地进入爱美之人的日常生活领域,而这导致当代生活世界越来越多地显露出人的生活的审美化和人的审美的生活化。就此而言,美必然成为研究人生的哲学不可回避的大问题。历史上,伟大的美学家都是哲学家。哲学如果不研究美,这就恰如人生如果不追求美,严重地说,就是对人生的不负责任。因此,研究人生的哲学不仅要从学理上去研究美,而且要从实践上鼓励人去追求美。美及其相关的美何以令人感动、美何以令人追求,毫无疑问,构成了美学最大的、也是最高的问题。那么,何谓美?

哪里有人的存在,哪里就有美;哪里有美,哪里就有人的存在。在日常生活中,每个人都有对美的欣赏与追求,并赋予了美极其多样而开放的语义。如赋予美完好之意,与破损相对;或赋予美善良之意,与邪恶相对;或赋予美漂亮之意,与丑陋相对;或赋予美愉悦之意,与伤痛相对,等等。然而,却很少有人从学理的高度主动地、积极地去思考并解析美。生活中的人们只知道断言"这是美的"或"那是美的",且习惯性地站在各自的审美角度去看待他们自己所认为的美,他们称"这朵花很美",称"这座山很美",称"这首诗很美",等等。他们更乐于去回答现象层次的"什么是美的",而很少去追问本体层次的"美是什么"即"何谓美"。也就是说,在日常生活中,人们对于美的选择、欣赏、言说或判断基本上处于现象层次,很少深入它的本质结构。

奥古斯丁曾说过,当不被问起"时间是什么"的时候,人们对于时间似乎很了解,而"时间是什么"一旦作为一个问题被认真地问起的时候,人们立刻会觉得一片茫然。"美是什么"的问题就像"时间是什么"的问题一样,不被问起的时候,特别清晰,而一旦被严肃地问起,往往觉得无言以对。美就像是一种游离的、闪耀的影子,隐藏在渺茫的云端。"美是什么"是对美的哲学追问、形而上学追问。追问什么?追问千差万别的具体事物之美背后的共相。这些千差万别的具体事物之所以被认为是美的,必然有一个共相作为称它们为美的原因。追问这个共相,并以它为基础来理解这些千差万别的具体事物的美,就是由"美"上升为"学"的美学的职责与使命。有学者认为:"人人知道美,很少人知道美学。"①如果承认"什么是美的"和"美是什么"是两个不同的问题,那么,可以说,"知道美"和"知道美学"的人一样少之又少。然而,对于现象层次的"什么是美的"这个问题的回答可谓见仁见智,总是相对的,具有不确定性;这种不确定性反过来就要求将美的研究深入并推进到对本质层次的"美是什么"这个问题的回答。正如彭富春所说的:"对于美的哲学探讨来说,最一般的区分就是美的现象和美的本质的区分。哲学美学当然要借助于美的现象说明美的本质,但它主要的任务不是分析美的具体的现象,而是追问美的本质。这是一切形而上学美学的真正的思想动机。"②美的现象是人的感官所能感受到的,而美的本质却需要审美的感官去审视。普通人在现世中感受"什么是美的",而美学家却需要思考具体事物之美的背后"美是什么"这一根本性问题。在这里,我们要讨论的问题恰恰就是"美是什么"这一根本性问题。

古希腊比较热衷于追问事物的本质。柏拉图在《大希庇阿斯》中提出了"美是什么"的本质之问,开启了美学的西方之旅。可以说,在古代西方,追问美的本质构成了美学的核心议题。20世纪刚开始,美的本质被分析美学当成是不可证实的、形而上学的、无意义的假命题加以彻底拒斥。后现代思潮对从一个理论原点去建立一套美学体系普遍表示怀疑,这种怀疑导致了美学的碎片化乃至虚无化。美学的西方之旅到头来像是一场梦,美

---

① 张法:《美学导论》,中国人民大学出版社,2015年版,第1页。
② 彭富春:《哲学美学导论》,人民出版社,2005年版,第49页。

学似乎处于有"美"无"学"的状态之中。张法说:"两千年的西方美学史,像一场戏,从寻求美的本质开始使美成学,到否定美的本质存在使美学失心。如果把美学比喻成一个帝国,那么,现在帝国的中枢已经被摧毁了,各部分纷纷独立,自由拆散着,也自由组合着。但这部分曾经长时间地是美的本质的臣民,打上过美学的印记,现在虽然已经脱离美的本质的管束,还是自认为和被指认为是一种美学。现在回过头去看,西方美学史就像一部美学各部分争取独立和自由的历史。"①关于美究竟是有本质的还是反本质主义的,美学家们至今没有达成共识,依然存在争论。如祁志祥在《乐感美学》一书中就主张为"美的本质"正名,重塑美的形上之维,并认为取消美的本质,客观上就会助长审美实践中的美丑不分。② 对于美,不可以给出本质性的定义。美出现在给出定义之前,如同花的美隐身在花园的传奇里。但是,如果本质指的是一种主观普遍性③,那么美的本质是存在的,也是可以去追问的,只是不能采取传统美学的追问方式。张法曾经表述过一个非常重要的观点:"如果说美的本质不存在的话,那么,美的本质不存在并不是美的规律不存在,只是美的规律不能用美的本质这种方式去把握。"④海德格尔既不支持分析美学取消美的本质,认为只有坚信有本质,人的审美才有意义,又拒绝像传统美学那样给美的本质进行定义式的规定,认为传统美

---

① 张法:《美学导论》,中国人民大学出版社,2015年版,第10页。
② 祁志祥:《乐感美学》,北京大学出版社,2016年版,第3页。
③ 本书后面部分对主观普遍性问题会有更进一步的讨论。
④ 周宗杰主编:《美学理论与艺术鉴赏》,新华出版社,2016版,第51页。

学的追问方式本身就是对美的本质的遮蔽。海德格尔相信,存在主义就是一种可以让美的本质得以澄明和显现的新的追问方式。

其实,问题的关键不在于讨论美有没有本质,而在于事先澄明美的本质究竟是指什么。本质往往指的是某种普遍性,问题在于,普遍性又有科学意义上的客观普遍性和人文意义上的主观普遍性之分。美无关乎客观普遍性,但却关乎主观普遍性。如果相信审美存在主观普遍性,那么审美的这种普遍有效性就展现了美的本质结构。美的具体现象多姿多彩,然而"美本身"却拥有自身不变的本质结构。这就有如艺术之为艺术一定是美的,这一点是确定无疑的、有规律可循的;但表现艺术美的形态(现象)却是千差万别的,可以是古典艺术,可以是现代艺术,可以是雕塑,也可以是绘画。又比如,自然风光之为自然风光一定是美的,这一点是确定无疑的、有规律可循的,但表现自然风光之美的形态(现象)却不尽相同,山川可以表现自然之美,草原可以表现自然之美,海滩也可以表现自然之美。在这多样性、差异化的艺术形态和自然风光背后却隐藏了相同的美的本质或特征,即隐藏了美都能够让人通向自由、感受无限、突破必然、超越有限的本质或特征。不过,需要指出的是,美的本质不是通过概念思维或逻辑推理而得到的,因为美是不可以下定义的,是妙不可言的。当我们努力去回答"美是什么"的时候,可以给出的回答只能是"是"的一种特殊表达,只能是对于美在某一特定时期的一种规定,而不是美本身。很多人误以为关于美的这一具体规定就是美的本质,其实不然,美的本质涉及的是共相,具体规定涉及的是特殊。正是在这种追问并回答"美是什么"的逻辑表达中,美学的根本性问题不仅不能被解决,反而被深深地遮蔽。对此,俄罗斯思想家弗兰克有一个精辟的论断:"美表现的正是用逻辑无法表现,因而只能审美地表现的东西。企图用平淡的日常语言,即用逻辑概念的词汇去表达美所讲述的东西(例如在对艺术作品的评价中),——至少是在极大程度上使审美经验内容的真正意义苍白化、干瘪化,从而将它歪曲了。要用日常语言说出审美经验的内容,只有通过'有学问的无知'的思想的术语和形式才是可能的,也就是说必须通过它同用逻辑表述的、在这个意义上是'客观的'内容的对立,通过认定它无法靠逻辑表达和理解的。"[①]按照海德格尔的理解,美的本质是存在的,只是不能言说,特别是不能进行定义式的逻辑表达。一方面,如果没有美的本质,世界上各种各样的美的事物就失去了根据;另一方面,美的本质之为美的本质,在于它是绝对的、永恒的,因此不能言说和定义,因为所有的定义给出的都是相对的、有限的具体规定。叶秀山曾经分析道:"人原本并不是按照一个定义来叫某事物为'美',相反,科学的'美'的'定义'却是从这种日常的称谓中,结合实际地提炼、概括出来的,而提炼出来的某种'定义',又不是永远合适的,常要随生活的活的现实变化而改变。这个基本的道理,西方人在很长时间里竟是颠倒了的,这种颠倒,意味

---

① [俄]弗兰克:《人与世界的割裂》,山东友谊出版社,2005年版,第20-21页。

着他们在哲学中把认识论——关于'定义'的真理性提到第一性原则来考虑这一做法上。"① 如果非要对美进行言说,那也只能是价值式的描述,不能是定义式的规范。美是不可定义的,但可以借助于价值描述接近它、靠近它。

关于美的价值描述可以从否定与肯定两个维度来完成。从否定的维度来看,美是超越性的;从肯定的维度来看,美是存在性的。综合起来看,美在超越中存在,美在存在中超越。

第一节
美不应该描述为什么

美学研究的核心或者说美的问题的核心就是回答"何谓美"。而对于"何谓美"的回答,长期以来,学术界似乎总是在主观与客观之间、唯物与唯心之间做出非此即彼的选择。在当代极有影响力的客观派美学和主观派美学分别从唯物主义和唯心主义角度出发,或者断言美是事物的客观属性,具有客观性,审美判断完全取决于事物的客观属性;或者断言美是主体的主观感觉,具有主观性,审美判断完全取决于主体的主观感觉。人们"通常的思考方式总是以一种'主观的'形式或者一种'客观的'

---

① 叶秀山:《美的哲学》,北京联合出版公司,2016年版,第13页。

形式来表达关于事物的理解,就好像对于解决任何一个问题都只能有'主观或客观'这样一组选择"①。

一、美是客观的?

何谓美?如何定义美?美是客观的?在古代,毕达哥拉斯指出美是事物比例的和谐;在现代,苏联的波斯比罗夫、叶果罗夫,中国的蔡仪都认为美在客观事物本身,美在事物的自然属性和客观规律。例如蔡仪指出:"所谓自然美是不参与人力的纯自然产生的事物的美","自然产生的事物中有美。"②这些思想家都以唯物主义方式界定美。的确,在生活经验中,美的出现往往依附于事物具有的自然属性上,如美食之美依附于"食"、美酒之美依附于"酒"、美玉之美依附于"玉"、美景之美依附于"景"、美服之美依附于"服"……按照这种方式进行定义和推演,得出的结论只能是,玫瑰的美在于玫瑰本身,山水的美在于山水本身。显然,对于美做出的这种解读是客观主义的、实体主义的,从根本上就排除了价值考量。当代学者威尔森是实体主义的突出代表,根据威尔森的观点,自然是独立于人的第一实在,人的感知只是对这个实在的重构,属于第二实在,在第一实在与第二实在之间有着严格的匹配关系和对应关系。他认为:"在我们的头脑

---

① 赵汀阳:《论可能生活——一种关于幸福和公正的理论》,中国人民大学出版社,2004年版,第85页。

② 蔡仪:《美学论著初编》上册,上海文艺出版社,1982年版,第340页。

之外是独立的实在。只有受了惊吓的建构主义哲学家质疑它的存在。在我们的头脑之中是以感觉性输入和概念的自行组织为基础的实在的重构。……外部的实在和它的内部的再现的匹配被人类的进化的特质给搅乱了。……科学家的真正的任务是去诊断并修正那些内部实在和外部实在之间的不匹配。"①

然而,从存在论的视野看,美是非实体性的,正因如此,唯物主义给出的美的定义面临着巨大的疑惑与困境。张法认为:"美学的最大难题在于:美不是一个实体而又寓于实体之中。任何一门学科,其对象都是实体性的,数学是实在的,它的每一对象,都有可以确实把握的数量关系,绘画是实在的,它的色彩和形式确实存在。可以从水中分析出实在构成水之为水的化学分子,可以从山水画中确切地看到水的颜色和形状,研究水的各门学科,无论是自然科学还是人文科学,都可以在水中确切地找到实体性的东西,而美学在'山水之美,古来共谈'中却找不到'美'的实体。谈到任何对象,初一观之,人们都可以感到的美,有山水之美、人体之美、建筑之美等等,进而究之,却不知'美'在何处。可以在审美对象上看到美寓于其中的实体性东西,如对称、均衡、比例等等,但这些东西并不等于美。美是一个虚体,是寓于实体之中的虚体,如水中之月、镜中之花、女中之态、景外之景、象外之象、味外之味、韵外之致。因此,美学中最重要的研究对

---

① Edward O. Wilson. Consilience:The Unity of Knowledge, New York:Alfred A. Knopf,1998,pp. 60-61.

象,不是一个科学的对象,而是一个哲学的对象。"①用实体的方式注定把握不了非实体性的、价值性的美。

美真的是一种客观现象?如果美是客观现象,美将具有客观现象自在自为和自生自灭的特性,自在自为倒是没有问题,但自生自灭显得如此冰冷无情,无情也就无义,因而无情无义。关于这样的美,邓晓芒曾经指出:"在世上万事万物中,只有人才有反身性。这不仅是说只有人才有'自我意识',而且是说只有人才有针对自己的自觉行为。在世上万事万物中,只有人的存在才是真正直接性的存在、自己存在,一切非人的东西、物则都是间接存在、由他物而(引起的)存在(他在),都没有'自'。"②当然,世上的万事万物可以有自己的一套展现方式、语言系统,如风来风去、花开花落,但是,因为它不能以人的展现方式、语言系统来呈现自身,所以它是遮蔽的,也显得很神秘。与此不同,人是直接性的存在,可以理解自身,于是也就能够敞开自身,并且

---

① 张法:《美学导论》,中国人民大学出版社,2015年版,第15页。可惜的是,张法又认为,"美"用在"物的形象性"上最适合这个词的性质,"因为它不是像旧论中只用一种属性,或只把人引入一种属性的思考,而是用多种属性来描述事物,这样就把'美是事物的形象性'的思考引入一个新天地:首先,美是物的形象性是在与物的物理性和有用性的比较中出现的,三者各不相同,从而使形象性有了不同于其他二者的独特维度,有了自由展开的可能。正是在这里,美将得到进一步规定。其次,美是事物的形象性既有自由展开自己的向度,但又与物的物理性和可用性等处于同一个物中。"(张法:《美学导论》,中国人民大学出版社,2015年版,第45-46页。)从中可以看出,张法并没有彻底脱离"美是事物的客观属性"的客观主义的旧路,尽管他做了一些辩护,但从他依旧强调"物"、强调物的形象性、物理性和可用性等"处于同一个物中"来看,美就很难在一个"新天地"中得到进一步规定,尤其是很难得到价值性描述或存在论规定。

② 邓晓芒:《实践唯物论新解:开出现象学之维》,文津出版社,2019年版,第23页。

只是在人的生活世界里,自然才能够超越其遮蔽且神秘的本性而敞开自身,并且是最无私地、毫无保留地敞开。无论你是否愿意,也不需要你事先准备什么,"客观"自然都会把阳光洒满大地、空气给予人间,并且,自然是以最自然而然的方式给予的,人也是以最自然而然的方式接受的。然而,无论如何,"自然"也好,"山水"也好,"美景"也好,这都是人的语言。它们不明白自己是"自然",自己是"山水",当然也不知道"自然的美""山水的美"。也就是说,在与人建立起价值关联之前,在人之前,在有人的"价值感"之前,自然事物本身无所谓美与不美的问题。当然,我们可以这样来想象:当你在看一棵树的时候,你怎么知道树不是正看着你呢?当你看到一朵盛开的花的时候,你怎么知道花不是为你而开呢?贾平凹说过:"你见到花儿的时候,你心生喜悦,很爱花,其实花也一样喜悦,花也爱你。"①但是,这样的文学想象包含了人的价值态度和人文情怀。对此,张世英有非常精彩的分析:"在人与世界万物交融合一的世界里,美的自然也是言说着的,尽管是无言之言。我绝不否认离开了人仍然有自然,但问题在于自然如何显现于人之前:不同的自然物对人作不同的言说;同一自然物对不同的人也作不同的言说;对于一个没头没脑的人,自然物就不言不语;对于一个毫无审美意识的人来说,不存在自然美;对于各种不同的审美趣味的人来说,同一自然物显现为不同的自然美,这也就是说,同一自然物对于不同审

---

① 贾平凹:《品种·招魂·家园——在上海文汇讲堂的讲话》,载《湖北大学学报(哲学社会科学版)》2016年第1期。

美趣味的人作不同的言说。飞沙走石这样的自然物,按黑格尔所谓无机物无自然美的观点来看是不能有美的,但按我们的观点来看,飞沙走石也是可以有语言艺术之美的。"①这就是尼采所说的:"一切诗人都相信:谁静卧草地或幽谷,侧耳倾听,必能领悟天地间万物的奥秘。倘有柔情袭来,诗人必以为自然在与他们恋爱;她悄悄俯身他们耳畔,秘授天机,软语温存,于是他们炫耀自夸于众生之前!哦,天地间如许大千世界,唯有诗人与之梦魂相连!"②

如果说,事物都有自身的形象,但有形象性的事物并不就是美的,恰如一棵有形、色、味、声的松树并不就是美的一样,只有松树的形、色、味、声脱离松树的其他属性如物理性、有用性,而以其形象性本身向人呈现出来时,才是美的。如果没有人,物本身不会美,物的形象性本身也不会美。只有在人的鉴赏之中,物的形象性从物理性和有用性中跃升出来,从而获得美的意义。洛采曾经说过:"美的对象之所以美,是因为它被赋予了灵魂。"③张世英指出:"自然离开了人,无所谓美,我们不能认为自然本身有美。自然美主要是指线条的匀称、颜色、声调的调配、各种比例的平衡、恰当等,简单一句话,是指多样性与统一性的结合、统一,或简称和谐。可是多样性的统一或和谐这种美的特

---

① 张世英:《美在自由——中欧美学思想比较研究》,人民出版社,2012年版,第92-93页。
② [德]尼采:《悲剧的诞生——尼采美学文选》,周国平译,生活·读书·新知三联书店,1986年版,第265页。
③ [德]洛采:《论美的概念》,张灯译,载《当代中国价值观研究》2017年第6期。

点离不开人的知觉、感觉,离开了人就无所谓匀称不匀称、平衡不平衡,就谈不上美不美。"①日出日落的壮丽景象、美轮美奂的月色星光,甚至一件完成的艺术作品,只有呈现出来,进入人的生活世界,才会变得多情多义、丰富多彩,才能显示出自身的美来。恰如尼采所说:"如果试图离开人对人的愉悦去思考美,就会立刻失去根据和立足点。'自在之美'纯粹是一句空话,从来不是一个概念。在美之中,人把自己树为完美的尺度;在精选的场合,他在美之中崇拜自己。一个物种舍此便不能自我肯定。它的至深本能,自我保存和自我繁衍的本能,在这样的升华中依然发生作用。人相信世界本身充斥着美,——他忘了自己是美的原因。唯有他把美赠与世界,唉,一种人性的、太人性的美……归根到底,人把自己映照在事物里,他又把一切反映他的形象的事物认作美的……人认为世界是美的,世界就真的因此被美化了吗?人把世界人化了,仅此而已。"②别尔嘉耶夫也有类似的说法:"客观化世界自身不懂得美。……在客观性自身里没有任何美,没有任何真理和任何价值。……美不可能属于决定的世界;美是对决定的摆脱,是自由的呼吸。客观的美就是美学的幻想。……美不是从客观世界走入人的。美是客观化世界里的突破,是对世界的改变,是对丑陋的战胜,是对世界必然性的

---

① 张世英:《美在自由——中欧美学思想比较研究》,人民出版社,2012年版,第171页。
② [德]尼采:《悲剧的诞生——尼采美学文选》,周国平译,生活·读书·新知三联书店,1983年版,第322页。

重负的胜利。"①总之,自然本身无所谓价值,只是人的"加入"才赋予自然以价值。人赋予自然以意义,使自然由死的形式变成了活的形式、无意味的形式成为有意味的形式、无生命的形式成为有生命的形式,从而让自然显示出感性的诗意的光辉和微笑。这就是中国古代文人墨客所感叹的:"我看青山多妩媚,料青山看我应如是""相看两不厌,唯有敬亭山""感时花溅泪,恨别鸟惊心""我歌月徘徊,我舞影零乱"。花鸟、青山、明月都成了知己、好友。

关于美,还可以从自然与艺术的对比之中来进一步得到理解。克罗齐说:"和艺术相比,自然是愚蠢的;人不叫自然开口,自然就是'哑巴'。"②亚历山大说:"我认为仅仅在我们用艺术的眼光去看待自然时,自然才显现出其优美。"③张世英也指出:"严格讲来,自然离开了人,是没有意义的。……所以自然本身无所谓美。自然美作为美实际上是一种艺术美,它是自然与人合一的整体,在这里,自然(作为美)已转化成了一种艺术品。"④这与康德所说的非常接近。康德说过:"自然是美的,如果它看上去同时像是艺术;而艺术只有当我们意识到它是艺术而在我

---

① [俄]别尔嘉耶夫:《美是自由的呼吸》,山东友谊出版社,2005年版,第70页。
② [意]克罗齐:《美学原理·美学纲要》,朱光潜译,外国文学出版社,1983年版,第240页。
③ [英]萨缪尔·亚历山大:《艺术、价值与自然》,韩东辉、张振明译,华夏出版社,1999年版,第25页。
④ 张世英:《美在自由——中欧美学思想比较研究》,人民出版社,2012年版,第107页。

们看来它却又像是自然时,才能被称为美的。"①这实际上就是把所谓的自然之美与人及其人诗情画意的艺术生活连接起来。当然,艺术生活会与自然之物有交集,但艺术之美却超越物质材料本身。这就如同当代美国著名现象学家萨利斯在《现象学与回归开端》中所说,只有通过画布上的形状和颜色,绘画的意义才有可能显明,但绘画的意义又绝非画布上的形状和颜色的集合。②《圣乔治》是大理石雕塑而成的,但《圣乔治》显然不等同于大理石。艺术品所拥有的属性与物理对象所具有的特定属性是不相容的,艺术品具有物理对象所不具有的属性,艺术品不能被假设是一种物理对象。《尤利西斯》放在书店的书架上,作为一本书的《尤利西斯》可能会被弄丢,但作为艺术品的《尤利西斯》不会因为书本丢失而消失。

虽然物质实体本身可能会在欣赏中成为审美对象,而且作为一般审美对象的艺术品也都会以这样或那样的方式依附于一定的物质性存在。例如,音乐要以一定节奏、强弱、快慢的声音表现出来;同样,一件雕刻艺术品要依托于大理石和人体结构。但是,有一点必须明确:"审美对象不是物质实体,因而讨论它的物质结构在美学中是无意义的","问题的关键不在于审美对象是否以一定的物性为基础,而在于这些物性以何种图式结构组织起来构成了某类物性的艺术,成为激发人类美感的审美品质。

---

① [德]康德:《判断力批判》,邓晓芒译,人民出版社,2002年版,第149页。
② John Salis. Phenomenology and the Return to Beginnings, Pittsburgh: Duquesne University Press, 1973, p. 56.

大家都知道,随意涂抹的颜色不是绘画,泥石的任意堆放不是雕塑,声音的随意组合不是音乐。"① 美国学者帕克说过:"一件艺术作品不管初看起来多么带有物质性质,它只有在被知觉和被享受时才能存在。大理石雕像只有在进入并生活在观赏者的经验中的时候才是美的。"② 大理石不过是艺术作品的物质材料,就其本身来说不涉及美的问题。尽管每一件艺术作品都有物质材料作为基础,如颜色、石块、声音等,但创造和欣赏艺术作品的时候,关注的却不是那些物质材料,而是在和"审美要素"打交道。审美要素就是艺术作品的物质材料被审美欣赏时所幻化出的由色彩、音调、造型等构成的特殊形式传递出来的给人以美感的东西,艺术作品之美归缘于审美要素的"高度发展"和"灿烂光辉"。艺术作品只有通过呈现为审美要素才能存在,审美要素的呈现使我们可以把艺术作品理解为审美对象。审美对象的所有意义都包含在审美要素之中,而审美要素及其意义总能使审美对象以一种非常深刻的方式让自己从日常生活的对象中分离出来、超越出来。杜夫海纳认为,审美对象"这个世界对我来说首先不完全是一个知识的对象,而是一个令人赞叹和感激的对象。审美对象是有意义的,它就是一种意义,是第六种或第 N 种意义,因为这种意义,假如我专心于那个对象,我便立刻能获得它,它的特点完完全全是精神性的,因为这是感觉的能力,感觉到的

---

① 邓安庆:《美的欣赏与创造》,湖南师范大学出版社,1997 年版,第 18 页、第 19 页。
② [美]帕克:《美学原理》,张今译,广西师范大学出版社,2001 年版,第 6 页。

不是可见物、可触物或可听物,而是情感物。审美对象以一种不可表达的情感性质概括和表达了世界的综合整体"①。可见,审美对象所显示的、在显示中所具有的价值,就是所揭示的世界的情感性质。

美不是客观对象的某种属性、某种性质,客观对象没有什么美的属性、美的性质,但我们可以普遍感受到美,可以像断定一朵花是红的一样确认一朵花是美的,因此美"好像"具有客观性。为什么会是这样?原因在于我们内心都有共同的审美原则。在审美的时候,我们不是从对象那里取出某种东西进行"规定"与"判断",而是把对象所有的感性特质尽收眼底,全身心向它敞开,沉浸其中,以便感受某种人性化的普遍性的东西,这就是人的审美参与。这个世界,有了人的审美参与,有了人的价值追求,从而才有美以及美的欣赏。显而易见,不能用物的形象性规定美。相反,必须颠倒过来进行理解——"事物形象性的呈现,离不开人的审美态度,也就是说,事物之所以不以知识性的一面,不以实用性的一面,不以其他方面呈现出来,而仅其形象性的一面呈现出来,完全在于人的审美态度。""物是多种属性的统一,其中包括形象性,只有当人以审美态度去看物时,物的形象性才得以呈出。"②德谟克利特把这种情况表述为:"永远发明某

---

① [法]米盖尔·杜夫海纳:《美学与哲学》,孙非译,中国社会科学出版社,1985年版,第26页。
② 均见张法:《美学导论》,中国人民大学出版社年,2015版,第46页。

种美的东西,是一个神圣的心灵的标志。"①邓晓芒把这种情况表述为:"人在'按照美的规律塑造物体'、或者'艺术地掌握世界'的时候,他在对象上所确证的不是音高和音低、红色和黄色、弧线和直线等等这些凭天生感官即可感知的客观属性,而是根据他的想象力而对象化了的他主体中的社会性本质力量,即通过五官感觉的媒介而互相传达着的人类普遍性的情感。音乐中的美固然要借助于音调才能表现出来,但它本质上却是人的一种本质力量、精神力量即人的情感的表现;'美的规律'绝不是空气振动的规律,而是感情的规律;音乐的美绝不是空气动力学的研究对象,而是人学和社会心理学研究的对象。"②

对于没有音乐感的耳朵来说,犹如在不懂琴声的牛那里,最美的琴声将没有任何意义。音乐和音调不是普遍的声音,音乐是感情的语言,音调是有声的感情。对此,费尔巴哈有过著名的论述:"如果你毫无音乐欣赏能力,那么,即便是最优美的音乐,你也只把它当作耳边呼呼的风声,只当作足下潺潺的溪声。当音调吸引住你的时候,其实究竟是什么东西吸引住你呢?你在音调中究竟听到些什么呢?除了你自己的心的声音以外,还会是什么呢?所以,感情只对感情讲话,只有感情、感情本身,才能理解感情——因为只有感情,才是感情本身之对象,音乐是感情

---

① 北京大学哲学系外国哲学史教研室编译:《古希腊罗马哲学》,商务印书馆,1982年版,第112页。
② 邓晓芒:《西方美学史纲》,武汉大学出版社,2008年版,第122页。

之独白。"①夏日的太阳对于诗人而言可以象征美的激情,而对于路上的商贩而言却炎热难忍。《红楼梦》在革命家的眼中表现的是"排满",《最后的晚餐》在搬运工的眼中只是普通的物件,这就是马克思所说的:"忧心忡忡的穷人甚至对最美丽的景色都无动于衷;贩卖矿物的商人只看到矿物的商业价值,而看不到矿物的美和特性。"②这也就是杜夫海纳所说的,一个美的对象不是实在的,它只有在与人的经验发生关系而成为"表现出的世界",才显现出美来。③ 一片风景,只有当人欣赏到神秘、柔和或崇高的时候,才是美的。离开了人,就不可能有美学意义上的审美,也不可能有人学意义上的美。离开了人去讨论美,就如同撇开了上帝去讨论基督教一样。审美是人的一种价值活动,是人参与其中的一种价值活动。"美"本身就是人独特的语言,是人创设的一个词语。美的"背后"永远有一个人,只有将美融入人的生活世界,美才可以被理解。美是被具有价值意识的人所感知、言说、唤醒的,美依凭人的审美经验才能呈现出来。费尔巴哈十分精辟地指出:"只有人,对星星的无目的的仰望能够给他以上天的喜悦;只有人,当看到宝石的光辉、如镜的水面、花朵和蝴蝶的色彩时,沉醉于单纯视觉的欢乐;只有人的耳朵听到鸟儿的啭

---

① [德]费尔巴哈:《费尔巴哈哲学著作选集》下卷,商务印书馆,1984年版,第34页。

② [德]马克思:《1844年经济学—哲学手稿》,人民出版社,1979年版,第80页。

③ 参见戴茂堂:《杜夫海纳论审美对象》,载《湖北大学学报(哲学社会科学版)》1992年第2期。

声、金属的铿锵声、溪流的潺潺声、风的飒飒声时,感到狂喜。"①因此,人正是靠自由意志来超越自然本身从而领会自然之美的。在日常生活中,人和周围的事物处于一种世俗的功利关系之中。人正是靠自由意志来摆脱功利的纠缠,而把所谓的自然之美与人的价值选择连接起来,把美与人的价值体验关联在一起。人是价值世界产生的根据,甚至人就是价值世界。一切价值都是相当于人而言的,美作为一种价值当然不可以没有人的在场。这就是孙伟平所说的:"在人与人类出现之前,在人的活动之外,世界不过是按照自然规律运行的'自在之物',并无所谓好坏、得失、利害、善恶、美丑可言。"②

比起自然的物质性馈赠来,自然的多情多义的美期待人更多参与,期待人拥有敏感的心灵、更高的审美心胸。假如一个人不能体会到大自然的美好,那么这个人一定需要反思一下自己的感受力是否不够、审美力是否欠缺。我们说,自然的"意义"和"价值"向所有人敞开,但唯独富有感受力的人才可以在真正意义上呼应、承受这种美的馈赠。对此,叶秀山有很好的分析:"'意义'和'价值'并不是'人'外加于'世界'的,不是在'世界'之'上'或之'内',看出了一种非'世界'的、'精神'的(或叫'人的本质'的)'意义'被'对象化'了;'世界'的意义是'世界'本身所具有的,是'世界'本身向人显现出来的。'万物静观皆自得',这里

---

① [德]费尔巴哈:《费尔巴哈哲学著作选集》上卷,商务印书馆,1984年版,第212-213页。
② 孙伟平等:《创建"中国价值"——社会主义核心价值体系研究》,社会科学文献出版社,2015年版,第16页。

的'静观'不是概念的、对象性的,而是审美的、非对象性的,但'自得'乃'万物'自身秉承自身的'德'(得)性,而不是见到了'人性'。花之红与花之美确实不同,但不必非将'花之美'比附于'美女',或想象为'美女'之'对象化'。'花之美'就在'花之红'中,只是'花之红'只向'人'显现为'美'。'美'并非'人''赠'与'世界'的某种'属性',相反,'美'却是'世界''赠'与'人'的一种'礼物',只是'红粉赠佳人','宝剑赠烈士','美'只'赠与'配欣赏它的'人'。"[1]

  人的审美力可以增加自然之美的深度和广度,而被人深化了的自然之美反过来也可以进一步增加人的审美力量和审美强度。我们欣赏九寨沟,一定是我们先置身于九寨沟,领略其自然风光的无限秀丽,感受其山水湖泊的无限美好,身体得到了极大的松弛,心灵也得到了净化与熏陶,于是,我们才由衷地发出感叹:真美!人是自然万物的展开者和参与者,人之所以可以让自然不再处于自在之物的状态,主要是因为人既可以理解自身、敞开自身,又可以理解他者、敞开自然。所以,在人的价值世界,自然凝聚了人的烙印和智慧,拥有了人的气息、文化和灵魂,可以超越遮蔽的本性而敞开自己。在这个世界上,人之所以很骄傲,是因为唯独人有自己的实践方式,并且能通过自己的实践使大自然显示它的丰富多彩。正因如此,我们的这个世界才变得非常有意义。人不仅可以证明自己的价值,让自己存在,而且可以

---

[1] 叶秀山:《美的哲学》,北京联合出版公司,2016年版,第33—34页。

证明自然物的价值,让自然物得以开显。事实上,人也只是自然的一部分,只不过人是"一根能思想的芦苇",因此,充满了灵性和智慧,成为世界的展开者和发动者。人每天都在自己的实践中证明和成全自己,同时也在证明和成全世界。人创造了自己,并且用自己的创造活动成全了整个世界。世界本来是不知道自己存在的,世界的存在是存在的人把它创造出来的,这创造指的就是人对世界的精神上的开显。这种开显可以统统地把自然"证明"出来,把世界"创造"出来。只有人首先存在,人才能用自己的实践活动把世界创造出来,所以,这个世界等待着、渴望着人的参与。没有跟人不相关的世界,不存在传统"唯物主义"哲学所假设的客观世界。马克思指出:"对象如何对他说来成为他的对象,这取决于对象的性质以及与之相适应的本质力量的性质……。因为我的对象只能是我的一种本质力量的确证。"马克思还指出:"对于没有音乐感的耳朵说来,最美的音乐也毫无意义,不是对象……。因为任何一个对象对我的意义(它只是对那个与它相适应的感觉说来才有意义)都以我的感觉所及的程度为限。"[1]难怪尼采认定:"没有什么是美的,只有人是美的:在这一简单的真理上建立了全部美学,它是美学的第一真理。我们立刻补上美学的第二真理:没有什么比衰退的人更丑了,——审美判断的领域就此被限定了。"[2]

---

[1] 中共中央马克思恩格斯列宁斯大林著作编译局:《马克思恩格斯全集》第42卷,人民出版社,1979年版,第125-126页。

[2] [德]尼采:《悲剧的诞生——尼采美学文选》,周国平译,生活·读书·新知三联书店,1986年版,第322页。

以往，自然科学总是坚守一种客观性原则。自然科学，如经典物理学，习惯性地把自然当成客观物来理解，俗称"客观自然物"。事实上，把世界视为由物质构成的这种观点，只是经典物理学的一家之言。爱因斯坦在20世纪初提出的相对论就揭示出物质的实体观的谬误。20世纪30年代以前，经典物理学一直认为：物质是由分子构成的，分子是由原子构成的。20世纪30年代以后，科学家们发现了比原子核次一级的小粒子。1964年，美国物理学家马雷·盖尔曼大胆提出，质子和中子并非是最基本的粒子，它们是由一种更微小的东西——夸克构成的。为了寻找夸克，科学家们耗费了大量的时间和精力，但至今为止，虽然一些实验能证实它的存在，但单个的夸克却始终未能找到。20世纪后期，物理学的前沿领域——弦论的发展使人们对物质的看法更进了一步。弦论之前的科学认为，物质的实在性体现在组成客观世界的"砖块"是上百种原子，这些原子都是由质子、中子和电子等基本粒子组成。这些基本粒子都可以被视为物质实体，都是组成物质世界的"超级砖块"，因而可以把物质世界看作物质实体。然而，弦论认为，事实并非如此，过去所认为的组成客观世界的"砖块"基本粒子只不过是宇宙之弦上的各种"音符"，宇宙弦的各种可能的振动态（而非宇宙弦自身）才是组成宇宙的基本单位。被誉为"另一个爱因斯坦""宇宙之王"的霍金认为："现实不可能脱离图景或者理论而独立存在……每一个物理理论或世界图景都是一个模型（通常本质上是一个数学模型),是一套将模型中的要素与观测联系起来的法则。"①离开了"人"这个观测者,"现实"似乎变得难以描述。如果接受了这样的理解,我们就得相信,自然跟人的确是彼此外在的。如果不以审美的眼光看世界,自然的确就很容易被看成与人对立的客观自然物,"人不被接纳到敞开之中,人站在世界的对面"②。然而,强行把自然当成客观物,人与自然之间的关系就会变得无比紧张,自然就必然沦落为被人开发、征服和利用的客观对象。现当代物理学的发展不断证明,人类的主观意识是客观物质世界的基础,人与自然并不单纯是二元对立、彼此外在的关系。其实,从哲学的角度看,自然也不是"客观自然物"。哲学眼里的自然,由于不是客观的物质,也就不能以科学的方式去理解。当然,科学的方式也理解不了这样的自然。对于自然的哲学解读,是通过解构科学的客观性原则,联系人的实践及其社会历史发展来考察自然,借助对象意识和自我意识理论,把自然人化或者把人对象化。也就是说,哲学的探讨应该是把自然和人捆绑在一起,而不是像科学一样把自然与人隔离开来,并且哲学探讨自然,其目的不在于自然本身,而在于通过自然更好地关注人类历史和社会生活。哲学作为一种"世界观",面对的虽然好像是外部自然,表达的却是人自己内心的体验。这不只是说,人总是从人的角度出发去看待自然,而主要是说,哲学对自然的

---

① 引自《科学美国人》杂志中文版《环球科学》2010年11月号《真实世界的"真实"》。

② [德]海德格尔:《海德格尔诗学文集》,成穷、余虹、作虹译,华中师范大学出版社,1992年版,第98页。

理解实质上不过是对人自己的理解,它通过理解自然来理解人自身的存在及其活动的性质、意义和价值。从抽象的科学的角度来看,感性本身当然是"全部世界史的产物",但从哲学的角度来看,世界史无非是感性的自我形成的历史。感性的自然界就是人的感性,整个自然界在人那里以感性即人性的方式存在,是感性地存在着的另外一个人。马克思深刻地指出:"全部所谓世界史不外是人通过人的劳动的诞生,是自然界对人说来的生成。"①

自然与人不是彼此外在的关系,而是相互融合、主客不分的"一体"关系和内在关系。外在于人的自然不过是一种"非对象性的存在物,是一种非现实性的、非感性的、只是思想上的即只是虚构出来的存在物,是抽象的东西","被抽象地孤立地理解的、被固定为与人分离的自然界,对人来说也是无"。或者说,"它是无意义的,或者只具有应被扬弃的外在性的意义"②。针对将人与自然万物对立起来的观点,张世英指出:"没有世界万物则没有人,没有人则世界万物是没有意义的。人是世界万物的灵魂,万物是肉体,人与世界万物是灵与肉的关系,无世界万物,人这个灵魂就成了魂不附体的幽灵;无人,则世界万物成了无灵魂的躯壳,也就是上面所说的,世界是无意义的。"③美国当代哲学家梯利希也说:"我——自我与世界的相互依赖,就是基本的本体

---

① 马克思:《1844年经济学—哲学手稿》,人民出版社,1979年版,第84页。
② 中共中央马克思恩格斯列宁斯大林著作编译局:《马克思恩格斯全集》第42卷,人民出版社,1979年版,第169页、第178页、第179页。
③ 张世英:《哲学导论》,北京大学出版社,2008年版,第4页。

论结构,它包含了其他的一切。……没有世界的自我是空的,没有自我的世界是死的。"梯利希把人与世界万物的这种融洽关系称为"自我-世界结构",以区别"主体-客体结构"①。既难以想象一个无人的世界,也难以设想一个无世界的人,人与世界处于内在关系之中,相互开显,相互敞开,相互显现,相互澄明。也就是说,人与自然的内在关系展现出两重效果,具有双重意义:一方面是人将自我的情感投射到自然之中,让自然成为有情之物,甚至成为映射整个世界和人反观自我的一面镜子。作为镜子,自然是人精神的象征,是人想象力的源泉。不仅如此,作为镜子,自然不但开显了自己的本性,而且成全了人对自己的认识。另一方面自然也收摄到自我之中,成为人化的自然。在人化自然的过程中,自然可以消除其被遮蔽的状态,从而敞开了自然本来之所是。经由人的活动,自然成为人的世界,并展现出意义。人不仅可以在自然的人化中为自身找到安身立命之所和灵魂的家园,而且可以依赖自身的丰富与丰满使自身成为世界的灵魂。哲学眼中的自然是人化的自然,不同于科学眼中作为客观事物的自然。哲学只相信有一种人化的自然,并且认定只有这样的自然才是真实的、有意义的。在自然的人化与人化的自然中,人与世界的内在关系不仅极大地成全了人,使人因世界而在,而且极大地成全了世界,使世界因人而在。

美的问题是人的问题,美是人类生活世界的现象,是超自然

---

① 刘小枫主编:《二十世纪西方宗教哲学文选》上卷,上海三联书店,1991年版,第827、819页。

的,唯物主义定义美的方式剥离了美与人以及美与人持有的价值观的深刻关联。"无论怎么说,美学所需探讨的'美',总是和人联系在一起的,离开了人,就无所谓美不美的问题了。不管你是把美的根源看成是客观的也好,主观的也好,生理的也好,心理的也好,美始终是与人的生活的世界、现实、创造、欣赏等等联系在一起的,因此,美学自古以来,就属于'人文学科',而不属于'自然科学'。"①

二、美是主观的?

当我们说美不应描述为客观的,美的问题是人的问题,并不意味着美就是主观的。唯心主义美学对美的定义以主观为进路而展开,与唯物主义背道而驰。唯心主义认为:美的本原在于精神。美仅存在于鉴赏者的心理感觉被触动之时,美基于人的心灵,随人的感觉判断的变化而变化,是主观的。用休谟的观点表述就是:"美不是事物本身的属性,它只存在于观赏者的心里。"②高尔太认为:"心灵不是盛装思想感情的死的容器,它就是思想、感情、需要、意志……及其行动表现的总和。这个总和自成体系,有自己的变化逻辑、有自己的方程式,所谓美,就是一定的方程式的得数。它直接就是心灵本身的表现。"③他还认

---

① 邓安庆:《美的欣赏与创造》,湖南师范大学出版社,1997年版,第2页。
② 朱光潜:《西方美学史》下卷,商务印书馆,2017年版,第732页。
③ 高尔太:《论美》,甘肃人民出版社,1982年版,第2页。

为:"月亮是一个客观存在,它之所以能引起美感,并不是因为它的光色、反照率或者别的物质属性,而是因为人把那些在自己的历史中形成的观念如幽阒、静穆之类附加给它了。月光之所以能'客观地揭开人的本质底丰富性',是因为它被人化了。这里,人是第一性的,而'被人化了的'月亮(不是物质月球自身)是第二性的,不是很明显的事吗?月亮的被人化,是因为'人的感觉'被人化了。"① 通俗的表述就是:"美,只要人感到它,它就存在,不被人感受到,它就不存在。"② 这种解释模式把美与美感混同起来,把美看成纯粹主观情趣或观念的流露,认为美只能存在于鉴赏者的欣赏中,却不能存在于被鉴赏的事物所具有的比例关系之中。也就是说,是人的欣赏赋予了客观事物以美的含义,而客观事物自身所具有的比例、和谐、秩序等属性最多是引起美的条件,并不就是美。高尔太指出:"美必须体现在一定物象上,这物象之所以成为所谓'美的'物象,必须要有一定的条件。也就是说,美感之发生,有赖于对象的一定条件(例如和谐)。但是,这条件不是美。正如不平引起愤怒,但不平不等于愤怒;不幸引起同情,但不幸不等于同情。人们不明白这一点,把引起美的条件称为美,这是错误的。这一错误,构成了现代美学的主要矛盾。"③ 他还进一步指出:"事物之成为美的,是因为欣赏它的人心里产生了美感。所以,美和美感,实际上是一个东西。"④ 唯心

---

① 高尔太:《论美》,甘肃人民出版社,1982年版,第21页。
② 高尔太:《论美》,甘肃人民出版社,1982年版,第4页。
③ 高尔太:《论美》,甘肃人民出版社,1982年版,第2-3页。
④ 高尔太:《论美》,甘肃人民出版社,1982年版,第3页。

主义解释模式因为把美与主观心理、审美感觉相关联,反对存在客观的美①,表面上看,似乎触及了人本身,从而推进了美学研究走入人的生活世界。但究其实质,这种解释模式面临两个困境。

陷入相对主义是唯心主义解释模式面临的第一个困境。大凡认为美存在于人的感觉、意识、心理等之中的,都可以理解为以主观的立场、唯心主义的方式在言说美。与唯物主义的言说方式最不同的地方是,它更多地强调美是个人的主观感觉和心灵创造。任何客体,只有你感觉它美,它才美。也就是说,它美,并非它本身美,而是因为你感觉它美。

按照这种言说方式,当我们说"这个事物很美"时,指的是人对于这个事物的主观感觉,特别是身心愉快的感觉,如兴奋、陶醉、得意、快乐等。这种感觉不仅有心理学的表现,而且有生理学的表现。但无论是把美当成人的生理学的表现还是当成人的心理学的表现,都设定了人对美的主观创造性。有人指出:"人们在对象引起愉快时称对象为'美',引起不快时称对象为'丑'。美的最初产生与审美主体的乐感经验密切相关,美应从乐处寻。……大千世界千姿百态,风格各异,但只要它们被人判认为'美',就都能统一地在审美者心中引起愉快的情感。"②这是一种典型的唯心主义解释模式。这种解释模式一味地强调个人的

---

① 高尔太表示:"有没有客观的美?我的回答是否定的:客观的美并不存在。"(高尔太:《论美》,甘肃人民出版社,1982年版,第1页。)

② 参见祁志祥:《乐感美学》,北京大学出版社,2016年版,第59-64页。

主观心理感觉在审美中的价值,将审美愉悦与生理快感相混淆,势必使审美趋于主观化和感官化,势必导致各美其美甚至以丑为美,直至取消美的普遍性,使美学走入相对主义的困境。相对主义意味着最高价值自行贬值,甚至意味着没有最高价值,一切都是不确定的。面对秀丽的桂林山水,如果从主观感觉出发,难免出现这个人觉得无比陶醉、那个人却觉得无动于衷的情形,也难免出现这个人或那个人一会儿觉得美、一会儿又觉得不美的情形。针对相对主义及其导致的不确定性,我们必须指明,在解释人与美的关联时,不能是让人去规定美,只能是让美去规定人。美规定人,说的是唯有美才使人真正成其为人,美是超越主观创造的。人并不是如同上帝那样,可以根据自己的意志去创造美或者毁灭美,人作为一个美的发生的参与者,听从美的召唤并服务于它,让美自身成为自身。尽管美学既肯定西湖的婉约之美,又肯定华山的巍峨之美,并不否认审美的差异性,甚至审美作为一种独特的情感体验本身就具有特殊性,但美学和艺术却必须摒弃主观偏见和私心杂念,拒绝相对主义。尼采说:"主体,即愿望着的和追求着一己目的的个人,只能看作艺术的敌人,不能看作艺术的泉源。"[1]因为美学和艺术如果落入了相对主义的境地,那么一切关于美的讨论都变得徒劳,美学和艺术就失去了存在的价值和意义。美必须是普遍的,对一切人都有效。显然,相对主义会在审美上消解共同价值和公共立场,导致审美

---

[1] [德]尼采:《悲剧的诞生——尼采美学文选》,周国平译,生活·读书·新知三联书店,1986年版,第21页。

不公和"心的无序"①,并对美学的存在权利和合法性造成致命的威胁。

陷入物理主义是唯心主义解释模式面临的第二个困境。本来,心理世界充满了自由与创造,因而区别于物理世界。可是,这种解释模式为了避开相对主义对美学产生的威胁,便有意无意地将心理世界物理化、客观化。在这种解释模式下,人的心理活动被描述成为客观事物的运动与人的生理运动的作用和反作用的结果,人的心理世界被描述为一种按力学定律运行的可以测量、分析的"机器""东西""自然物"。这种现象在西方近代心理学发展中有突出的表现。但这样一来,心理世界就被自然化、物质化而成为物理实在,心理过程实际上变成了一种物理过程,心理学(心理主义)就成为另一种物理学(物理主义)。在这种解释模式下,唯心主义因为把美感理解为客观事物在心理活动中造成的机械反应和折射,而很容易把自己变成胡塞尔所批判的"在理性主义精神指导下的心理物理人类学"和"新的自然主义心理学"②。于是,唯心主义也就把美学还原为客观实证的物理学。只要发生这样的"还原",心理活动的精神特质就被遮蔽、被遗忘,美学或美依旧跟人是绝缘的、疏离的。这确乎又回到了此前被批判过的唯物主义的解释模式。

由上可见,如何理解主客关系是理解美的关键。唯心主义

---

① [德]舍勒:《伦理学中的形式主义与质料的价值伦理学——为一种伦理学价格主义奠基的新尝试》上册,倪梁康译,商务印书馆,2011年版,第10页。
② [德]胡塞尔:《欧洲科学危机和超验现象学》,王炳文译,商务印书馆,2017年版,第82-86页。

解释模式在美的理解上之所以陷入相对主义和物理主义的双重困境,是因为其在主观与客观之间做了二元对立与分离。陷入相对主义,是因为唯心主义解释模式错误地相信"主观"的审美注定没有"客观"的普遍性,从而取消了康德所说的"主观普遍性";陷入物理主义,是因为唯心主义解释模式错误地认定只有一种"客观普遍性","普遍性"一定是"客观的",并由于完全不能理解美作为一种价值现象和精神现象本身就能建立起某种普遍有效性,因而只好将这种精神现象下降为物质现象来保证其审美的普遍有效性。

第二节 美应该描述为什么

一、爱就是美,美就是爱

自然本身无所谓人所说的美,但不等于说讨论自然美的问题可以撇开自然。的确,离开人就没有人的审美,但却不可以断定自然没有其自身可以感受到而人所不可触及的"美"。那自然在微观上的进化是不是可以理解为就是自然自发的审美追求呢?自然似乎在自己的语系里没有春夏秋冬,春夏秋冬虽然属于人的语言,但自然也有自己的秩序和逻辑,要不然,人为什么恰恰选择了春夏秋冬而不是别的什么来命名一年四季呢？更有甚者,人即便采取了春夏秋冬的用法,但并不一定就能命中自然的语系,所以人往往还会根据自然的美轮美奂之变化来调整自己的审美,以实现对自然之美的"伟大"参与和"热烈"呼应。如普通人根据自然的四季轮回来调整作息和衣着,并期待在春天去欣赏翠绿和嫩芽,在秋天去欣赏金黄与饱满；摄影家会根据春绿和秋黄来调整生活的颜色,并努力在夏天的颜色里感受奔放,在冬天的颜色里感受冷静；画家会在春天用浅粉色画荷花,在夏天用满绿画荷叶,秋天用暖色画荷叶的凋零,冬天用冷色甚至只用黑白水墨来表现枯荷的残缺与死亡之美。在这个意义上可以说,自然是美的召唤者,人是美的参与者。人,特别是敏感的艺术家,往往最能感应到美的神秘力量,并且愿意听从它的召唤,而将美呈现出来,让美"现身"。彭富春先生指出:"我们必须对于人创造美这一观点作更深入的思考。一方面,美不是自然论所主张的那样,自然自身就具有审美的特性,而无须人类的创造；另一方面,美也不是人类学和人类中心主义所说的那样,是人类的主体的产物。……事实上,人对于美的创造这一观点必须理解为:人让美成为美。这就是说,一方面,美不是与人无关的,美在它的发生的过程中已将人纳入其中；另一方面,人作为一个美的发生的参与者听从美的召唤,并服务于它,让美自身成为自身。"①有人提出了"美是有价值的乐感对象"这样的命题,指出这个命题包含"两个要点,一是美是能够带来快乐的对象,二是这种快乐必须有价值"②。这一命题强调美与价值的关联,是一大进步,但只要将美理解为一种"对象",即便是"有价值的乐感对象",就表明其依旧在对象性思维中把握美,因此很难与唯心主义解释模式划清界限。从美学的视域看,与其说事物作为主体的人的对象而存在,不如说事物与人共同存在于生活世界之中,它"聚集"了人和事,是物化了的人类生活世界。这样一来,客观事物的美在它的发展过程中已将人纳入其中,原本就是人性显现的光辉,而不是事物的所谓客观属性。弗兰克说:"美之所以为美,是因为它在一定的感觉材料之外还'表现'某些东西,'告诉'我们某些东西。因此,它意味着某种特别重要的东西,这种东西在客观现实的日常经验的内容中是没有的。"③

面对大自然的良辰美景,人会流连忘返;置身于美妙的艺术世界,人会如痴如醉。只有不懂美之人,没有不爱美之人。柏拉图说:"一个人总最关心他所爱的东西。"④什么是人最爱的东西呢?毫无疑问,就是美。爱美是人之为人的基本规定,是人就会爱美、就要爱美。这里的"要"指的是,爱美是人的一种主动的寻求、渴望、意愿和要求,而不是被动的给予和接受。也就是说,对

---

① 彭富春:《哲学美学导论》,人民出版社,2005年版,第97页。
② 祁志祥:《"美"的解密:有价值的乐感对象》,载《艺术广角》2022年第2期。
③ [俄]弗兰克:《人与世界的割裂》,山东友谊出版社,2005年版,第20页。
④ [古希腊]柏拉图:《理想国》,郭斌和、张竹明译,商务印书馆,1986年版,第124页。

于人来说,美不是可有可无的,爱美是"必要的""必然的""必需的",不可回避,不可逃离。事实上,所有人都爱美,谁也不能例外。

人为什么要爱美?这实际上是在问:人为什么渴望爱?人为什么渴望美?大概是因为这爱本来就是美,美本身就是爱。柏拉图说过:"最美的总是最可爱的。"①美的本性就是生命之爱和存在之爱。很多时候,人们以为爱和美是两回事,其实,爱就是美。如果美本身就是爱本身,那么爱美就是爱"爱"自身。只有美才是值得去爱的,只有爱才是特别美好的。"正确的爱难道不是对于美的有秩序的事物的一种有节制的和谐的爱吗?"②谁也不会去爱丑陋的东西,没有什么样的美超过爱之美。最高的爱就是对美的爱,最高的美当然就是爱的美,因此,爱或美就成为人生最高的要求、最大的需要。在这一点上,谁也不能例外。爱的对象看得见、摸得着,但爱本身却不是存在物、存在者,而只能是理想性的存在状态。这就如同柏拉图的理念:"作为多个的东西,是看见的对象,不是思想的对象,理念则是思想的对象,不是看见的对象。"③正因如此,在柏拉图那里,理念美才是美本身,而具体的看得见的对象只是对美的理念的分有。

后期的维特根斯坦特别关切美学问题。在《美学讲座》中,

---

① [古希腊]柏拉图:《理想国》,郭斌和、张竹明译,商务印书馆,1986年版,第109页。
② [古希腊]柏拉图:《理想国》,郭斌和、张竹明译,商务印书馆,1986年版,第110页。
③ [古希腊]柏拉图:《理想国》,郭斌和、张竹明译,商务印书馆,1986年版,第264页。

维特根斯坦的第一句话就是:"这个题目(美学)太大了,而且据我所知是完全被误解了。"维特根斯坦以为,当人们说某物"美"的时候,实际上是作为形容词使用的,表达的是一种感叹。可是,人们总是把对事物的形容错误地当作事物的属性,认为断言某物"美"就是断言某物具有美的属性,于是就开始想当然地追问起美的本质来。关于美的本质的追问就建立在对"这是美的"这一语句的频繁使用上,所以,"美"这样的词不能局限于语词的形式并加以概念式考察,而只能在具体的语言游戏中去领悟,只能"从某些场合或活动开始"。语词的意义不是词典上的定义,而是语词的用法,简言之,用法即意义。这就使得语词与世界的对应关系转换成了语词与世界的语境关系,从而说明了语词的意义取决于人使用语言的不同环境。维特根斯坦在《美学讲座》第5节提出:"如果你问自己孩子是怎样学习'美的''好的'等,你就会发现他基本上是把它们用作感叹词。孩子通常先是用'好的'这样的词来指食物。教学中极为重要的就是用夸大的手势和面部表情。学习这个词是用来代替面部表情或手势的。这种情况中的手势、声调就是表示同意。是什么使得这个词成为同意的感叹词的?这是它所呈现出的游戏,而不是语词的形式。"①美没有一个抽象的本质,美指向的是生命的欣赏活动,在其中我们使用不同的词——有魅力的、微细的、好的——来给予差异性表达。在维特根斯坦看来,传统美学竭力地为美确定一

---

① [奥地利]维特根斯坦:《维特根斯坦全集》第12卷,江怡译,河北教育出版社,2002年版,第324页。

个抽象的本质,实际上是把它的位置从地上放飞到了天上,永远地离开了养育生命的大地。维特根斯坦希望把美重新还给生活、"置"回大地,把美与人的生活的每一个侧面——身姿、手势、表情——连接起来。维特根斯坦在《美学讲座》第 35 节中说过:"为了澄清审美语词,你必须得描述生活方式。"①这生活方式指的就是人的存在方式。美标志着积极意义上的人的存在方式。与此相反,丑标志着消极意义上的人的存在方式。

  美作为一种价值现象和精神现象是人对于美的存在的经验,根本就无关乎唯物主义和唯心主义②,正如毕达哥拉斯定理与"唯物主义""唯心主义"无关一样。美既不是主观派所坚守的主观,也不是客观派所坚守的客观。对此,邓晓芒曾经有过一段非常有趣的、带有自我解剖式的讨论。他说:"本来,我自认为我的美学思想是属于'主观派'的,我忠实于我的审美体验,并且认为在美的问题上,主观派才是唯物主义者,客观派恰好是唯心主义者。这正如我们说思想、观念仅仅是主观的,这才是唯物主

---

  ① [奥地利]维特根斯坦:《维特根斯坦全集》第 12 卷,江怡译,河北教育出版社,2002 年版,第 334 页。

  ② 国外有学者认为:"进步的美学观点和文艺理论观点的发展史,就是对文学艺术的科学的唯物主义了解的形成过程。这个过程是在与唯心主义激烈的斗争中产生的。唯物主义的美学,照例是社会进步力量的观点的反映,这种进步力量是为争取进步而斗争并且关心到艺术的发展的。唯物主义理论对文学艺术的本质及其特点的正确观点的形成具有极大意义。"(毕达可夫:《文艺学引论》,北京大学中文系文艺理论教研室译,高等教育出版社,1958 年版,第 13 页。)中国也有学者认为:"在哲学本体论上划分唯物主义和唯心主义、主观唯心主义和客观唯心主义、机械唯物主义和辩证唯物主义,应该是一种根本的划分,也是必需的划分,否则就不能确定一种美学思想的根本性质,也就无从判别一种美学思想的是否对错。"(张玉能:《关于中国当代美学的几点反思》,载湖北大学文学院编《中文论坛》,社会科学文献出版社,2018 年版,第 25 页。)

义,而说思想、观念是客观的,这是典型的客观唯心主义一样。这么简单的道理,在当年曾让那么多人争论得死去活来,真是有点不可思议。不过,在读了胡塞尔的书以后,我的想法有所改变。以前的观点并没有被推翻,但我觉得我的那些看法虽然没错,层次却太低,基本上还是科学主义的主客对立的狭隘框架。胡塞尔现象学超越了这一框架,而使科学成为更加广阔的人性中的一个成分,在这一更加广阔的视野中,主观、客观都只是相对的,你的主观对他人来说就是客观,他人的主观对你来说也是客观。即使自然界的客观,也是在你的感性直观中呈现出来的客观,它是通过你自身的主观的变化而不断改变自身的形象的。"[①]显然,在邓晓芒看来,只有彻底摆脱主观客观、唯物唯心的二元对立模式,才算找到了讨论美的问题的理论平台。

对此,叶秀山也有深刻阐释。美学不做自然科学的"事情",只做自然科学做不了的"事情"。"'美学'——即'美的、审美的,或艺术的哲学'是和物理、生物、化学甚至心理、社会这些学科很不相同的,这种不同,是带有根本性的,即不是小的方面——如物理和化学的具体对象和方法有所不同,而是大的方面的不同。这种不同,我们也许可以概括地说,即在于:物理、化学、生物……学科,都以主客体理论上的分立为特点,将自己研究的'对象'作为一个'客体',或观察,或实验,以概念体系去把握其特征、规律,但'美学'和'哲学'这把自己的'对象'作为一个'活的

---

① 邓晓芒:《西方美学史纲》,武汉大学出版社,2008年版,第184-185页。

世界',即'主体'是在'客体'之中,而不是分立于客体之外来把握的。"①在叶秀山看来,"'人'不是'纯粹的''思想的''主体',不是西方传统哲学中的那个'我思'的'我',而是活生生的'人'——胡塞尔的美的哲学'先验的'或'超越的''自我',而不是笛卡尔、康德的逻辑的、纯思的知性'自我';'世界'也不是与'自我'相对的纯'物质的''自然',而是'(人)生活的世界'。'我'是'在世界中'来研究、思考、理解'世界',而不是'在世界之外''与世界相对'来将'世界'作为'对象'使之概念体系化"②。"从根本上来说,'人'与'世界'的关系一方面并不是'纯物质'的,因为'人'不是'动物';另一方面,也不是'纯精神'的,因为'人'不是'精灵''神仙'。这样,'人'在能区分纯物质的实质关系和纯概念的精神关系之前,有一种更为基本的关系,而各种实质性(实证性)科学(物理、化学、生物……)和形式性科学(数学、逻辑……)正是在这个基本的经验上生长起来的。对这个基本的经验的研究和思考,就是胡塞尔说的'最纯净'而不杂、后来抽象概念科学的'严格的科学',即'人文科学';对这种基本的关系,或这种基本的存在方式的研究和思考,也就是海德格尔在《存在与时间》里所谓的'基本本体(存在)论'。"③

遗憾的是,长期以来,学者们倾向于将美学问题的研究统统划分为唯物主义和唯心主义两大阵营,似乎美学不是唯物主义

---

① 叶秀山:《美的哲学》,北京联合出版公司,2016年版,第5页。
② 叶秀山:《美的哲学》,北京联合出版公司,2016年版,第5-6页。
③ 叶秀山:《美的哲学》,北京联合出版公司,2016年版,第6页。

的就是唯心主义的，艺术不是主观艺术就是客观艺术，除此之外，别无选择。并且，学者们进而还独断地认定对于解决美学和艺术问题来说，唯物主义一定高于唯心主义。如王朝闻先生在其主编的《美学概论》一书中说："美的本质问题的理论历史，突出地要求这个问题在一个新的唯物主义哲学基础上来加以解决。"[1]其实，美既不能被定义为客观事物的一种物质属性（如客观艺术），也不能被定义为人主观的一种心理反应（如主观艺术）。尼采就说过："主观艺术和客观艺术的对立，在美学中是根本不适用的。"[2]美既是超唯物主义或超客观主义的，也是超唯心主义或超主观主义的，因为唯物主义和唯心主义犯了一个共同的错误，就是假设这个世界主客可以分开。其中唯物主义相信在人之外有一个物，而唯心主义总是相信在物之外有一个人。当唯物主义肯定有客体的时候，实际上已经默认了有主体，因为客体只能是主体的客体，没有主体就无所谓客体；但唯心主义肯定有主体的时候，实际上已经默认了有客体，因为主体只能是相对于客体而言，没有客体就无所谓主体。在这里，可以看出，唯物主义和唯心主义有一个共同之处，那就是它们都以主客相分的设定为前提。在这个意义上可以说，唯物主义和唯心主义从表面上看似乎具有原则性差异，呈现出截然相反的价值取向，但从方法论的角度去审查唯物主义和唯心主义，可以发现在关于

---

[1] 王朝闻：《美学概论》，人民出版社，2005年版，第25页。
[2] ［德］尼采：《悲剧的诞生——尼采美学文选》，周国平译，生活·读书·新知三联书店，1986年版，第21页。

美的定义问题上,唯物主义和唯心主义都面临着一样的困境,而产生这种困境的根源在于假定了主客相分。这种假定是一种不折不扣的独断论。正如多迈尔指出的:"主体性与客体性,如同主观主义与客观主义一样,都是一枚硬币的两面。"① 但是在这个世界上,原初本没有主客相分、心物对立,就像我们永远想象不出没有正反面的一枚硬币一样。就美的描述来说,更不能采纳唯物主义或唯心主义共同设定的主客二分模式。严格说来,美来到这个世界就是要消解或解构这种主客对立或二分,因为正是对立或二分干扰和破坏着这个世界的美。经验告诉我们,在一个对立或二分的世界里,不仅没有美,而且还充满着暴力、冲突、仇恨或恼怒。所以,就美学本身来说,在一个被唯物主义或唯心主义二分了的世界中是不可能发现美的,反而会将美遮蔽起来。

无论是唯物主义的定义,还是唯心主义的定义,都是我们应该抛弃的。冯契将人把握这个世界的方式分为"以我观之""以物观之""以道观之",并指出会形成"意见""知识""智慧"三种不同的结果。② 唯物主义关于美的把握接近冯契所说的"以物观之",形成的只能算是"知识",但知识的效用是有限的、相对的,知识的正确是有分别的正确;唯心主义关于美的把握接近冯契所说的"以我观之",形成的只能算是"意见",但意见是主观的,

---

① [美]多迈尔:《主体性的黄昏》,万俊人等译,上海人民出版社,2013年版,第3页。

② 参见冯契:《认识世界和认识自己》,上海人民出版社,2011年版,第263页。

虽有时正确,但常掺杂错误。因此,唯物主义和唯心主义对于美的把握都是必须超越的。马克思曾经指出,他的思想"既不同于唯心主义,也不同于唯物主义,同时又是把二者结合起来的真理"①。为了反对唯物主义与唯心主义共同设置的人与自然之间的二元对立,马克思强调人的科学与自然科学之间应该展开对话与融通:"自然科学往后将包括人的科学,正像关于人的科学包括自然科学一样:这将是一门科学。"②为了消除旧有思维方式中广泛存在的"非此即彼"的"两极化",恩格斯也特别强调亦此亦彼的"中间态":"Hard and fast lines[绝对分明的和固定不变的界限]是和进化论不相容的——甚至脊椎动物和无脊椎动物之间的界限,也不再是固定不变的了,鱼和两栖类之间的界限也是一样;而鸟和爬虫类之间的界限正日益消失……'非此即彼!'是愈来愈不够了……一切差异都在中间阶段融合,一切对立都经过中间环节而互相过渡,对自然观的这种发展阶段来说,旧的形而上学的思维方法就不再够了。辩证法不知道什么绝对分明的和固定不变的界限,不知道什么无条件的普遍有效的'非此即彼!',它使固定的形而上学的差异互相过渡,除了'非此即彼!',又在适当的地方承认'亦此亦彼!',并且使对立互为中介:辩证法是唯一的、最高度地适合于自然观的这一发展阶段的思

---

① 中共中央马克思恩格斯列宁斯大林著作编译局:《马克思恩格斯全集》第42卷,人民出版社,1979年版,第167页。

② 中共中央马克思恩格斯列宁斯大林著作编译局:《马克思恩格斯全集》第42卷,人民出版社,1979年版,第128页。

维方法。"①"以道观之"的提法最早出自庄子,说的是要站在"道"的高度看待人世间的一切。从道的角度看,万物和人生没有贵贱之分,道通为一,万物齐一,物我无隔,没有差异,不分彼此,从而达到智慧之境。智慧的正确是无分别的正确,智慧的效力是无限的、绝对的,这与马克思、恩格斯的上述观点有相通之处,呈现出来的是一种美的境界。

二、美就是生活世界的显现

其实,谈论世上的美,最重要的是首先必须承认人与美的关系,并且还要进一步去确认人与美的关系。就如同海德格尔在《艺术的起源》中所强调的,不是艺术家使作品成为艺术作品,也不是艺术作品使人成为艺术家,而是艺术使作品和人成为艺术品、艺术家。马克思在《神圣家族》中说过:"只有音乐才唤起人的音乐的感情。"美之所以可以成为人的规定,根本的原因在于唯有美才使人真正成其为人。彭富春指出:美之所以成为人的规定,是因为美使人成为人。一方面,美让人与动物相区分,人不是动物而成为人;另一方面,美让人与自身相区分,从非自由的到达自由的。②"真正的问题不在于指出美自身之后的某种

---

① 中共中央马克思恩格斯列宁斯大林著作编译局:《马克思恩格斯全集》第20卷,人民出版社,1971年版,第554-555页。
② 彭富春:《哲学美学导论》,人民出版社,2005年版,第98页。

本质，而是显示出美作为美自身如何生成出来的。"①把美置于"唯物主义""唯心主义"的框架中来加以定义，恰恰表明，研究者还没有跳出胡塞尔所批判的自然主义视野，还局限于主客二分的对象性思维模式之上。② 唯物主义和唯心主义共有的对象性思维制造了人与对象、主体与客体的紧张关系，也阻止了我们去追问美的存在本性。尽管我们不能定义美，但可以追问美的存在。其实，人生于世界，美与人、与世界共在。"只有作为审美现象，生存和世界才是永远有充分理由的。"③在美的世界里，不再有主客体的二元分离，而是人与世界本原的合一，不再是人理性地、逻辑地设立对象，而是人体验和经历存在。存在本身超出了主观和客观的区分，并且比一切主观和客观更本原，是超逻辑、超理性的。

　　人和自然也许共享着神秘的美的"代码"，或许，美既是上帝之光，也是反映上帝创造之美的自然之光和人性之光。这种想法或许有些神秘主义，但这种神秘主义恰好可以帮助我们建立起人与自然沟通的桥梁，进而帮助我们达到二者合而为一、彼此呼应的最高美。中国传统的"意境说"指向的就是这种最高的美。叶朗说："意境的美感，实际上包含了一种人生感、历史感。正因为如此，它往往使人感到一种惆怅，忽忽若有所失，就像长

---

　　① 彭富春：《哲学美学导论》，人民出版社，2005年版，第50页。
　　② 戴茂堂：《超越自然主义——康德美学的现象学诠释》，武汉大学出版社，1998年版，第334-335页。
　　③ [德]尼采：《悲剧的诞生——尼采美学文选》，周国平译，生活·读书·新知三联书店，1986年版，第21页。

久居留在外的旅客思念自己的家乡那样一种心境。"①意境让人通向人生的意义,实现更高的人生境界,构建出一个更完善、更饱满的自我,这是对生命最高的圆满境界的体察,能够引导人回到存在本身。有了对这种圆满境界的体察,人的存在才可称为完完全全的存在。

说起存在,自然要提及最有影响力的存在主义哲学家海德格尔。在海德格尔的时代,存在的问题不是减弱了,而是更加严重、更加尖锐。海德格尔关心的核心是存在问题。海德格尔认为,旧形而上学把存在当作存在物来想象,谈的是存在,指的却是现实存在的东西。这样,旧形而上学就完全把存在物与存在混淆了,不能解答存在的真理问题,达到存在的真正概念。如何达到真正的存在呢?海德格尔认为,无处不在、无时不在但又隐而不显的存在唯有通过特殊的存在者——此在(人)——而领悟。此在的最基本状态就是在世。此在不能孤立、单独地存在,而总是和世界同时出现,同时在此。如果没有此在,就没有世界,而没有世界,也就谈不到此在。此在的在世意味着它与世界处在一种浑然一体的始源关系之中。这种情况在诗意的栖居状态和诗情画意的艺术体验中最显明。如果人先于世界,那就意味人首先存在,然后去创造世界;如果世界先于人,那就假定了世界已经存在,人后来才进入其中。但我们既不能想象一个无人的世界,也不能设定一个无世界的人。人与世界同时生成,且

---

① 叶朗:《胸中之竹——走向现代之中国美学》,安徽教育出版社,1998 年版,第 65 页。

相互生成。这就是叶秀山所说的:"艺术中的'人物'是在艺术虚拟的时空中活动的,生活中的'人'是在实在的时空中活动的。艺术之所以要把时空虚拟化,在于要保留'人'的活动的实在的规定场所和情景,而不至于成为历史记载中的概念的时空——时空的序列成为逻辑的次序。作为知识形式的时空概念是知识的条件,即使说它是一种'直观',也是经验直观的'先天条件';但生活的时空,是人的活动场所,是和人的活动分不开的。生活的时空,就是人的'世界':'世'——时间,'界'——空间。'世界'不仅仅是'环境','环境'是知识和实用的'对象','世界'则与'人'同'在'。"①

这种始源关系其实就是天人合一。审美意识不是认识活动,美学不是认识论。人与自然首先是共在的,然后才产生感知和认识的关系。以主客二分的思维方式思考美,阻碍了人们对美的存在本性的追问。而美恰恰就是存在性的。柏拉图说:"凭临美的汪洋大海,凝神观照,心中起无限欣喜,于是孕育无量数的优美崇高的道理,得到丰富的哲学收获。"②凝视美,我们回到了自己自由本真的状态,体验万物一体、万有相通,实现了更高的自我,进入了更圆满的人生境界。因此,美是对人的价值的最高鉴赏与肯定。

现代美学将美的本性置于存在的基础上,突破了将美学作为被理性所规定的感性学的传统。在现代美学看来,美是存在

---

① 叶秀山:《美的哲学》,北京联合出版公司,2016年版,第145页。
② [古希腊]柏拉图:《文艺对话集》,人民文学出版社,1963年版,第272页。

的本性,存在本身超出了感性和理性的区分,并且比一切感性和理性更本原。海德格尔既反传统美学,因为它给美的本质做出了理性规定;又反分析美学,因为它否定了美本身。海德格尔的观点是:必须坚信有美,因为只有如此,人的审美追求才有意义,才不至于走向虚无主义和相对主义;但又必须反对用言语来定义美的本质,因为只有如此,人才能从定义的遮蔽中解脱出来,真正走向美的真理。按照现象学的理解,如果说显现就是事物自身的话,那么显现就意味着事物的生成。作为显现自身的显现者将自身作为自身显现出来,也就是将事物作为事物自身表现出来,而不是自身之外的其他什么东西的呈现。这种显现就是存在自身的发生,就是事物自身的在场和敞开,也就是生活世界的游戏。生活世界的万事万物显现自身,并形成自身。在这个意义上,所谓美就是生活世界的显现,而生活世界本身就是富于美感的。[①] 所以,何谓美的问题,可以借助于何谓美感的讨论而继续往前展开。

---

① 彭富春:《哲学美学导论》,人民出版社,2005年版,第92-95页。

第二章

何谓美感？

如前所述，一般来说，言说和理解美的普遍模式是唯物主义和唯心主义两种方式。因此，言说和理解美感的一般模式也是唯物主义和唯心主义两种方式。

根据物质决定意识的基本观点，唯物主义一般认为：美是客观事物的属性，客观事物是美自身的存在之所，也是美感产生的根源；美感是对于作为客观事物属性的美的某种反映和认识，属于人的物质性、生物性的生理本能。在这里，美在美感之先，美是第一性的，美感是第二性的，美决定美感。先有事物，然后才有对事物的反映；先有客观事物的美，然后才有对事物的美感。

总之,美感的本原是物质性的美,美感不过是关于物质性的美的反映和认识而已。关于这一认知,蔡仪的观点最有代表性。他指出:"我们认为美是客观的,不是主观的;美的事物之所以美,是在于这事物本身,不在于我们的意识作用。但是客观的美是可以为我们的意识所反映,是可以引起我们的美感。而正确的美感的根源正是在于客观事物的美。"①苏联曾经流行的教科书《马克思列宁主义美学原理》也是从反映论的角度来解释美感的。该教科书开宗明义就提出:"辩证唯物主义认识论是美学的基础。……马克思列宁主义美学是依据列宁的反映论来揭示审美意识的实质的。"②

当以唯心主义的方式言说美的时候,美感就必然被理解为对于作为主观感觉的美的某种表现和表达,属于人的生物性的心理快感。在这里,美感在美之先,美感是第一性的,美是第二性的,美依赖于美感,美感决定美。美感的本原是精神性的,美的对象不过是美感的构成物,不被感受的美就不成其为美。高尔太明确表示:"要想超美感地去研究美,事实上完全不可能。超美感的美是不存在的。"③这样的言说方式从积极的角度看,它凸显了审美的独立性,某种意义上说也是对美的本质的抽象讨论的一种反抗和还击。蒋培坤的《审美活动论纲》就非常弱化美的本质的抽象讨论,将"审美活动"作为美学追问的"最基本范

---

① 蔡仪:《美学论著初编》上册,上海文艺出版社,1982年版,第237页。
② 苏联科学院哲学研究所、艺术史研究所编:《马克思列宁主义美学原理》上册,陆梅林等译,生活·读书·新知三联书店,1961年版,第2-3页。
③ 高尔太:《论美》,甘肃人民出版社,1982年版,第4页。

畴"和"逻辑起点"。叶朗主编的《现代美学体系》则从"审美形态"开始,以"审美哲学"结束,认为"审美哲学"就是对审美活动进行整体性反思,不是反思美的本质,而是追问审美的本质。

尽管唯物主义和唯心主义两者的美感理论从表层上、现象上看有很多的不同,如唯物主义和唯心主义在美与美感之间就各执一端,但它的有一点是共同的,那就是假定了美感和美的分离。这种分离导致在美感与美之间形成了一种特殊的关系,那就是主客关系。其中美感是主体的感觉,是主体性的,美则是被感觉的客体,是客体性的。然而,在审美中,根本就不存在一个客体之外的主体,也不存在一个主体之外的客体,更没有主体与客体的二元对立。事实上,正是这种虚构的主客关系模式,主导着整个唯物主义和唯心主义关于美感问题的讨论,并导致这种讨论不可避免地走向失败。跳出这种主客二分模式,可以发现,既不是美在美感之先,也不是美感在美之先。张法指出:"虽然事物形象性的一面是其固有的,但只有当人用审美态度去看它的时候,它才呈现出来。这里,可以初悟美学的一个谜,何以美学老是要引入主体的研究,为何屡兴审美心理学浪潮,这里,可以理解美学史上有人所说的美在于美感,或美等于美感。……就其本质性而言,可以说,美与美感同时产生,也会同时逝灭。正是这种美与美感同时和共在的事实,成为'美等于美感'的基础。"他还指出:"美和美感是同时出现的,美与美感的共时共生性是审美现象的基本特征。"①由此指明美和美感同时出现,并无先后。这一点非常重要,否则,就会在美感问题上陷入二元对立。② 进一步说,不是美决定了美感,而是审美活动决定了美感;不是美感决定了美,而是审美活动决定了美。关于美感与美的关系,邓晓芒的解释是:"没有美便没有美感,反之,没有美感便也没有美。美(对象化的情感)本身并不能离开人(不是个别人,而是所有的人,人类)的心理在人的大脑之外存在于客观物质世界中。"③彭富春认为,美感不是美的反映,而是审美活动的内化;美不是美感的产物,而是审美活动的外化。④

很显然,唯物主义和唯心主义美学关于美感的讨论都是以反映论作为基础的。从反映论出发,美感问题自然而然就被置换成了抽象的认识论问题⑤。如"蔡仪认为,美的事物能给予美感,就是通过认识的关系,如果在认识论上不能恰当地解决,那么美感论和艺术论也难得到圆满解决。所以美感论和艺术论都

---

① 张法:《美学导论》,中国人民大学出版社,2015年版,第55页。
② 遗憾的是,张法一方面主张本质上美和美感同时产生,另一方面又主张现象上美和美感有先有后。他曾经指出:"在现象上,只有美感出现,美才出现,反过来,只有美出现,美感才出现,实际审美活动中,可以美先出现,也可以美感先出现,一个出现必然引起另一个出现,因此孰先孰后无意义。"(张法:《美学导论》,中国人民大学出版社,2015年版,第46页。)
③ 邓晓芒:《实践唯物论新解:开出现象学之维》,文津出版社,2019年版,第60页。
④ 参见彭富春:《生命之诗——人类美学或自由美学》,花山文艺出版社,1989年版,第32-33页。
⑤ 高尔太明确指出,美学问题"可以从认识论的角度来探讨","从认识论的角度,我们要问美是主观的还是客观的"。(高尔太:《论美》,甘肃人民出版社,1982年版,第1页。)

须有认识论的基础"①。当美感问题变成认识论问题的时候,美感就不再充满诗情画意。在心理学意义上,美感指美的感觉、想象、理解、意志和情感等;在认识论意义上,美感指审美认识、审美认知甚至审美文化等。但是,美感的"感"既不是指心理学上的"感觉",也不是指认识论上的"认识",而是人对于美的存在最直接的把握方式。因此我们必须质疑以往在美感问题上的心理学和认识论的种种设定,回到美感呈现的原初事实。一个更本原、更根本的事实是:先有人与美的共在,然后才有对于美的感觉和认识。当人们将"美""感"两个字固定地配搭在一起的时候,"美感"等同于"审美感觉",而"美"内在具有的"感动""感激""感恩""感佩"的含义完全被遮蔽,所以,为了达到对"美感"概念更好的理解,最好是将"美感"概念暂时拆分开来。只有先将"美感"概念暂时拆分为"美"和"感"才会发现,"美感"是不可拆分的,世界之"美"与人之"感"之间拥有最深切的联系。正是在这个意义上,我们可以把"美感"诗意地解释为:因为"美",人在内心必然产生"感动""感激""感恩""感佩"。哪里有"感动""感激""感恩""感佩",哪里就有"美";反过来说就是,哪里有"美",哪里就有"感动""感激""感恩""感佩"。古今中外,从来如此。在这样的解释中,美的情感意义就彰显出来了,美通向了人,美与人

---

① 王善忠:《蔡仪美学思想的历史地位》,载《美学论丛》编辑部编《蔡仪美学思想研究》,中国展望出版社,1986年版,第16页。

就合一了,美通向了美感,美与美感也合一了①,美与美感之间的距离如同美与人之间的距离一样彻底地消失了。从"美"只有在人之"感动""感激""感恩""感佩"之中得以落实与确认这个意义上,可以说,"美学"就是"美感学"或"情感学"。邓晓芒有一段论述特别重要,他说:"审美活动就是人与对象、人与人之间的这样一种情感活动。在情感关系中,情感借助于对象化的物来传达,这就是审美。对象化就是拟人化,用月亮来比喻少女和用少女来比喻月亮实质上是一回事。情感本质上倾向于在心理上和想象中达到客观统一于主观,并为了确证这点而力图在经验事实中使客观统一于主观,因为只有这样它才能与别人的情感同一。情感本身是一种无形无象的精神活动,它只有凭借有形的物质手段才能现实地在主体之间传达,如果做不到这一点,情感就得不到共鸣,实现不了它的本质,它就会退化为动物性的情绪。"②总之,美感不能简单地被理解为一种心理和认识现象,美感是非心理的或超心理的,是人对于自身存在的情感体验经验。李泽厚说:"美感便是对自己存在和成功活动的确认,成为自我意识的一个方面和一种形态。它是对人类生存所意识到的感性肯定,所以我称之为'新感性',这就是我解释美感的基本途径。"③从否定方面来看,美感通过自身的纯化和净化而与世俗

---

① 高尔太提出:"美感大于美。审美活动之所以是自由的活动,很重要的一个因素也就是美感大于美。"(高尔太:《论美》,甘肃人民出版社,1982年版,第51页。)显然,高尔太没有将美与美感统一起来。

② 邓晓芒:《实践唯物论新解:开出现象学之维》,文津出版社,2019年版,第166页。

③ 李泽厚:《美学四讲》,长江文艺出版社,2021年版,第141页。

的经验相分离,回到自身;从肯定方面来看,美感作为自身显现自己,并成为自己。

中西美学史分别给出了美是如何通向美感的解释。其中,中国美学史主要是用"比德说"来解释的。在中国美学看来,不借助于比德将对象人化就没有艺术和审美;而西方美学史主要是用"移情论"来解释的,在西方美学看来,不借助于移情将对象人化就没有艺术和审美。

第一节
历史的回答:以中西美学史为例

一般人总以为,历史就是过去、陈旧、腐朽的代名词,然而,在克罗齐看来,"一切历史都是当代史",历史并不等于过去、陈旧和腐朽,历史发生在过去,但却一定是指向现在、指向未来的。没有当代性的历史是死的、没有意义的,因此,真正称得上是历史的东西一定是开放的,可以积极地加以解释的。黑格尔说:"我们之所以是我们,乃是由于我们有历史。"①历史带领我们进入现实的生活。张世英说:"人理解历史,实际上就是理解人自

---

① [德]黑格尔:《哲学史讲演录》第1卷,贺麟、王庆太译,商务印书馆,1959年版,第7-8页。

身,具体地说,就是在历史的时间性中、在人生的有限性中追寻人的存在的意义……只有懂得历史性问题就是人生意义问题,就是人的命运问题,才能懂得历史性问题的真谛。"①这一点,可以从对中西美学史的考察中加以确证。

一、比德:中国美学史的解释

天人合一是中国文化的基本信念。在中国文化看来,人与自然本为一体,天道与人道实为一道。需要特别强调的是,在中国文化那里,天人合一不是人与自然的绝对平衡,恰恰相反,天人合一彰显的是"人"合于"天"、"天"高于"人",自然处于根本性位置,人则隐而不显。② 正如彭富春所说:"中国思维始终设定了思想之外的自然的优先性。它表现在三个方面:第一,存在,在天地人的结构中,天地亦即自然对于人具有绝对的规定性;第二,思想,人首先从自然中思索出尺度,然后将此尺度给予人;第三,语言,汉字作为象形表意文字给汉语的文本表达的自然性以现实的基础。"③在归于自然这个问题上,如果说儒释道还有什

---

① 张世英:《哲学导论》,北京大学出版社,2008年版,第307-308页。
② 作家残雪说:"伟大的作品都是内省的、自我批判的。……我认为文学的源头在西方,而中国,从一开始文学就不是作为独立的精神产物而存在。中国文学自古以来缺少文学最基本的特征——人对自身本质的自觉的认识。也就是说,中国文学彻底缺少自相矛盾,并将这矛盾演绎到底的力量和技艺。传统的文学从来都是依附的,向外(即停留在表层)的。"参见残雪:《黑暗灵魂的舞蹈》,文汇出版社,2014年版,第216页。
③ 彭富春:《哲学美学导论》,人民出版社,2005年版,第31页。

么细微的区别的话,可以说,儒家偏于"人性"之自然,道家偏于"自然"之自然,释家偏于"心性"之自然。

中国式的天人合一很容易走向对自然的玩赏。中国人在回归大自然时感受到的是怡然自得,在中国人的"审美无意识"里,自然风光充满了丰富的感性色彩,放射着美的光彩,"它是那么富于人情味,它简直就是人的象征"①,借用桑塔耶纳的话说甚至就是"第二情人"②,让人心醉神迷。自然与人情感相通、心心相印,能给人情感上的抚慰。中国美学更接受阴柔之美,如初生日、杏花、春雨、清风、云烟、溪水、晓风残月,又如美女的娴静、蛾眉、杏眼、春笋指、柳腰、冰肌、樱桃小嘴。但中国的阴柔之美不具有西方"优美"所有的"高贵的单纯""静穆的伟大"那样的含义,更不具有西方"崇高"所有的"宗教文化的"含义。人与自然的关系就如子与母的关系,走向自然就是走向母亲的怀抱。春天万物复苏,人的情感也易于萌动;夏天热烈,人的情绪高昂;秋日萧索,悲情易生;而冬天万物肃杀,人的情志也深沉高远。陶渊明的《饮酒》中"采菊东篱下,悠然见南山。山气日夕佳,飞鸟相与还",呈现的就是自然而然之心境。禅宗非常喜欢与大自然打交道,经常假借自然来感受心境之淡远。李泽厚说:"禅宗宣扬的神秘感受,脱掉那些包裹着的神秘衣裳,也就接近'悦神'类的审美经验了:不仅主客观浑然一体,超功利,无思虑;而且似乎

---

① 邓晓芒、易中天:《黄与蓝的交响——中西美学比较论》,作家出版社,2019年版,第 52 页。
② [美]乔治·桑塔耶纳:《美感——美学大纲》,缪灵珠译,中国社会科学出版社,1982 年版,第 41 页。

有某种对整个世界的规律性与自身目的性相合一的感受。特别是欣赏大自然风景时,不仅感到大自然与自己合为一体,而且似乎感到整个宇宙的某种合目的性的存在。"①自然本身就成为归于和美的生命洪流,成为充满生机、生气和生命的大美世界,显示着最真实、最本然的东西。在中国古典美学中,天就是天性、天然,也就是自然性,这就是《乐记》所说的"大乐与天地同和"、《吕氏春秋·察传》所说的"夫乐天地之精也"。因此,完全有必要以自然为例,来讨论中国美学对于人为什么要爱美的回答。

于是,在中国美学那里,人为什么爱美这个问题就变成了人为什么爱自然之美。理解这个问题,可以从中国文化的"比德说"谈起。

中国文化是道德优先的文化。道德统括文化,乃为"大学",技术为"小道"甚至"贱学",以至于有人认为,中国之"学"即德性之学。政治学被归结为善恶之别、正邪之争、君子小人之辨;自然科学如地震学也被赋予了伦理色彩,地震灾害被视作上天对人间恶行的惩罚;文学强调"文以载道";教育强调"德育为上";哲学成为"道德哲学"。蔡元培说:"我国以儒家为伦理学之大宗。而儒家,则一切精神界科学,悉以伦理为范围。哲学、心理学,本与伦理有密切之关系。我国学者仅以是为伦理学之前提。其他曰为政以德,曰孝治天下,是政治学范围于伦理也;曰国民修其孝弟忠信,可使制梃以挞坚甲利兵,是军学范围于伦理也;

---

① 李泽厚:《李泽厚哲学美学文选》,湖南人民出版社,1985年版,第102页。

攻击异教,恒以无父无君为辞,是宗教学范围于伦理也;评定诗古文辞,恒以载道述德眷怀君父为优点,是美学亦范围于伦理也。我国伦理学之范围,其广如此,则伦理学宜若为我国惟一发达之学术矣。"①

中国文化主要探讨的是善的问题而不是真的问题,是人伦的问题而不是自然的问题。看见一棵松柏,就想知道它是什么树,属于哪一属哪一种,有什么样的生物特性,由哪些生物分子成分构成,这是一种知识论的态度。知识论的态度,简单地说,就是想知道这个对象有什么属性,获取的是关于对象的知识。中国传统文化中道德论压倒知识论。比如看到一棵松柏,就想起做人应刚劲、坚贞,这是一种道德论的态度。罗素曾经指出:"中国有一种思想极为根深蒂固,即正确的道德品质比细致的科学知识更重要。"②与西方相比,中国古代几乎没有自然科学,中国思想中最重自然天道的老庄也从不讨论什么自然科学。当然,中国文化也研究自然,只不过不是从知识论的角度,而是从道德论的角度。也就是说,中国文化不去研究作为客观对象的自然,而是热衷于赞美作为比德对象的自然。

中国文化往往从比德的角度来解释自然之美,认为自然之所以让人产生美意、产生感动,是因为自然比附着、象征着高尚、虚心、坚韧等美好品格。我们从竹子说起。白居易在《养竹记》中赞美竹子说:"竹似贤,何哉?竹本固,固以树德,君子见其本,

---

① 蔡元培:《中国伦理学史》,东方出版社,1996年版,第2页。
② [英]罗素:《中国问题》,秦悦译,学林出版社,1996年版,第61页。

则思善建不拔者。竹性直,直以立身;君子见其性,则思中立不倚者。竹心空,空以体道;君子见其心,则思应用虚受者。竹节贞,贞以立志;君子见其节,则思砥砺名行,夷险一致者。夫如是,故君子人多树之,为庭实焉。"竹子的特性与贤者相似,可以比德。竹子的根很牢固,凭着牢固的根可立德,有道德修养的人看见它的根,就会想到意志坚定不移的人。竹本性挺直,凭着挺直的本性可立身,有道德修养的人看见它挺直的本性,就会想到处事正直、不偏不倚的人。竹子的内心是空的,凭着心空可以体验道(的存在),有道德修养的人看见它的空心,就会想到虚心求道者。竹子的节很坚贞,凭着坚贞的节可以立志,有道德修养的人看见它的节,就会想到砥砺名节、不论处于顺境或是逆境,节操都始终如一的人。白居易在《题李次云窗竹》中赞美竹子说:"不用裁为鸣凤管,不须截作钓鱼竿。千花百草凋零后,留向纷纷雪里看。"冬日严寒,千花百草均已凋零,唯有窗前的竹子,仍然青翠碧绿;在大雪纷飞的时候去看,白中见绿,别具一番凌雪傲寒的情调。正因竹子可以比德,所以有道德修养的人大多都会在他们的庭院种上竹子。苏东坡也曾作诗赞美竹子:"宁使食无肉,不可居无竹。无肉使人瘦,无竹使人俗。"竹的中通外直、不蔓不枝,象征君子的坦荡磊落、正大光明;竹的节节攀升、步步小结,象征君子的稳重踏实、严谨自励;竹的青翠素淡、冰清玉洁,象征君子的高洁脱俗、卓尔不凡;竹子的四季常青,象征君子的壮志常在。人们表面上赞扬的是竹子,实质上赞美的是德性。

再说梅花。梅花的柔美色泽在万物凋零的寒冬腊月给人以新奇感、温柔感、和谐感,梅树枝干遒劲而微微斜曲的姿态给人优美感。中国人喜爱梅花主要还是因为它越严寒就越精神,具有独傲霜雪、刚毅凛然的品格。苏轼的《红梅》亦写道:"怕愁贪睡独开迟,自恐冰容不入时。故作小红桃杏色,尚余孤瘦雪霜姿。寒心未肯随春态,酒晕无端上玉肌。诗老不知梅格在,更看绿叶与青枝。"

还说松柏。松柏象征坚贞。刘桢《赠从弟》曰:"亭亭山上松,瑟瑟谷中风。风声一何盛,松枝一何劲。冰霜正惨凄,终岁常端正。岂不罹凝寒,松柏有本性。"貌似咏物,实为言志,借青松之刚劲,明志向之坚贞。竹与梅、松并列为"岁寒三友",又和梅、兰、菊被称为"四君子"。兰花象征清雅;菊花傲霜迎寒,卓尔不群,在百花凋零之时,像是顽强不屈的勇士,独立寒秋,灿然开放。

此外,中国文化还喜爱用牡丹、莲花比德。其中牡丹象征高贵,莲花象征高洁。宋代周敦颐《爱莲说》谈道:"牡丹,花之富贵者也;莲,花之君子者也。""予独爱莲之出淤泥而不染,濯清涟而不妖。"

中国美学更倾向于自然之优美。从空间上看,优美指的是自然的小巧飘逸(如微风细雨)之美;从时间上看,优美指的是自然的频率舒缓之美;从力量上看,优美指的是自然的精细纤弱之美;从直观上看,自然之优美的基本特征是清平和雅。一般来看,中国人更爱自然世界的鲜花妍媚、明月和风、五彩云霞、莺啼鸟啭,因为它们体现出一种柔和之美。那些形式柔和、线条细腻、小巧精致的自然景物,例如"岁寒三友""小桥流水""春江花月夜"等,是中国最为经典的审美意象。中国美学所钟情的审美意象,恰与中国文化所秉持的圆融守静、守柔不争、清净无为、温柔敦厚之道德理想非常接近,特别合宜。因此,中国美学之所以更爱自然之优美,从"比德说"的角度更容易得到解释。

值得一提的是,中国美学所向往的优美与中国文化的乐感意识是贯通的。在人与自然的和合中,中国美学走向了快乐与喜悦。就像中国文化是乐感文化一样,中华民族是一个快乐的民族,人们都希望生活中没有悲剧。他们自寻快活,时时都能与喜为伴,对喜的向往使中国人甚至还要从悲中找出喜来。于是,战争中受了伤不说受伤而说"带花""挂彩",丢了东西叫"蚀财免灾"。有了这些解释后,人们的内心世界似乎就能获得一种快乐的满足与慰藉。中国人的丧礼是最特别的,特别之处就是中国人喜欢从悲中找出喜来,从死中找出生来。在中国,结婚、生娃等是红喜事,死人、出殡等也叫喜事,不过是与红喜事相对而言的,叫白喜事。中国人不仅把丧事叫作喜事,以冲淡丧事的悲凉气氛,而且认为丧事办得越热闹越好。中国民间办丧事,总是锣鼓喧天、大吃大喝,与西方人丧礼的气氛极不相同。中国人不仅把丧事办得如同喜事一般,而且红白喜事还可以一起办,并且认为红喜事与白喜事能一起办的人家是得了大喜的人家,这种事也不是一般家庭能轻易碰上的。林语堂指出:"中国人的送葬礼仪恰恰是中国式幽默的绝妙象征。只有欧洲人才会那么认真地对待葬礼,使之显得庄严肃穆。严肃的葬礼在中国人心目中是不可思议的。……葬礼有如婚礼,只应喧哗铺张,没有理由认为非严肃不可。肃穆的成分在浮夸的衣袍里已有蕴含,其余皆为形式——闹剧。我至今分辨不出葬礼与婚礼仪仗之不同,直到我看到一口棺材或一顶花轿。"① 由于乐是终极性的意向,所以一旦忧患意识发作,乐总归是一条可以安慰心灵的退路。所谓"后天下之乐而乐"的"后"正表明乐感是最后的、最高的人生境界。如此一来,乐感意识成了一个绝对的保障,具有一种特异功能和特殊功效,在任何困难险阻面前总能化险为夷,转危为安。这就是精神胜利法。

二、移情:西方美学史的解释

本来,艺术与自然并不截然二分。自古以来,自然始终是艺术的主题之一,艺术家热衷于师法自然,艺术作品很大程度上是对自然质料的赋形。相较于西方美学,中国美学似乎更热衷于自然之美,即便是中国古典艺术也有自然之美,且不受任何一种艺术典范或艺术法则所制约,遵循的是自然的法则,表达这种美的题材是自然万物,并以自然之美为审美旨趣。如中国古典绘画艺术多以山川景色、花鸟虫鱼为题材,借景抒情,在审美取向上追求的是自然而然之趣、自然柔和之美;中国园林艺术讲究天然成趣,一切都向大自然敞开,以便获得与大自然融为一体的亲

---

① 林语堂:《中国人》,郝志东、沈益弘译,学林出版社,1994年版,第80页。

近感;中国建筑艺术的平面纵深空间让人自然而然地游历在一个复杂多样的亭台楼阁的自然空间中,由此感到生活的快乐、安适与祥和。① 而西方美学对于自然之美远没有中国美学那么浓厚的兴趣,西方美学更爱艺术之美,亚里士多德赞美艺术比历史更具有哲学意味,中世纪艺术表达的真理就是上帝启示的真理。英国著名诗人锡德尼认为:"自然从来没有比得上许多诗人把大地打扮成那样富丽的花毡,或是陈设出那样怡人的河流,丰产的果树,芬芳的花草,以及其它可使这个已被人笃爱的大地更加可爱的东西。自然是黄铜世界,只有诗人才交出黄金世界。"② 在康德看来,自然之美与艺术之美并不相同。如果说自然美是一个美的事物,那么艺术美则是对一个事物的美的表现。③ 他认为,美只能产生于自由的艺术之中,而不可能出现在自然物当中。康德在《判断力批判》第 45 节说:"自然是美的,如果它看上去同时像是艺术。"④ 谢林把美学界定在艺术范围之内,强调艺术是哲学的最高官能。他给自己的美学著作直接命名为"艺术

---

① 参见林季杉:《中西审美取向之差异与融通》,载《哲学研究》2018 年第 9 期。
② 北京大学哲学系美学教研室编:《西方美学家论美和美感》,商务印书馆,1980 年版,第 71 页。
③ [德]康德:《判断力批判》,邓晓芒译,人民出版社,2002 年版,第 155 页。
④ 参见[德]康德:《判断力批判》,邓晓芒译,人民出版社,2002 年版,第 150 页。当然,康德也强调,艺术并不具有无目的形式之合目的性,而是带有一定的目的,所以不能导致纯粹的鉴赏。艺术品都是运用一定的技巧制造出的,对它的欣赏包含功利和虚荣,具有"经验的兴趣"。艺术交流情感的作用只是在社交和沙龙里才最明显。然而,自然是无目的的、超功利的,对它的欣赏需要一个高尚的灵魂,具有"道德的兴趣"。如果说对自然美的欣赏立足于人的普遍的先天条件(共通感),那么对于艺术的欣赏立足于大自然偶尔产生的经验性的天才及其禀赋。因此,康德认为,从某种意义上看,自然美高于艺术美。如果非要在鉴赏力和天才两者中进行选择的话,他宁愿牺牲天才。

哲学"。价值哲学创始人洛采也只认同艺术之美,他说:"并非美好的自然本身——既不是乡土的、也不是居民的自然状态/本性——而是艺术世界打开了思虑式考察的门径,它正是对自然之意味的内在感知的第一次辉映和返照。"①

我们可以重点来看看黑格尔的观点。黑格尔断言自然美是美的理念在对象化为现实之时最先找到的显现形式,也是最低级、最直接的显现形式。他说:"理念的最浅近的客观存在就是自然,第一种美就是自然美。"②所以,黑格尔美学总体上是取消自然之美的。③ 他认为:"只有心灵才是真实的,只有心灵才涵盖一切,所以一切美只有在涉及这较高境界而且由这较高境界产生出来时,才真正是美的。就这个意义来说,自然美只是属于心灵的那种美的反映,它所反映的只是一种不完全不完善的形态,而按照它的实体,这种形态原已包涵在心灵里。此外,把美学局限于美的艺术也是很自然的,因为尽管人们常谈到各种自然美——古代人比现代人谈得少些——从来却没有人想到要把

---

① [德]洛采:《论美的概念》,张灯译,载《当代中国价值观研究》2017年第6期。
② 黑格尔:《美学》第1卷,朱光潜译,商务印书馆,1979年版,第149页。
③ 黑格尔曾经和几个朋友去阿尔卑斯山徒步旅游,面对自然之美,他表现出无动于衷。他说:"无论是眼睛还是想象力,都不能在这些奇形怪状的大土堆上找到什么可以赏心悦目的,或者可以消遣消遣的。……理性想到这些山岳的恒久性,或者看到人们称之为巍峨崇高的风貌,也没有发现一点什么可以使它铭记不忘,使它不得不表示惊讶或赞叹的。凝望这些永远死寂的大土堆,只能使我得到单调而拖沓的印象:如此而已。"(参见阿尔森·古留加:《黑格尔小传》,卞伊始、桑植译,商务印书馆,1978年版,第21页。)

自然事物的美单提出来看,就它来成立一种科学,或作出有系统的说明。"①黑格尔特别强调艺术与自然之间的边界:"在日常生活中我们固然常说美的颜色,美的天空,美的河流,以及美的花卉,美的动物,尤其常说的是美的人。我们在这里姑且不去争辩在什么程度上可以把美的性质加到这些对象上去,以及自然美是否可以和艺术美相提并论,不过我们可以肯定地说,艺术美高于自然美。因为艺术美是由心灵产生和再生的美,心灵和它的产品比自然和它的现象高多少,艺术美也就比自然美高多少。从形式看,任何一个无聊的幻想,它既然是经过了人的头脑,也就比任何一个自然的产品要高些,因为这种幻想见出心灵活动和自由。就内容来说,例如太阳确实象是一种绝对必然的东西,而一个古怪的幻想却是偶然的,一纵即逝的;但是象太阳这种自然物,对它本身是无足轻重的,它本身不是自由的,没有自意识的;我们只就它和其它事物的必然关系来看待它,并不把它作为独立自为的东西来看待,这就是,不把它作为美的东西来看待。"②黑格尔认为,艺术作品、艺术形象是对于作为理想的自在的绝对精神的具体直观和表象。具体来说,艺术是用感性形象化的方式把理念呈现于意识面前,艺术的本质就是用直观的方式反映精神的本质。黑格尔把艺术美当成真正的美,当成符合

---

① [德]黑格尔:《美学》第 1 卷,朱光潜译,商务印书馆,1979 年版,第 5 页。
② 北京大学哲学系美学教研室编:《西方美学家论美和美感》,商务印书馆,1980 年版,第 199-200 页。

美的理念的实在。他说:"只有从心灵生发的,仍继续在心灵土壤中长着的,受过心灵洗礼的东西,只有符合心灵的创造品,才是艺术作品。艺术作品抓住事件、个别人物以及行动的转变和结局所具有的人的旨趣和精神价值,把它表现出来,这就比起原来非艺术的现实世界所能体现的,更为纯粹,也更为鲜明。因此,艺术作品比起任何未经心灵渗透的自然产品更高一层。……一切心灵性的东西都要高于自然产品。此外,艺术可以表现神圣的理想,这却是任何自然事物所不能做到的。"他还说:"真正的美的东西,我们已经见到,就是具有具体形象的心灵性的东西,就是理想,说得更确切一点,就是绝对心灵,就是真实本身(人——引者注)。这种为着观照和感受而用艺术方式表现出来的神圣真实的境界就是整个艺术世界的中心,就是独立的自由的神圣的形象。"①黑格尔甚至认为美学真正的研究是艺术美,美学这门学科"正当"的名称应该是"艺术哲学",确切地说是"美的艺术的哲学"。

如果说,中国文化通过比德把人和自然联系起来,来解释自然之美,把自然之美看成道德的象征,西方文化则通过移情把人和艺术联系起来,来解释艺术之美,把艺术看成是传达感受、表

---

① [德]黑格尔:《美学》第 1 卷,朱光潜译,商务印书馆,1979 年版,第 37 页、第 104 页。

现情感的。① "移情"可以理解为"同感""触类感通",是自我感知他者的方式。朱光潜指出:"什么是移情作用?用简单的话来说,它就是人在观察外界事物时,设身处在事物的境地,把原来没有生命的东西看成有生命的东西,仿佛它也有感觉、思想、情感、意志和活动,同时,人自己也受到对事物的这种错觉的影响,多少和事物发生同情和共鸣。"② 18世纪中叶,维科在《新科学》中提出,人总是会以自己的情感体验去揣测他者,以达成情感交流。尼采说:"根本说来,艺术仅是向他人传达感受的能力,任何艺术作品,倘不能向人提供暗示,便是自相矛盾的。"西方的艺术如同中国的自然,也是人的镜子。不同的人,在这面镜子里看到了不同的东西。中国的比德说者在自然这面镜子中看到了善之美,西方的移情论者在艺术这面镜子中看到了情之美。

美感在根本上是一种情感体验,美感使人的情感成为情感。

---

① 关于艺术与美的关联,邓晓芒指出:"艺术就是情感的对象化;美就是对象化的情感。所以,美与艺术是一回事,但表述是不同的。两种不同的表述恰好构成自我意识的内部结构,即把自我当对象和把对象当自我的结构。艺术就是把情感对象化,把自己的情感移入对象,这种对象化就是为了引起对方或欣赏者的共鸣。而美就是对象化的情感,把情感对象化了以后,在对象上看到自己的情感,那就是美了。在对象上看到了美、看到了传达出来的情感,我就对这个情感产生了共鸣,因为那就是我自己的情感,或者是我自己能够认同的情感,那就是美。而美感呢,就是通过一个对象在人与人之间产生的这种情感共鸣。总体来看,审美活动就是借助一个对象在人与人之间传达情感的活动。它在现实性上就是美感。传达情感有现实性的和非现实性的,有成功的和不成功的。如果成功地传达了情感,那就引起了美感,我们就把这个引起美感的对象称为美的。为什么称为美的呢?因为它里面蕴含着情感,它看起来是一个对象,实际上是对象化了的情感。"(邓晓芒:《哲学起步》,商务印书馆,2017年版,第114-115页。)

② 朱光潜:《西方美学史》下卷,北京理工大学出版社,2018年版,第702-703页。

"正因为情感是指向一个确定的对象的,而这个对象,由于共同的社会生活条件的影响,又被人们看作一些确定的情感的表征,以一种人所共见的人化的形式呈现在不同人的观念中,因此情感在其自身的规定性(有对象)中便包含着可以移情的媒介。也就是说:情感本质上是要传达的,也是本质上可以传达的。"[1]移情就是美感中情感外射的心理活动,是欣赏者把在审美对象诱发下产生的情感传达到、转移到对象身上,从而使对象情感化或情感对象化。对象情感化或情感对象化就是把情感看作是对象本身所具有的,于是,对象就成了交流和传达情感的"媒介"或"通货"。我们的感官无法体会他人的情感,但移情使我们可以进入我们所关切的对象的处境中,并产生与他们类似的情感。同情不同于移情。同情并不指不同主体对同一对象共同产生的某种情感,同情"用来表示我们对任何一种激情的同感"[2],与共鸣无关。当一个人与另外一个人共同欣赏美丽的风景并产生一致的情感时就与同情无关,因为大家都是从同一个视角来欣赏对象。移情则与共鸣相关。撇开移情,人与人或人化了的对象很难以别的方式而产生情感,并实现情感传达和共鸣。"移情作用仍起着一种达到他人自我主体、进入他的知觉与经验区域的桥梁作用——这一区域包括我自己的肉体或者作为他人的另一

---

[1] 邓晓芒:《实践唯物论新解:开出现象学之维》,文津出版社,2019年版,第58页。

[2] [英]亚当·斯密:《道德情操论》,蒋自强等译,商务印书馆,1997年版,第7页。

个我的我自己。"①移情活动深刻地根植于人的社会性本质之中。一方面,移情活化了陌生的对象,使客观对象更加生动感人;另一方面,移情也激活了自我,推进了自我的诗化,从而构筑起万有相通的情感大厦。理论上,这是两个不同的过程,但实际上又只是同一个过程的两个不同方面。"大千世界的客观事物,本来是无情无知,审美移情却通过欣赏者把自己主观的情感外射到对象中去,使对象仿佛也有了主观的生命,从而审美主体和审美对象之间有了情感交流的可能性。物我之间不再相互外在、对立,而是达到一种物我同一、心物交融的沉醉状态。"②黑格尔在《美学》中描述过审美的移情现象。他说:世上万物"由于感发心情和契合心情而得到一种特性。例如寂静的月夜,平静的山谷,其中有小溪蜿蜒地流着,一望无边波涛汹涌的海洋的雄伟气象,以及星空的肃穆而庄严的气象就是属于这一类。这里的意蕴并不属于对象本身,而是在于所唤醒的心情。我们甚至于说动物美,如果它们现出某一种灵魂的表现,和人的特性有一种契合,例如勇敢、强壮、敏捷、和蔼之类。从一方面看,这种表现固然是对象所固有的,见出动物生活的一面,而从另一方面看,这种表现却联系到人的观念和人所特有的心情。"③黑格尔强调了对世上万物进行审美时的情感注入、外移,直至最终达成

---

① [美]多迈尔:《主体性的黄昏》,万俊人译,广西师范大学出版社,2013 年版,第 44 页。
② 邓安庆:《美的欣赏与创造——大学生的美学修养》,湖南师范大学出版社,1997 年版,第 30 页。
③ [德]黑格尔:《美学》第 1 卷,朱光潜译,商务印书馆,1979 年版,第 170 页。

契合与共鸣。没有这种移情，就没有对世上万物的审美与鉴赏。黑格尔说起绘画创作，也是用移情来解释的。他说："正是这种生命中的某些特殊情况与心灵中某些情调的同情共鸣才是绘画在描写自然风景时所应生动鲜明地表现出来的。只有这种亲切的渗入才是精神和心灵活跃的时机，才使自然在绘画里不只是用作背景而且也可以用作独立的内容。"[1]尼采在《悲剧的诞生》中描述过希腊戏剧的这种移情现象："在戏剧合唱的过程中，戏剧的基本现象是：把自己投射到自身以外。在行动中，就好像真的进入了别个身体、别个人物之中。这种艺术不再是吟诵史诗者的艺术，因为史诗吟诵者并没有把自己与他的想象物打成一片，只是像画家一样，把他们看成自身以外的观想的对象。但在这里，我们看到的，却是将自己投入陌生者之中。这现象不是特殊的，而是普遍的：整个群体都在这种方式下欢畅奔放融为一体。"

移情理论最早是由德国审美心理学家费肖尔父子提出的，F.费肖尔从心理学角度分析移情现象，把移情作用称为"审美的象征作用"，这种象征作用即通过人化方式将情感灌注于无生命的客体中。R.费肖尔在《视觉的形式感》中把"审美的象征作用"改称为移情作用，认为审美感受的发生就在于主体与客体之间实现了感觉和情感的共鸣。R.费肖尔的移情作用是由主及客和由客及主的双向运动。此外，立普斯提出同情说，浮龙·

---

[1] ［德］黑格尔：《美学》第1卷，朱光潜译，商务印书馆，1979年版，第263页。

李、谷鲁斯提出内模仿说,各持一端,对移情理论进行了发展。

德国美学家立普斯主张同情说,从心理学出发研究美感问题,认为审美经验的构成既不在于客观对象,也不在于情感自身,而在于人将自身情感移入对象,使对象成为情感化的对象。立普斯认为是审美对象将审美主体所赋予的生命和灵魂表现出来,使审美对象具有了审美价值。因此,美感是在一个感官对象里所感觉到的自我价值,是自我内心的心境和意志状态。进一步说,美感源于自我的"内部活动"。自我的内部活动有两种:一是自我把自己的情感、意志和思想投射到对象上去,让无生命的对象灌注以力量、生命;二是对象本身由线段、色调和形状等构成的空间意志使自我的内在意识能向它进行投射。这样一来,主体与客体、自我的情感和审美的对象相互渗透,融为一体,直至产生心领神会的"同情"与"感通"。立普斯说:"在对美的对象进行审美的观照之中,我感到精力旺盛,活泼,轻松自由或自豪。但是我感到这些,并不是面对着对象或者和对象对立,而是自己就在对象里面。……这种活动的感觉也不是我的欣赏对象,……它不是对象的(客观的),即不是和我对立的一种东西。正如我感到活动并不对着对象,而是就在对象里面,我感到欣赏,也不是对着我的活动,而是就在我的活动里面。"[①]在这种同情与感通中,人完全进入对象中,人与物的对立消失,从而能够将他者的快乐与痛苦体验为自己的快乐与痛苦。

---

① [德]立普斯:《论移情作用、内模仿和器官感觉》,载伍蠡甫主编《西方现代文论选》,上海译文出版社,1983年版,第3-4页。

人的模仿可分为两种类型,一种是外模仿即行为模仿,另一种是内模仿即心理模仿。内模仿说是移情理论的发展,它强调主体心理因素在审美活动中的作用,不仅把自我投射到对象中并与之合为一体,而且把主体的模仿冲动精神化,以便分享他人的情绪或外物的动作,享受这种模仿带来的快乐。一般知觉模仿大都在筋肉动作方面表现出来,是外现的,是外模仿。如人知觉到别人踢球,自己也情不自禁地在行为上想要模仿别人踢球的动作。而审美的模仿是内模仿,大多内敛而不外显,是对客体内在的、心灵的模仿。内模仿指的是在想象中主体以人体器官的生理心理功能为基础,按照客体的性质进行意象性模仿。英国美学家浮龙·李被视为内模仿说在英国的主要代表。浮龙·李认为,面对审美对象,主体全身包括筋肉和呼吸系统都会产生明显的反应,同时产生一种相应的情感。如面对哥特式建筑,主体在内心会产生向上挺立的心理意念,并随之产生敬仰或敬畏之情。德国美学家谷鲁斯是内模仿说的创始人,只不过浮龙·李更侧重内模仿中情绪反应涉及的内脏器官感觉,如呼吸循环系统的变化等,而谷鲁斯更侧重内模仿中筋肉运动的感觉。谷鲁斯认为,人在欣赏活动中,总是同情地分享着旁人或外物的姿态和运动,总会有一种内模仿的运动神经活动,从而在自身的心灵中产生一种自觉或主动的幻觉,仿佛要把自我变形投射到旁人或外物中去,并以此来显示自己精神上的优越。谷鲁斯还认为,并不是所有游戏都是模仿性的,比如猫捉老鼠的游戏就是一种本能冲动。但是,艺术作为高级的游戏是一种模仿性的游戏,人只有以游戏的态度来观照对象时,才能有审美活动,而一切审美欣赏活动都离不开内模仿。

显然,内模仿说和同情说各有自己的旨趣。其中,同情说强调的是由我及物,即将人的审美情感通过移情作用外移到审美对象上去。而内模仿说强调的是由物及我,即将审美对象的存在样式或运动姿态通过内模仿传递给审美主体。同情说和内模仿说共同构成了西方移情论的两种典型形态。但无论是同情说还是内模仿说,都表达了对移情的肯定和接纳,它们都认为当主体的生命和情趣注入对象中,使对象显示出情感色彩,就会出现主客之间的内在同构、心理同构,而美恰好根源于直观与情感直接结合、知觉表象与情感相互融通。不过,需要指出的是,内模仿说把美感的本质和根源只归结为生理的内模仿,进而将生理快感与美感混为一谈,必然歪曲甚至取消美感。

解读艺术之美需要心灵的再生和精神的创造,也需要最好的移情力。移情力是指直观与情感直接结合从而使知觉表象与情感相融合的力量,是指人的意识活动把自己的感受、情感和思想注入对象使之染上主观色彩的力量。艺术之美根源于这种移情力。有了这样的移情力,我们就能聚精会神地观照审美对象,并把我们的生命和情趣注入对象中,使对象显示出情感色彩,从而产生主客同构。当然,这种同构不是外在的同构,而是内在的同构;不是实体性同构,而是心理性同构。有了移情力,世界的一切都将艺术化。如果是一条河,河就成了一个审美对象;如果是一朵花,花就成了一个审美对象;如果是一座山,山就成了一座多情的山、迷人的山。有了移情力,艺术世界的大海在恋人眼里是柔情的波浪,在孤儿眼里是慈母的歌,在游子眼里是思亲的泪。有了移情力,我们就能在艺术品中听到树的呻吟、风的咆哮、树叶的沙沙耳语、流水的潺潺细语。两种事物无论多么不同,只要借助移情的力量建立了同构性,就统一了,就一体化了。总之,艺术之美借助移情产生深层次的震撼力和强大的感染力。前文已经指出,中国美学热衷于自然之美,西方美学更爱艺术之美。现在可以进一步说,中国美学在自然之美中更倾向于自然之优美,西方美学在艺术之美中更倾向于艺术之壮美。壮美是区别于优美的另一种审美类型。从空间的大小来看,壮美指的是艺术的绝对大的东西(如苍茫悠远)之美。① 从时间的疾缓上看,壮美指的是艺术的节奏急迫之美;从力量的强弱上看,壮美指的是艺术的坚忍刚毅之美;从直观上看,壮美的基本特征是崇高而壮丽。

面对古希腊的艺术,无论是神话还是雕塑,当人把自己的感受、情感和思想注入神话和雕塑使之染上主观色之后,艺术就会散发出光彩照人的人性光辉和崇高之美,展示出一种高于自然的人性之光。这种人性崇高之美在索福克勒斯的《俄狄浦斯王》中有充分展现。《俄狄浦斯王》讲述了悲剧英雄俄狄浦斯的故事:拉伊俄斯年轻时曾经劫走忒拜国王佩洛普斯的儿子,因此其遭到诅咒将被自己的儿子所杀。为了逃避被诅咒命运,俄狄浦

---

① 参见[德]康德:《判断力批判》,邓晓芒译,人民出版社,2002年版,第86页。

斯一生下来就被父亲忒拜国王拉伊俄斯刺穿脚踝,弃于荒野,等待着慢慢死去。执行任务的牧人心生怜悯,悄悄将俄狄浦斯转送给科林斯的国王,俄狄浦斯也被科林斯国王当成亲生孩子一样抚养长大。但为了避免神谕成真,俄狄浦斯还是离开了科林斯,发誓不再回来。有一天,俄狄浦斯流浪到忒拜,与人发生冲突,失手杀人,但此时他并不知道被其杀死的人当中有自己的生父。当时的忒拜人为斯芬克斯之谜所困,俄狄浦斯给出了谜底,因此成了新任忒拜国王,并依当时的规矩娶了已故国王的寡妻(实际上是自己的母亲)为妻。俄狄浦斯未出生就被神告知会"杀父娶母",当他长大后真的无法摆脱命运的安排,亲手杀死了父亲,娶了自己的母亲,还生下了两儿两女。从此,神开始降灾于忒拜,瘟疫流行,大批的人死去,导致人心惶惶。俄狄浦斯向神祇请示,想要知道忒拜为何会被神祇降下灾祸。当俄狄浦斯得知这一切都是因为他犯下了"杀父娶母"的罪行后,他用衣服上的金针痛苦地刺瞎了自己的双眼,并叫人把宫门打开,让全体忒拜人来看自己这个杀死父亲的凶手,然后要求把自己放逐。《俄狄浦斯王》是一个悲剧,反映的是人性深处灵与肉之间的冲突。亚里士多德认为,悲剧之美在于悲剧描写了比现实中更美好的同时又与我们相似的人,他们的毁灭让我们产生悲怜和畏惧,进而让我们的灵魂得以净化和振奋,从而产生壮美感。黑格尔说,悲剧里面有两种同现实一样的伦理力量的冲突和斗争,因而有极大的合理性,但悲剧中又少不了受难与牺牲,并且受难与牺牲发生在"好人好事"的一边,体现在代表合理的伦理力量和新生的事物遭受旧势力的压倒和毁灭。悲剧强烈地震撼人心、净化灵魂,使苦难成为提升生命价值的盛宴佳肴,使永无天日的艰辛之旅转换成为值得再次经历的希望之旅,从而暗示出美最终战胜丑、新最终取代旧的胜利前景。悲剧作为生活的一面镜子,将极端痛苦的人生场景,即人的生存活动本身置于生活在其中却不自知的每个人的眼前,通过展现主人公令人窒息的、痛苦的乃至死亡的形象和极为崇高的抗争精神,凸显了强大的生命力和敢于向痛苦和灾难抗争的勇气,吹响了人类向美好生活勇往前进直至取得胜利的号角。借助于移情,每个人都可以以悲悯的情怀静观这个充满苦难的世界,实现对生存世界的本质理解,获得精神的振奋和提升,从而产生一种悲壮的美感和对人生的祝福。尼采在分析希腊悲剧艺术时从"形而上的慰藉"这一角度进行了阐释:"每部真正的悲剧都用一种形而上的慰藉来解脱我们:不管现象如何变化,事物基础之中的生命仍是坚不可摧和充满欢乐的。""一种形而上的慰藉使我们暂时逃脱世态变迁的纷扰。我们在短促的瞬间真的成为原始生灵本身,感觉到它的不可遏止的生存欲望和生存快乐。"[1]尼采进一步阐释说:"这种快慰完全是一种超个人的普遍的快慰,是人类为人性的已被证实的关联和进步而欢欣鼓舞。"[2]借助于移情,悲剧中个体的毁灭反而唤起生命意志的丰盈和生机,唤起对生生不息的创

---

[1] [德]尼采:《悲剧的诞生——尼采美学文选》,周国平译,生活·读书·新知三联书店,1986年版,第28页、第71页。
[2] [德]尼采:《悲剧的诞生——尼采美学文选》,周国平译,生活·读书·新知三联书店,1986年版,第128页。

造力量的审美情感。这就是陈鼓应所说的:"人生充满着荆棘,短暂而可悲,但能赴以艰苦卓绝的精神,来开拓生命之路。人生尽管历经艰难,仍不致沦入悲观的困境,在饱尝人世苦痛之中,积健为雄,且持雄奇悲壮的气概,驰骋人世,如此以艺术的心情,征服可惧的事物,陶溶美感,而引人入于高超的意境。……命运的悲剧感对生命永远是一种严肃而无情的考验,也惟有从这种考验中,生命才能显示力量,发出光芒。"① 由此来看。"悲剧"成为"肯定人生的最高艺术"②。

米兰大教堂、科隆大教堂高大的拱顶、巨大的空间,表达了一种超自然的永恒观念。在内模仿的作用下,教堂的存在姿态让人产生壮丽、崇高、神秘之感。诗人济慈的《本·尼维斯山》通过描写天在雾中、地在雾中,领悟出人对天堂、对地狱知之甚少。在这里,无限未知的世界与有限渺小的人类形成鲜明对立。面对这样的对立,人首先会产生一种受阻的消极情感(痛感),但无限未知的世界随后会激起人的一种自我扩张(崇高),并最终达于一种合一的积极情感(美感),仿佛自己获得了无限的力量,甚至觉得自己就在对象里。于是,主客不分,万有相通,万物一体。这个过程充满了移情与内模仿。我们欣赏《查拉图斯特拉如是说》,仿佛觉得查拉图斯特拉就是一面镜子,欣赏者看到了真实的自己,生命奔放、心灵激荡的自己。凡·高绘画作品的色彩传

---

① 陈鼓应:《悲剧哲学家尼采》,生活·读书·新知三联书店,1987年版,第12页。
② [德]尼采:《悲剧的诞生——尼采美学文选》,周国平译,生活·读书·新知三联书店,1986年版,第346页。

达的则是一种撼人心魄的美感。凡·高的《夜晚的咖啡馆》是由深绿色的天花板、血红的墙壁和不和谐的绿色家具组成的梦魇，他说："我试图用红色和绿色为手段来表现人类可怕的激情。"金灿灿的黄色地板呈纵向透视，以难以置信的力量进入红色背景之中。反过来，红色背景也用均等的力量与之抗衡。这幅画是透视空间和企图破坏这个空间的逼人色彩之间的永不调和的斗争，结果塑造了一种幽闭、恐怖和压迫感的可怕体验。作品预示了超现实主义用透视作为幻想表现手段的探索，但是没有一种探索能有如此震撼人心的力量。凡·高的《麦田上的乌鸦》仍然有着人们熟悉的那特有的金黄色，但它却充满不安和阴郁感，乌云密布的沉沉蓝天死死压住金黄色的麦田，沉重得叫人透不过气来，空气也似乎凝固了，一群凌乱低飞的乌鸦、起伏的地平线和狂暴跳动的激荡笔触更增加了压迫感、反抗感和不安感。画面极度骚动，绿色的小路在黄色麦田中深入远方，更增添了不安和激奋的情绪。画面处处流露出紧张和不祥的预兆，好像是一幅色彩和线条组成的无言绝命书。就在第二天，凡·高又来到这块麦田，对着自己的心脏开了一枪。这一刻，敬重感被唤醒，人从痛感和压抑中走出来，告别悲惨，走向悲壮，确证了自己的尊严。

  本真的情况是，美和美感在历史和逻辑上都没有先后之分。从历史上看，有美感的同时就有了美，换言之，有美的同时也就有了美感，先于美感的美和先于美的美感都是不存在的；从逻辑上看，美和美感密切相关，本原共在，先于美感的美和先于美的美感都是背理的,不可以设想没有美的美感,也不可以设想没有美感的美。高尔太曾经指出:"美和美感,实际上是一个东西。""当一个人对一件事物感到美的时候,他的心理特征就是审美事实。"①无论是美还是美感,它们都只可能在人的现实的审美创造活动中与审美创造活动一起产生,并由审美活动外化和内化出来。并且,怎样言说和理解美,决定着怎样言说和理解美感。康德对于审美活动有非常精彩的论述,这些论述对于讨论美感问题提供了巨大的启示。

三、和美与壮美

关于中西美学,可以从多个维面展开比较。很多时候,学术界习惯将中西美学的比较置于历史发展的长河来展开,对中西美学进行历时性比较虽有一定的意义,却容易忽略理论的逻辑考量。历史与逻辑的统一揭示了历史的偶然现象底下隐藏着的内在的必然规律和普遍共性,而这构成了包括中西审美取向在内的一切问题可以进行比较的深层基础。中西审美取向进行比较的深层基础是历史与逻辑的统一,只有穿透中西审美历史发展的现象表层,深入人性发展的心理结构,才能触及中西审美差异的内在本质,揭示中西审美融通的逻辑必然,并避免在中西美学之间做非此即彼的独断选择,更避免步入西方中心主义陷阱。

---

① 高尔太:《论美》,甘肃人民出版社,1982年版,第3页、第25页。

本书将从历史与逻辑统一的维面对中西审美思想展开比较研究,希冀从中寻觅到人类审美心灵跳动的脉搏。

(一)和美与壮美:中西审美类型之差别

审美类型学通常将美的类型分为优美与崇高。从空间的大小来看,优美指的是小巧飘逸的东西(如微风细雨)之美;崇高指的是绝对大的东西(如苍茫悠远)之美。① 从时间的疾缓来看,优美指的是频率的舒缓之美;崇高指的是节奏的急迫之美。从力量的强弱来看,优美指的是精细纤柔之美;崇高指的是坚忍刚毅之美。从直观上看,优美的基本特征是平和,崇高的基本特征是悲壮。大体而言,中国的审美趋向于"和美",和美比较接近审美类型学中的优美,西方的审美趋向于"壮美",壮美比较接近审美类型学中的崇高。

中国人喜爱那些形式柔和、线条细腻、小巧精致的自然景物,例如"小桥流水人家"等,是中国最为经典的审美意境,即便是艺术创作也多以自然之景物为题材,以自然之和美为价值追求。中国古典诗词艺术中往往以大量的自然景观及自然界的动植物为意象,例如风、霜、雨、雪、水、云、山、石、江、春、夏、秋、冬、寒蝉、梅、菊、杜鹃、鹧鸪、鸿雁、松、莲、梧桐、柳、竹燕、月亮等。中国古典绘画艺术多以山川景色、花鸟虫鱼为题材,借景抒情,在审美取向上追求的是自然而然之趣、自然而然之美。进一步

---

① 参见[德]康德:《判断力批判》,邓晓芒译,人民出版社,2002年版,第86页。

说,中国人对于人的审美也趋向于自然合宜、清雅淡然,多体现在以"丽"来言人之美。汉代王逸在《离骚经序》中释"丽"曰:"丽,美好也。"唐代司空图在《释怨》中说:"物尤则妖,美极则丽。"明代徐上瀛在《溪山琴况》中说:"丽者,美也,于清静中发为美音。丽从古澹中出,非从妖冶中出也,若音韵不雅,指法不隽,徒以繁声促调触人之耳。而不能感人之心,此媚也,非丽也。"丽者,清雅也,既指儒家的"儒雅",又指道家的"清淡",通向自然柔和、和顺,以至于丽在中国审美中成为一个阴性化、女性化的专有概念。在中国审美意象中,女性本来就是自然的阴柔的象征。当中国古典艺术选取"美"或"丽"来赞赏女性时,也侧重于肯定女性的柳腰、蛾眉、杏眼、冰肌等自然特征之美。在审美取向上,女性之美在于柔情合度、舒雅纤细、天生丽质、阴柔圆润,这些都明显偏向于自然化的理解。

西方的审美在类型上更倾向于粗犷、奇突,显示出一种壮美或崇高之美。崇高植根于希伯来文化,以及在此基础上发展起来的基督教文化,表达了无限的上帝与有限的人之间的紧张感,并彰显出一种宗教感、神秘感、超越感。苦难深重的希伯来人一直饱受战争流离之苦,心怀走出困苦的坚忍和对于伟大全能的信仰。《圣经》记载了希伯来人数千年来在受苦中的坚忍,在受挫中的信仰,在受伤中的爱,凝结成一种崇高或悲壮之美。朗吉努斯是最早把崇高作为审美类型加以描述的人,他认为,崇高是"对于凡是真正伟大的,比我们自己更神圣的东西的爱",崇高的美是一种"狂喜",崇高的作品"永远比只有说服力或者只能供娱乐的东西具有更大感动力","崇高风格到了紧要关头,象剑一样突然脱鞘而出,象闪电一样把所碰到的一切劈得粉碎,这就把作者的全副力量在一闪耀之中完全呈现出来"①。朗吉努斯还引证《旧约圣经·创世纪》所说的"上帝说要有光,于是就有了光",来例证崇高是一种伟大的气魄和力量。② 普罗提诺直接把崇高推向神,成为领悟神的崇高的先知。他认为自然之美不过是神的光辉的"分享",精神的内在超越就在于心灵越是趋向崇高,就越能发现神。康德明确指出,任何自然景物都不可能达到崇高意义上的巨大与厚重,故而"崇高不该在自然物之中而只能在我们的理念中去寻找"③。浮士德为了追求自己的理想,将灵魂卖给了魔鬼以换来二十四年的自由权利,期满后他被魔鬼劫往地狱,忍受着各种各样的刑罚。他无怨无悔,最终被酷刑折磨而死,但他的死成就了人类永不满足、不断追求的"浮士德精神"。在审美类型上,崇高之美不能是原始的、素朴的悠然自得,而应包含有对于无限的崇敬和仰慕。张世英指出:"崇高之美不是平静和悠闲,而是一种经受得住痛苦的超越……我们应该强调和提倡崇敬、仰慕无限的精神,而不要仅仅停留于优美的意识。"④

由于人性乃至神性之壮美属于西方审美向往的类型,所以对于自然美,西方美学家没有给予足够的重视。康德在《判断力

---

① 朱光潜:《西方美学史》上卷,商务印书馆,2017年版,第121页、第124页。
② [德]黑格尔:《美学》第2卷,朱光潜译,商务印书馆,2017年版,第93页。
③ [德]康德:《判断力批判》,邓晓芒译,人民出版社,2002年版,第88页。
④ 张世英:《美在自由——中欧美学思想比较研究》,人民出版社,2012年版,第61-62页。

批判》第 45 节中说:"自然是美的,如果它看上去同时像是艺术。"①黑格尔认为:"只有心灵才是真实的,只有心灵才涵盖一切,所以一切美只有在涉及这较高境界而且由这较高境界产生出来的,才真正是美的。就这个意义来说,自然美只是属于心灵的那种美的反映,它所反映的只是一种不完全不完善的形态,而按照它的实体,这种形态原已包含在心灵里。此外,把美学局限于美的艺术也是很自然的,因为尽管人们常谈到各种自然美——古代人比现代人谈得少些——从来却没有人想到要把自然事物的美单提出来看,就它来成立一种科学,或作出有系统的说明。"②康德重视的是崇高,因为崇高是无限的道德理性。黑格尔也重视崇高,因为在黑格尔看来:"神是宇宙的创造者,这就是崇高本身的最纯粹的表现。"③

事实上,西方审美较少聚焦于自然之静美,而较多钟情于艺术之想象。艺术世界是悲壮之美的主要表现领地。古希腊的艺术无论是神话还是雕塑都散发出光彩照人的人性光辉。希腊神话中的盗火者普罗米修斯,在面对命中注定要被宙斯悬吊在山崖下接受恶鹰啄食心脏的痛苦,却坚毅不屈、从容不迫,代表了人在命运之神主宰下无法改变命运之苦的悲壮精神和崇高之美。古希腊人体雕塑艺术尽管以自然之身体为素材,目的却在于彰显人性的力量与刚强、人生的价值与尊严,揭示出一种人所

---

① 参见[德]康德:《判断力批判》,邓晓芒译,人民出版社,2002 年版,第 150 页。
② [德]黑格尔:《美学》第 1 卷,朱光潜译,商务印书馆,1979 年版,第 4-5 页。
③ [德]黑格尔:《美学》第 2 卷,朱光潜译,商务印书馆,1979 年版,第 92 页。

具有的胜过自然的优越性。基督教艺术通过"道成肉身"和"耶稣受难"等场面展现了耶稣为救赎人类而历经的种种磨难,凸显了上帝的博爱和牺牲精神。中世纪的审美意识自觉强化了美的崇高性。在中世纪,真正的美和人生的崇高价值紧紧关联在一起,可以说,离开了人生的崇高价值,就没有真正的美,这是基督教占统治地位的中世纪审美意识的基本特征。① 例如,米开朗琪罗的《摩西》与《大卫》展现的是两位希伯来时期的英雄,两个雕塑人像,目光里有火焰,胡须比钢丝还硬,都不是和美的形象。米兰大教堂、科隆大教堂等哥特式建筑,大胆地运用"拱"的原理,建筑体向高的方向垂直伸展,表达了一种超越尘世、追求抽象的绝对的倾向。"巴黎圣母院内无数垂直的线条使人感到进入了一个努力向上生长的森林,人的视线被引向那惟一的、从天顶上透进来的天光,这天光因其穿过五彩玻璃而大大减弱,因其微弱而更显得遥远,它已经不是什么大自然的光线,而是精神世界的光。我们常会感到奇怪的是,所有的哥特式教堂都几乎根本不考虑采光问题,即使在大白天,它也只靠无数的烛光来营造辉煌的气氛。但也正因为如此,教堂内部也就没有昼夜之分,而成了永恒如一的灵魂憩息地。总之,西方建筑所体现的永恒观念,首先是质料上的永恒,即石材及其几何线条;然后是结构形式上的永恒,如拱顶技术;再就是超验精神的永恒,如对采光的

---

① 参见张世英:《美在自由——中欧美学思想比较研究》,人民出版社,2012年版,第201页。

有意安排。"①无论是古希腊的"命运观"、中世纪的"原罪说",还是各式各样的建筑,在审美类型上展示的都是人从"至善"的动机出发,在历经艰辛万苦的过程中呈现出来的精神的崇高与壮美。

悲剧是最能展示崇高与壮美的审美类型。悲剧是以否定的方式,如痛苦、灾难、毁灭等,从反面来肯定人生的价值,感受人生的悲壮之美。黑格尔认为,悲剧是两种力量的冲突与斗争。悲剧之悲正在于冲突和斗争引发的不幸与牺牲都发生在"好人"身上,发生在代表了合理的伦理力量的一边;悲剧之美正在于悲剧之悲深刻地暗示出新生力量最终一定会战胜旧势力,因而强烈地震撼人心、振奋精神,让人从痛感和压抑中走出来,收获一种惊心动魄的壮美。因此,悲剧本质上呈现的是悲壮不是悲惨,是悲愤不是悲凉,是雄伟而不是哀愁。悲剧的美,属于崇高和壮美。

值得一提的是,中西在审美类型的选择方面都与伦理道德相关,都有伦理道德方面的考量。以儒学为代表的中国文化一贯坚守伦理优先、尽善尽美、美善统一。因此,在中国,对于自然之美的理解基本上都采用了道德比附的方式,对于艺术之美的理解也以"厚人伦""美教化"为第一原则。无论儒家、道家和佛家的教义多么不同,在伦理道德方面大体上都向往温静平和、虚静恬淡、圆融守静、守柔不争、温柔敦厚等,在审美类型上则都倾

---

① 邓晓芒:《新批判主义》,湖北教育出版社,2000年版,第187页。

向于中和阴柔之美。作为西方审美类型的崇高则是一个道德范畴。普罗米修斯的悲壮形象体现的是个人英雄伦理观,基督耶稣的悲壮形象体现的是基督教伦理,两者都在痛苦中彰显了精神的崇高。樊浩指出:在两希文明中,有一种悲剧式崇高,古希腊哲学和神话的崇高就在于悲剧,无论苏格拉底之死还是上帝之怒,都是一种以伦理为主题的悲剧式崇高。[1] 在朗吉努斯看来,崇高是一颗伟大心灵的回声。康德关于"美是道德的象征"的著名论题最典型地表达了西方崇高审美背后的道德趋向。在崇高感里,人的心理感受上升到理性观念,痛苦与恐惧消失,敬重感被唤醒,人就确证了自己的尊严和道德人格的壮美,美与善就达成了一致。

(二)乐感与痛感:中西审美体验之差异

中西审美类型上的取向,或偏于自然之和美,或偏于艺术之壮美,呈现的仅仅是一种直观上的差异,因此只能算是在静态的维度以历史的经验事实描述了中西审美取向的不同。中西审美取向在类型上的鲜明差别,反映的是更深层逻辑上的中西审美体验或者说审美心理结构上的巨大差异。

中国人的审美心理倾向于接受快乐的情感、单纯的愉悦,审美体验上倾向于和谐,对于冲突、倾斜较为抗拒。在中国人的审美意识或者潜意识里,宁静、和谐、对称、光洁、圆润的审美对象

---

[1] 樊浩:《"我们",如何在一起?》,载《东南大学学报(哲学社会科学版)》2017年第1期。

是首选,因为这样的审美对象很容易在心理上唤起人的喜悦之情。中国人的审美心理充满喜乐:乐山、乐水、乐风、乐花、乐雪、乐月,愿意将人生审美化,包括将人生的苦难审美化——在恬淡超然中放下苦难,在艰难的环境下仍然可以乐道于"暧暧远人村,依依墟里烟""平畴交远风,良苗亦怀新"式的境界。王羲之的《兰亭集序》在其款款挪移之间,无处不弥漫荡漾着和乐之情——与自然、与亲朋的亲和之感。彭富春说:"中国的现实世界是一个欢乐的世界。它既不是如同印度原始佛教所理解的人生的苦难,也不是如同原始犹太教所理解的人性的罪恶,而是欢乐。此欢乐既是现实人生的各种享受,如食欲和性欲,也是与天地合一的经验。儒家强调要敬天爱人,享受人伦之乐;道家主张自然无为,至乐无乐;禅宗追求得大自在,得大欢乐。"①中国人把美体验为生命的和乐境界。当人处于乐感之中时,人就在自然里面,自失于自然之中,处于一种静观之中,与自然产生一种"暧昧"关系,凝神遐想,流连忘返。中国人对大自然有一种既亲切又依赖的心理。和美的事物因为可爱,使人移情,令人迷恋,引人接近,带来的是一种始终如一的积极情感,造就的是一种温柔的、富于幻想的场景。《红楼梦》里的黛玉葬花,把人当花,把花当人,人花皆愁,就是移情。李白的《月下独酌》"花间一壶酒,独酌无相亲。举杯邀明月,对影成三人。月既不解饮,影徒随我身。暂伴月将影,行乐须及春。我歌月徘徊,我舞影零乱。醒时

---

① 彭富春:《论中国的智慧》,人民出版社,2010年版,第17页。

相交欢,醉后各分散。永结无情游,相期邈云汉"也是移情。移情活化了自然景物,使其更加生动感人。

与中国不同,西方的审美在类型上倾向于深厚、雄浑、沉重的壮美,源于西方人对苦痛、矛盾、冲突和剧变的敏锐感受与勇敢直面。西方人的审美取向实际上是西方人对罪、骚动、恐惧、残酷、苦难、荒谬之体验的审美回应。为什么罪、骚动、恐惧、残酷、苦难、荒谬可以拿来审美?这并不是说它们本身是美的,而是它们所激发出来的刚强、正直、不屈不挠的人性,以及所训练出来的面对不完美的、充满伤害的世界依然秉持信仰、盼望和仁爱的人格是美的。在这个意义上,痛感、爱感都通向了美感。西西弗斯受诸神的惩罚,把巨石不断推上山顶,巨石又不断地从山顶滑落,他以"比他搬动的巨石还要坚硬的心"不断地把巨石重新推回山顶,永不停息。他历尽苦难,而这苦难反过来又成就了他的壮美。西西弗斯代表了西方特有的审美气质,就是敢于反抗命运、担当苦痛、永远处于紧张和冲突状态的精神。别尔嘉耶夫说得好:"精神性在这个世界上永远是与对痛苦的体验,与人的生存中的矛盾和冲突,与面对死亡和永恒的事实的状态相关。在这个世界上完全满足的和幸福的存在物,对恶和痛苦不敏感的存在物,体验不到痛苦,完全是无悲剧性的存在物,已经不再是精神的存在物,也不再是人。对世界上的恶的敏感性,体验痛苦的能力,是作为精神存在物的人的标志之一。人是在这个世界上痛苦着的存在物,是受怜悯所伤害的同情着的存在物,这就是人的本质的高度。"①在论及十字架上的耶稣时,赵林指出:"在这种痛楚中、在这种恐惧中感受到了一种灵魂得救的快慰。这种快慰是另一种类型的美,是必须经过深沉的忏悔才能感受到的,它是一种间接的美、反思的美。这是一种向死而生的快感,一种苦中得乐的快感,用19世纪德国大诗人海涅的话来说,这是一种'痛苦的极乐'。这种在强烈的痛苦中才能体验到的极乐感受,就像在绝望中所体验到的希望一样,是一种彻心透骨的快乐和美感。"②西方人普遍相信,罪是一种与人的存在本身密切相连的禀性,罪感、痛感、苦感不仅促使西方人在宗教与信仰中寻求救赎与超越,并促使西方人把艺术当成是人类苦难精神上的承担者,是黑暗中的光明、虚空中的存在。

如果说乐感指向引起快乐的事物本身,突出的是自然自身的可爱,那么痛感则将审美指向人自身,突出的是人在抗拒外在事物强大威力时所引起的先惧后喜的复杂情感。痛感是痛苦和危险引起的一种夹杂着快感的情感。痛感让人惊恐、心痛,但又夹杂着快感,因为壮美的事物不仅暗示了危险也暗示了转机与希望,所以那种由对对象的恐惧而产生的痛感,很快转化为由肯定主体的尊严和能动性而产生的快感。这种快感是把对象本身的巨大力量移到和扩张到自己身上所产生的自豪感和胜利感,是一种"甜蜜的痛苦"和"悦人的忧伤"。壮美的对象引发了茫茫

---

① [俄]别尔嘉耶夫:《美是自由的呼吸》,方珊等编译,山东友谊出版社,2005年版,第10页。

② 赵林:《基督教与西方文化》,商务印书馆,2013年版,第15页。

无定、浩浩无际、渺渺无限的观念,并让人产生依赖,感到自身渺小。当人的无限感被壮美的对象激活时,力量的巨大和数量的巨大压倒不了人内心的自由,人就有了超越有限的自我扩张感,自信与自尊随之被唤起,从而感到生命的独立与旺盛。这也就是席勒所说的:"崇高的对象,首先迫使我们作为自然本质感觉到我们的依赖性;其次,它同时给我们揭示作为理性本质的无论在我们自身中,还是在外部都确立了我们的独立性。"①因此,痛感包含有悲伤与壮丽两个环节:第一个环节是因为壮美的对象的深厚、雄浑、怪异、沉重、巨大而自觉渺小,产生悲痛、惊骇、紧张、恐怖等负面情感,仿佛自己完全被压倒、被征服、被覆盖;第二个环节是因为壮美的对象的厚重与巨大被幻化为自己的巍峨浩荡,于是自我的力量被唤醒,紧张化为轻松,畏惧化为自信,压抑的情感被释放,从而获得崇高感。康德对于痛感的两个环节有过深刻揭示:"险峻高悬的、仿佛威胁着人的山崖,天边高高汇聚挟带着闪电雷鸣的云层,火山以其毁灭一切的暴力,飓风连同它所抛下的废墟,无边无际的被激怒的海洋,一条巨大河流的一个高高的瀑布,诸如此类,都使我们与之对抗的能力在和它们的强力相比较时成了毫无意义的渺小。但只要我们处于安全地带,那么这些景象越是可怕,就只会越是吸引人;而我们愿意把这些对象称之为崇高,因为它们把心灵的力量提高到超出日常的中庸,并让我们心中一种完全不同性质的抵抗能力显露出来,

---

① [德]席勒:《论崇高》,载刘小枫主编《人类困境中的审美精神——哲人、诗人论美文选》,东方出版中心,1994年版,第15页。

它使我们有勇气能与自然界的这种表面的万能相较量。"①如果说乐感是一步直接获得的,那么痛感则是两步曲折获得的。

在乐感状态中,想象力与知性是和谐的,可以畅快人的诗心,可以放飞人的想象力。心无挂碍,悠然自得。人很愿意陶醉在乐感之中无法自拔。对于中国的审美而言,美呈现为现实的愉悦。诚如刘小枫所说:"快乐感受的首要性质是保持心意上的愉悦状态,心理驱力主要用于消除内部和外部刺激造成的张力,以求得心态的平衡快适。"②而在痛感状态,想象力受到理性的暴力压制,不能纳入任何可为知性把握的形式中,自由受到阻碍,不能产生精神上的畅兴娱神。但这恰恰就刺激人向一种更高的理性观念去寻找终极性的依托,人自身的敬畏心、无限感和神圣感被激活。因此,对于西方的审美而言,美呈现为理想的、超凡的、卓越的,人永远处于拯救和超越的忧虑与希望之中。相反,"中国诗歌对废墟、荒冢、历史、人物,对怀旧、惜别、乡土、景物不断地一唱三叹,流连忘返,却少有对上帝、对星空、对'奇迹'的惊畏崇赞,也少有对绝对空无或深重罪孽的恐惧哀伤,也没有那种人在旷野中对上帝的孤独呼号"③。

(三)"天人合一"与"主客二分":"人"如何"在世"?

审美问题的深处表达的是观世界的方式,也就是人与世界

---

① [德]康德:《判断力批判》,邓晓芒译,人民出版社,2002年版,第100页。
② 刘小枫:《拯救与逍遥》,上海三联书店,2001年版,第141页。
③ 李泽厚:《哲学纲要》,北京大学出版社,2011年版,第284页。

万物的关系问题,即人如何在世的问题。这是一个本体论问题。在这个问题上,占主导地位的看法有两种,一种是天人合一,另一种是主客二分。大体说来,中国主张天人合一,强调人与世界万物紧密相连;西方主张主客二分,强调人与世界万物是分离的。中西审美之所以会有类型和体验上的差异,归结于中西哲学本体论上的差异。中西审美取向隐而不显的最根本的差别在于:和美与乐感的背后存在着人与世界的亲近关系,即天人合一;壮美与痛感的背后隐藏着人与世界的分离与对抗,即主客二分。正是因为西方在本体论上坚守主客二分原则,所以走向了审美体验上的痛感,进而走向了审美类型上的壮美;正是因为中国在本体论上坚守天人合一原则,所以走向了审美体验上的乐感,进而走向了审美类型上的和美。

天人合一就是万物一体,相互融通,一气流通,没有对抗。就如王阳明所说的,无人心则无天地万物,无天地万物则无人心,人心与天地万物合为一体,皆贯穿"一体之仁",不可间隔。也就是:尽内在心性,以达天德、天理、天心而与天地合流,或与天地参。天人合一的思想在儒家、道家中都有论及。它们认为,人类与自然界本为一体,处于合一状态。程伊川认为,人受制于天,天道存于人的心性之中,天道与人道,其为道一也。人与宇宙万物为一体,道贯通于人与宇宙万物之中。王船山认为,天与人虽彼此不同,但由于"道"一以贯之,故能相继相通。需要指明的是,中国的天人合一不是天人二者的绝对平衡,恰恰相反,中国的天人合一明显的是以"人"合"天","天"处于基础性位置,从而走向了自然思维。彭富春认为:"中国思维始终设定了思想之外的自然的优先性。它表现在三个方面:第一,存在,在天地人的结构中,天地亦即自然对于人具有绝对的规定性;第二,思想,人首先从自然中思索出尺度,然后将此尺度给予人;第三,语言,汉字作为象形表意文字给汉语的文本表达的自然性以现实的基础。"①自然思维将自然规律当作最高的天道,因而儒家强调天道的重要性,认为天是百物生的来源,并且是道德观念和规范的本原。孔子说:"天何言哉?四时行焉,百物生焉。天何焉哉?"②道家崇尚自然思维。《道德经》第25章说:"人法地,地法天,天法道,道法自然。"在老子看来,自然最高,人是自然的一部分,因此天人合一是指人要绝圣弃智,回归大道,回归自然。庄子提倡"逍遥游",与自然同游。庄子主张通过"心斋""坐忘",以达到"天地与我并生,而万物与我为一"的天人合一境界。他指出:"闻在宥天下,不闻治天下也。在之也者,恐天下之淫其性也;宥之也者,恐天下之迁其德也。天下不淫其性,不迁其德,有治天下者哉?"③即是说,人类应该按照自然本性生活,否则就会导致天与人的不和谐。禅宗也非常喜欢与大自然打交道,经常假借大自然来感受心境之淡远,回到心灵自身,回到它光明的自性。李泽厚说:"禅宗宣扬的神秘感受,脱掉那些包裹着的神秘衣裳,也就接近于'悦神'类的审美经验了:不仅主客观浑然一

---

① 彭富春:《哲学美学导论》,人民出版社,2005年版,第31页。还可参见彭富春:《论中国的智慧》,人民出版社,2010年版,第212-220页。
② 钱逊注:《论语诵读本》,中华书局,2011年版,第117页。
③ 方勇译注:《庄子》,中华书局,2010年版,第158-159页。

体,超功利,无思虑;而且似乎有某种对整个世界的规律性与自身目的性相合一的感受。特别是欣赏大自然风景时,不仅感到大自然与自己合为一体,而且还似乎感到整个宇宙的某种合目的性的存在。"①在这里,儒释道殊途而同归,都归于自然,归于和谐,差异只在于儒家偏重于人伦的自然性,道家偏重于自然界的自然性,禅宗偏重于心灵的自然性。

在中国古人那里,有了天人合一的本体认知,就很容易在审美取向上进入无我之境,走向对自然的玩赏。我们国人在回归大自然时感受的是怡然自得和天人合一。在中国古典美学中,天就是天性、天然,也就是自然性。在中国人的"审美无意识"里,自然风光充满了丰富的感性色彩,"它是那么富于人情味,它简直就是人的象征"②,甚至就是"第二情人"③。李白的《菩萨蛮》写道:"平林漠漠烟如织,寒山一带伤心碧。暝色入高楼,有人楼上愁。"景中有情,情皆可景,天人合一,碧山与心愁交融而成意境。陶渊明的《饮酒》中,"采菊东篱下,悠然见南山。山气日夕佳,飞鸟相与还"呈现的是心心相印的融通感,是诗人与自然合一的整体。天人合一的本体论取消了一个与自己对立的他者,自然本身就成为归于和美的生命洪流,成为充满生机、生气和生命的大美世界,显示着最真实、最本然的东西。

---

① 李泽厚:《李泽厚哲学美学文选》,湖南人民出版社,1985年版,第102页。
② 邓晓芒、易中天:《黄与蓝的交响——中西美学比较论》,作家出版社,2019年版,第48页。
③ [美]乔治·桑塔耶纳:《美感——美学大纲》,缪灵珠译,中国社会科学出版社,1982年版,第41页。

与中国在本体论上强调天人合一不同,西方强调主客二分。把主(人)与客(自然)严格区分开来,是西方智慧和知识的起点。主客二分有一个本体论设定:在主体之外有一个不以人的意志为转移的客体,主体与客体是两个彼此外在、相互独立的实体。如柏拉图设定在现实世界之上、之外有一个本体世界,并把超感性的无限的本体世界当作哲学所追求的最高目的。本体论上的主客二分原则把世界万物看成与人处于彼此外在的关系之中,认为主体在客体之外,且主体凭着自己的认识能力可以确认和把握客体的本质,达到无限的超感性的世界。审美中的崇高正是有限对无限的崇敬。张世英指出:"崇高的特点在于有限自身的力量与它所向往的东西(无限)虽不相称(不能充分表达无限)却仍然为之英勇奋争的精神,这种精神令人敬仰,故谓之崇高。"[①]与中国强调天人合一但偏重于天不同,西方强调天人相分但偏重于人,以人为主,以物为客,世界万物处于被认识和被征服的对象地位。主客二分的本体论设定,实际上直接揭示了现象与物自体、人与自然、自由与自然两个世界的紧张与不一致。自然为人服务,因此人应该运用自己的理性去分析自然,运用自己的自由去征服自然。理性赋予人绝对的主体地位,导致人对自然展现出一种居高临下的状态,从而不能与自然建立起和谐而愉悦的关系。如果说回归自然表达了中国人求美的真谛,那么,西方更强化人对自然、对世界的不对称、不一致。正是

---

① 张世英:《美在自由——中欧美学思想比较研究》,人民出版社,2012年版,第61页。

在这种不对称、不一致甚至紧张的关系中,人被激发出征服心与占有欲,并最终在这种征服心与占有欲中体验精神的崇高,走向绝对的壮美。何兆武说:"中国哲学走的路始终都是一个世界,西方哲学走的路则是两个世界。西方把世界分成两个,一个是永恒不变的绝对的世界,还有一个可以说是形而下的世界。这个形而下的世界是我们感知的世界,这个世界是不断变化的,不是绝对的,而是相对的。西方的两个世界这一点或者可能和他们的宗教信仰有关。因为中国(至少汉民族)没有宗教信仰,只有一个现实世界,所以中国哲学讲到最后总是不脱人伦日用,也就是不脱离我们的现实生活。但是西方的世界最后追求的,是一个脱离现实世界的世界,可以说是一个完美的、绝对的、永恒的世界。"[1]

主客二分在人之"内"导致了身与心的"分裂"。崇高表达的正是灵魂与肉体之间的张力与紧张,表明人的自由精神要从自然的沉重躯壳中竭尽全力摆脱出来。没有人希望身心、灵肉是分裂的,因为这种分裂是极其痛苦的,但救赎这种分裂的过程却是壮美的,因为比分裂更可怕的是没有救赎。崇高感其实就是通过宗教式的"献身"来体验心灵、精神救赎过程的壮美感受。什么是壮美?"壮"是指身体遭受痛苦而显得悲烈;"美"是指心灵的强大或精神的坚忍。"壮美"就是以灵之胜利而显示出人格精神的崇高,就是精神强大到足够自觉接受并且消化身体的

---

[1] 何兆武:《西方哲学精神》,清华大学出版社,2002年版,第49页。

痛苦。

主客二分在人之"外"导致了自然与艺术的分离。柏拉图开启的现象世界与理念世界的二元对立,笛卡尔主义的心灵与物质的二元对立,使得西方人将自然本身看作缺乏深层的、内在的、没有任何意义的物质性世界,与美的艺术格格不入。西方对自然美的认可度不高,不如天才创造出来的艺术美。英国著名诗人锡德尼认为:"自然从来没有比得上许多诗人把大地打扮成那样富丽的花毡,或是陈设出那样怡人的河流,丰产的果树,芬芳的花草,以及其它可使这个已被人笃爱的大地更加可爱的东西。自然是黄铜世界,只有诗人才交出黄金世界。"①康德认为,崇高美不在自然物当中:"崇高不在任何自然物中,而只是包含在我们内心里,如果我们能够意识到我们对我们心中的自然、并因此也对我们之外的自然(只要它影响到我们)处于优势的话。"②对于康德来说,崇高与壮美只能产生于自由的艺术之中。席勒也鲜明地表示:"只有在自由的观照中和通过内在活动的感觉,崇高才能够令人欢喜。"③

(四)美在自由:走向融通的中西审美

在某种意义上,可以把审美理解为一种生存论态度。西方

---

① 北京大学哲学系美学教研室编:《西方美学家论美和美感》,商务印书馆,1980年版,第71页。
② [德]康德:《判断力批判》,邓晓芒译,人民出版社,2002年版,第103页。
③ [德]席勒:《论崇高》,载刘小枫主编《人类困境中的审美精神——哲人、诗人论美文选》,东方出版中心,1994年版,第22页。

在审美取向上趋向壮美与痛感,正是那壮美和痛感中神秘未知、不可把握的东西,将西方审美引向宏伟深远的无限,引向人生的深邃之境,并在肉体的毁灭中建立其精神的崇高。因此,在西方,审美构成了生命的永恒超越,带给人拯救生命的希望。但西方审美意识有脱离生活和现实之嫌,且难以产生中国审美意识中彼此融通、浑然天成的气象,难以达到对人与世界融为一体之真切的领悟、玩味。与西方不同,中国在审美取向上趋向和美与乐感,有很强的现实观照,认为平常的生活里就有真理和美好,所以很容易走向移情与生活,既将对象情感化和灵性化,又将人性自然化。但中国审美取向里面缺少一种自由思想的元素,缺少一种自我表现的神采、自我意识的觉醒,自我很容易走向清净无为,融化到自然之中去。因此,中国审美取向对于西方审美取向里面浓烈的进取意识和超越精神应进行适当的吸纳。[①] 只有人的各种心性能力协调发展,才能造就完满的人性,造就全面发展的人,最终走向美好的生存。从人性的丰富性来看,人生应在两极之间寻找互补与平衡,未来的审美取向应该整合和美与壮美、乐感与痛感。中西审美取向也许本身就是一种"命定式"的互补对话关系。

这种互补性首先体现在中国审美中亦包含阳刚之美,并且这阳刚之美与西方的壮美有贯通之处。中国人相信,天地之道,阴阳刚柔而已。世间万物可分阴阳二极,阳为刚,阴为柔;与之

---

① 参见张世英:《美在自由——中欧美学思想比较研究》,人民出版社,2012年版,序。

相应,审美便有阳刚之美与阴柔之美。清代著名文学家姚鼐在《复鲁絜非书》中对于阳刚之美有散文式的经典论述:"其得于阳与刚之美者,则其文如霆,如电,如长风之出谷,如崇山峻崖,如决大川,如奔骐骥;其光也,如杲日,如火,如金镠铁;其于人也,如冯高视远,如君而朝万众,如鼓万勇士而战之。"可见,阳刚之美是一种不同于小巧玲珑的大美,充满了磅礴的气势与刚强的力量。当我们强调中国审美在类型上选择了和美,但并不否认中国审美之理想境界是刚中有柔、柔中有刚、刚柔相济。如中国的篆书就是柔中见刚、刚柔并济的审美典范,草书更是有"矫若惊龙"的美誉。中国画也有阳刚之大美。我国五代时著名的画家关仝所画山水画大石丛立,矻然万仞,气势恢宏,展现了非凡的力量之美。历史上,《周易》对阳刚之美亦赞誉有加:"乾,始能以美利利天下,不言所利,大矣哉。大哉乾乎!刚健中正,纯粹精也。""天行健,君子以自强不息;地势坤,君子以厚德载物。"《孟子·尽心下》曰:"充实之谓美,充实而有光辉之谓大,大而化之之谓圣。"《论语·泰伯》曰:"大哉,尧之为君也!巍巍乎,唯天为大,唯尧则之。"《庄子·知北游》曰:"天地有大美而不言。"透过这些论述,我们可以看到,中国的阳刚之美、大美与西方的壮美、崇高有一定的贯通之处。

这种互补体现在西方审美中表现为西方审美中亦有和谐之美,并且这和谐之美与中国的和美有交融之处。长期以来,学术界普遍忽略甚至遗忘西方审美中的和谐思想。其实,和谐是全人类的共同理想和普遍主题。我们不能想象有这样一个民族,在那里没有关于和谐的美好向往。在毕达哥拉斯看来,美是数的和谐,人的内心之所以倾向于和谐,是因为数量关系的和谐非常契合人的爱美之心。亚里士多德认为,美在于"有机的整一与和谐",强调了事物内在的目的性关系为美的缘由。夏夫兹博里认为,人有"个人的感情"和"社会的感情",灵魂的健康和完善在于自私和社会这两种感情的完美合作,德性之美是两种感情之间恰当的平衡或和谐。哈奇森认为,美在于"寓多样性于一致性"或"寓一致性于多样性"①。康德认为,以审美为中介化解自然与自由、知识与道德的分裂,才能实现人性的和谐。席勒认为,作为有限存在,人始终有两种冲动:一种是感性冲动,另一种是理性冲动。游戏冲动作为审美活动是感性和理性的统一,克服了感性冲动和理性冲动的对立,使人摆脱片面,走向和谐。黑格尔的"美是理念的感性显现"这个命题依然强调了人性之美是感性和理性的统一、主观和客观的和谐。西方关于和谐之美的论述与中国的和美具有广泛的对话空间。

中西审美思想之比较并非一定要把中西当作对立面来观察、来看待。中西文化虽有重大区别,但不一定全然没有融通之处。比较中西审美思想,目的在于超越,既超越单一的西方,也超越单一的中国,最终走向融通。今道有信说:"通过东西方互异文化的对话,我们应该超越的是历史的个别的文化所具有的

---

① 参见[英]哈奇森:《论美与德性观念的根源》,高乐田等译,浙江大学出版社,2009年版,第35页。

地方主义的局限,应该达到的是世界的、全球性的人类主义。"①李希凡认为:"美学,无论东方和西方,当都有其共同的规律。"②正是这种共同的规律为中西审美走向互补与融通创造了逻辑前提。中西审美之所以有可能而且有必要走向互补与融通,就在于人性共同的、普遍的逻辑结构。具体而言,这种共同的、普遍的逻辑结构就是人性的自由。

应该说,离开了关于人性自由的逻辑结构的考察,对于美以及审美的理解都将不得要领。一切审美都是对自由的憧憬。审美的形态和自由的表现是相对的、个别的,于是,人类就有了西方式的壮美与痛感、中国式的和美与乐感,但对于审美和自由的爱却是普遍的、绝对的。于是,无论是西方式的壮美与痛感,还是中国式的和美与乐感,表达的都是自由的呼吸和精神的游戏,显现出来的都是灵魂的自由,代表了解放的力量,构成了一切爱美之人的心灵家园。在通向人性的自由之途上,中西美学必然由地方主义走向人类主义,形成真正意义上的"人类的美学"。无论是和美还是壮美,都源于生命的自由、人性的力量。真正的审美既立足于个体的自由,但同时又具有普遍的人性关怀和情感共鸣。所以,真正的审美不是居高临下地悲天悯人或低级层次的自得之乐,而是在人性的根基上与他人、与世界、与彼岸精神的平等对话、交流汇通,从而揭示出每个人都具有不可替代的灵魂和自由

---

① [日]今道有信:《东西方哲学美学比较》,李心峰等译,中国人民大学出版社,1991年版,第65页。

② 参见[日]今道有信:《东西方哲学美学比较》,李心峰等译,中国人民大学出版社,1991年版,李希凡为该书写的"序言"。

这一事实。尽管每个人的审美自由将走向何方是无法确定的,每个人的审美自由并不意味着在现实性上已然成为每个人的审美生活,但无可置疑的是,自由必然构成一切审美生活之所以可能实现的基础条件和逻辑前提。那个时候,审美凭借自己的力量,将彻底拆除横亘在自由与自然(必然)之间的栅栏,实现自由与自然(必然)之间的和解,达成人与世界的共在。从此,自然就是自由,自由就是自然,自由和自然得以一体化。这也就是马克思所说的:"社会是人同自然界的完成了的本质的统一,是自然界的真正复活,是人的实现了的自然主义和自然界的实现了的人道主义。"[①]这是人道的自然主义,也是自然的人道主义。这是人与自然、主观与客观之间对立的真正和解,从中可以看出,人的自由与自然的解放是同一条通向美的道路。

第二节
康德的启示

一、康德论美感的共通性

在康德之前,理性派美学从抽象的理智出发走向了独断论,

---

① 中共中央马克思恩格斯列宁斯大林著作编译局:《1844 年经济学哲学手稿》,人民出版社,2000 年版,第 83 页。

经验论美学从自然经验出发走向了怀疑论,这实际上是把古代美学潜藏着的矛盾淋漓尽致地暴露了出来。西方美学在理性与感性的两极对立中绝望地左冲右突。康德将所有的美学问题纳入一个焦点:"愉快的感觉如何才能分享理性的性质?"康德正处在一个美学发展的矛盾已经充分暴露却又无人"收拾"的年代,为了收拾美学的残局,回应美学的焦点问题,他选择以重新阐释美感作为切入点。康德对于审美的阐释是以三个"不是"——即审美判断"不是"规定判断、审美判断"不是"认识判断、审美判断"不是"私人判断——来呈现的。其中,康德通过揭示审美判断"不是"规定判断,把审美活动引向了反思的立场;而强调审美判断"不是"认识判断,就是为了批判理性派美学,并引出人的情感的自由表达能力问题;强调审美判断"不是"私人判断,就是为了批判经验论美学,并引出人的情感的普遍传达能力问题。

康德在1781年完成的《纯粹理性批判》中曾经断言:"我们判断的要素只要与愉快或不愉快相关、因而作为实践的判断要素,就不属于先验哲学的范围。"①《纯粹理性批判》不仅预示了《实践理性批判》的方向,而且对于《判断力批判》的目的论有了规划,但唯独还没有关于审美判断力的内容。这说明,在那个时候,审美的先天原则是不被康德承认的。康德担心,通常心理学对愉快的规定可能会导致愉快的情感成为对欲求能力进行规定的基础,如果那样的话,实践哲学的最高原则就免不了丧失于经

---

① [德]康德:《纯粹理性批判》,邓晓芒译,人民出版社,2004年版,第609页。

验性之中。康德非常清楚,休谟等人的美感理论就是因为解决不了心理感觉的相对性而丧失在经验性之中的,所以,康德在很长一段时间都认为,关于愉快与不愉快的感觉能力关涉的只是一个经验心理学问题,因而没有资格进入先验哲学的视域。然而,在1787年12月写给莱因霍尔德的信中,康德的思想悄然发生了变化:"我现在正忙于鉴赏力的批判。在这里,将揭示一种新的先天原则,它与过去所揭示的不同。因为心灵具有三种能力:认识能力,快乐与不快的感觉,欲望能力。我在纯粹(理论)理性的批判里发现了第一种能力的先天原则,在实践理性的批判里发现了第三种能力的先天原则。现在,我试图发现第二种能力的先天原则,虽然过去我曾认为,这种原则是不能发现的。"①显然,康德开始相信,关于愉快与不愉快的情感能力也可以有先天原则。于是,康德在1790年完成了《判断力批判》。《判断力批判》就是要为人的这种情感能力寻求先天原则,以便使包括知、情、意在内的整个人性都能具有先验哲学的基础。认识的先天规律就是使作为现象的对象成为可能的知性的先天原理(范畴),欲求的先天规律就是理性的道德律所体现的最后目的。康德认为,从逻辑上说,在知性(产生概念)和理性(进行推理)之间,有一种起判断作用的能力,即判断力;从先天规律上说,正如知性和认识相关、理性和意志活动相关一样,判断力则应当和愉快与不愉快的情感相关。因此,对判断力进行批判,即

---

① 李秋零:《康德书信百封》,上海人民出版社,2006年版,第110—111页。

判定判断力的先天原理是什么,就可以得到愉快和不愉快情感的普遍必然规律。① 下面,我们将以三个"不是"来展示康德的审美判断理论的启示意义。

(一)审美判断"不是"规定判断

在《纯粹理性批判》中康德讨论过所谓"判断力的学说",其主要关注的是如何用已有的纯粹知性概念去统摄感性直观以形成知识,而在《判断力批判》中他再次讨论了"判断力的学说"。《判断力批判》所讨论的"判断力"与《纯粹理性批判》所讨论的"判断力"表面上看都是相同的,比如都是把"特殊"思考为包含在"普遍"之下的能力,都是处理诸认识能力之间的协调关系。但康德在《判断力批判》中着力强调的是判断力有两种不同的类型:"如果普遍的东西(规则、原则、规律)被给予了,那么把特殊归摄于它们之下的那个判断力(即使它作为先验的判断力先天地指定了惟有依此才能归摄到那个普遍之下的那些条件)就是规定性的。但如果只有特殊被给予了,判断力必须为此去寻找普遍,那么这种判断力就只是反思性的。"②在康德看来,反思判断和规定判断是两种截然不同的判断。与规定判断受概念和范畴的必然限制、要求对特殊事物进行"规定"不同,反思判断不是立足于已有的普遍范畴来"规定"特殊事物,而是为已有的特殊

---

① 杨祖陶:《德国古典哲学逻辑进程》,人民出版社,2016年版,第95页。
② [德]康德:《判断力批判》,邓晓芒译,人民出版社,2002年版,第13-14页。可参见 Kritik der Urteilskraft, Hrsg. von Karl Vorländer, Felix Meiner Verlag, sechsten Auflage, Hamburg 1924, Nachdruck 1974. p. 15.

事物寻找普遍性原理。杨祖陶指出:"在这里,康德一反他惯常把特殊(感性)与普遍(知性、理性)形而上学地割裂开来的做法,而提出了特殊与普遍的一种新关系,即把二者看作是直接统一的。反思判断力实质上代表着一种新的思维方式,其特点就是从特殊中去发现普遍,或把普遍本身看作是特殊的,这就超越了他一贯强调的直观与知性的对立,使反思的判断力成了一种'直观的知性'或'知性的直观'。"①如果说规定判断把诸认识能力的协调当作认识事物属性的手段,那么反思判断则把这种协调本身当作目的,仅以认识能力的自由而合目的性地运用为转移。如果说规定判断指向外部世界的物质属性与基本规律,以获得客观性知识为目的,那么反思判断则将对外部世界的关切反转过来,指向人的内心世界,旨在通过对象表象在主观中引起的诸认识能力的自由协调活动而产生愉快的情感。对于反思判断来说,情感的消失就是美感的消失,情感点燃了美。情感存在,审美才有可能。

如果说规定判断遵循的是知性的原理,它由此把自然界规定为一个机械的因果系统,那么反思判断遵循的则是自然的合目的性的原理,而不能是知性的原理。经验自然中的无限多样的特殊事实绝不是知性规律所能规定的,只能是以目的为依据而将之统一为有机的整体。需要说明的是,在康德看来,反思判断固然不直接等同于审美判断,但审美判断却是典型的反思判

---

① 杨祖陶:《德国古典哲学逻辑进程》,人民出版社,2016年版,第98页。

断。其之所以说审美判断是典型的反思判断,是因为审美判断严格遵守了反思判断从给予的"特殊"事物出发去寻求"普遍"原则的基本立场。审美判断不是立足于已有的普遍范畴来"规定"特殊事物,而是为已有的特殊事物寻找普遍性原理,是一种主观形式的原理。这完全不同于规定判断要受概念和范畴的必然限制,要求对特殊事物进行"规定"以获得客观性知识为目的。所以,康德指出,审美判断(无论是美的判断还是崇高的判断)"既不是以感官的规定性判断、也不是以逻辑的规定性判断,而是以反思性的判断为前提的"①。

康德通过揭示审美判断"不是"规定判断,把审美活动引向了反思的立场。审美判断就是诸认识能力的自由协调活动,这正是反思判断从对象上"反思"到人自身的结果。这种结论对于流行的言说和理解美感的唯物主义和唯心主义两种方式均构成了挑战与批判。唯物主义在言说和理解美感时认为:美是客观事物的属性,美感是对于作为客观事物属性的美的某种反映和认识,属于人的物质性、生物性的生理本能。在这里,美是第一性的,美感不过是关于物质性的美的感觉而已,是第二性的。而根据康德的"反思"立场,美感和美根本就不存在谁是第一、谁是第二的问题,美感更不是对作为客观事物属性的美的反映,而只是人诸认识能力的自由协调活动。唯心主义在言说和理解美感时认为:美感是对于作为主观感觉的美的某种表现和表达,属于

---

① [德]康德:《判断力批判》,邓晓芒译,人民出版社,2002年版,第82页。

人的生物性的心理快感。在这里,美感是第一性的,美不过是美感的构成物,是第二性的。唯心主义言说和理解美感的方式从表层上、现象上看与唯物主义有很多的不同,但有一点是共同的,那就是假定了美感和美的二元分裂。这种分裂又是建立在规定判断赖以依靠的主客二分基础上的(其中美感是主体的感觉,是主体性的;美则是被感觉的客体,是客体性的)。但是,美感的基本特征恰好是主客不分、物我两忘、万有相通、万物一体。康德的"反思"立场启示我们,原初意义上根本就不存在一个客体之外的主体,也不存在一个主体之外的客体,更没有主体与客体的二元对立。① 如果局限在以主客二分模式来处理美感问题,将不可避免地走向失败;如果跳出主客二分模式来处理美感问题,可以发现,美感不是对美的反映,而是审美活动的内化。

(二)审美判断"不是"认识判断

从相信审美判断可以揭示出居于认识能力与欲求能力之间并使二者得到统一的情感能力出发,康德认为审美判断"只是隶属于认识能力的,并证明这种认识能力按照某种先天原则而与愉快或不愉快的情感有一种直接的关系"②。在关于美的"四个契机"的讨论中,他还说:"我是根据判断的逻辑功能的指引来寻

---

① 张世英先生认为:"康德关于美的基本观点是他所谓的'符合目的性',即客观的东西符合主观的东西,属于主客关系模式,所以在他看来,艺术乃是按照人的理性要求来把客观的东西加以铸造,使之具有新生命。康德的审美观和他的整个哲学一样属于西方传统的人类中心论,他所要求的主客统一与我们所主张的'高级的天人合一'不是一回事。"(张世英:《哲学导论》,北京大学,2008年版,第225页。)

② [德]康德:《判断力批判》,邓晓芒译,人民出版社,2002年版,第3页。

找的(因为在鉴赏判断中总还是含有对知性的某种关系)。"① 但必须注意的是,只是为了连接认识与道德,康德才把审美判断设置成为"不是"用来认识的认识活动。② 实际上,自然的合目的性仅仅是主体观察特殊事物时的一种主观态度,它不以认识为目的,不是知性的概念,丝毫不涉及事物、对象的性质,并不"对任何对象的知识提出要求"③。在理性派美学那里,审美判断一定基于一个美的概念,有一个普遍的客观标准。而对于康德来说,审美判断运用的认识能力却只与内心愉快和不愉快的情感相关,这种情感是由于在一个对象上"反思"到人诸认识能力的协调活动而引起的。审美判断只是想通过愉快的情感而使人意识到自身超验的自由,使人发现自己是自由的。在审美中,人与认识目的相分离,只有在完成这样的分离之后才能产生纯粹的审美经验。这就是康德所说的:"惟有对美的鉴赏的愉悦才是一种无利害的和自由的愉悦。"④ 在审美判断中,不是想象力为知性能力服务,而是知性能力本身为想象力服务,从而失去了概念的可规定性,自由便以自由感的方式直接体现在想象力本身的活动中。

当人在一个对象上反思到人诸认识能力的和谐一致,就会获得一种合目的性的快感,就会情不自禁地为自己自由地、畅通

---

① [德]康德:《判断力批判》,邓晓芒译,人民出版社,2002年版,第37页。
② 邓晓芒:《康德哲学诸问题》,生活·读书·新知三联书店,2006年版,第138页。
③ [德]康德:《判断力批判》,邓晓芒译,人民出版社,2002年版,第82页。
④ [德]康德:《判断力批判》,邓晓芒译,人民出版社,2002年版,第45页。

无阻地运用各种认识能力而感到高兴。由此可见,审美判断的所谓"对象"绝不是什么认识论意义上的客观对象,审美判断本质上是主观形式的,与任何概念、任何对象的实际内容无关,只是从主观愉快的情感上来判定一个对象的形式是美的或不美的。因此,审美判断所表达的不是认识判断,而是认识能力在对象形式上所发生的自由协调活动。其中,直观想象力和知性能力的自由协调活动产生的是(优)美;直观想象力和理性能力的自由协调活动产生的是崇高(美)。所以康德明确表示,审美判断并不具有真正的客观性,也并不在乎对象的客观存在,因而审美判断不把对象当作目的并用概念去进行把握,"自身单独不能对于事物的认识有丝毫的贡献"[①],"它不是建立在任何有关对象的现成的概念之上,也不带来任何对象概念"[②]。康德说过:"为了分辨某物是美的还是不美的,我们不是把表象通过知性联系着客体来认识,而是通过想象力(也许是与知性结合着的)而与主体及其愉快或不愉快的情感相联系。所以鉴赏判断并不是认识判断,因而不是逻辑上的,而是感性的(审美的),我们把这种判断理解为其规定根据只能是主观的。"[③]生活中的美生生不息、变化不定,不可能以逻辑实证和精密量度的方式去确认和证明。康德还明确指出:"没有对于美的科学,而只有对于美的批

---

① [德]康德:《判断力批判》,邓晓芒译,人民出版社,2002年版,第3页。
② [德]康德:《判断力批判》,邓晓芒译,人民出版社,2002年版,第25页。可参见 Kritik der Urteilskraft, Hrsg. von Karl Vorländer, Felix Meiner Verlag, sechsten Auflage, Hamburg 1924, Nachdruck 1974, p. 27.
③ [德]康德:《判断力批判》,邓晓芒译,人民出版社,2002年版,第37-38页。

判,也没有美的科学,而只有美的艺术。因为谈到对美的科学,那就应当在其中科学地、也就是通过证明根据来决定某物是否必须被看作美的;因而关于美的这个判断如果是属于科学的,它就决不会是鉴赏判断。"①维特根斯坦在《美学讲座》第 2 节表述过与康德类似的观点:"你可能会把美学看作是告诉我们什么是美的科学——就语词来说这简直太可笑了。我认为它还应当包括什么样的咖啡味道更好些。"②

在这里,康德的审美判断理论力图证明美只是人的主观认识能力为了能够协调活动而必须从形式上假定的一个对象,绝不是什么认识对象,其只与人的主观情感相关,与"对的"或"正确的"这样的科学认识无关。明明是风声瑟瑟,诗人却说是自然的叹息;从科学认识的角度去看,荒谬绝伦,但具有审美的真实性。康德研究专家沙佩显然看出了康德有意要在审美判断与认识判断之间做出区分。他指出,康德为我们提供了一个关于审美判断的"否定性特征"(negative characterization),即审美判断"不是"认识判断。③ 这令人想起了维特根斯坦在《美学讲座》第 8 节说过的一段话:"显然,在实际生活中,当作出了审美判断,那么诸如'美的''好的'等这些审美形容词几乎不起什么作用。

---

① [德]康德:《判断力批判》,邓晓芒译,人民出版社,2002 年版,第 148 页。可参见 Kritik der Urteilskraft, Hrsg. von Karl Vorländer, Felix Meiner Verlag, sechsten Auflage, Hamburg 1924, Nachdruck 1974. p. 157.

② [奥地利]维特根斯坦:《维特根斯坦全集》第 12 卷,江怡译,河北教育出版社,2003 年版。

③ Schaper. Studies in Kant's Aesthetics, Edinburgh: Edinburgh University Press, 1979.

音乐评论中使用审美形容词吗？你说'看着这个过渡'或'这一小节不一致'。或你在诗歌评论中说：'他用他的想象很准确。'你用的语词更接近于'对的'或'正确的'，而不是'美的'或'可爱的'。"①借助于"花之美"与"花之红"的差异，叶秀山表达了审美与科学的不同："'美'不是一个'对象'，不是'对象性的属性'，用自然科学、经验科学的方法'分析—分离'不出'美'的特性来。这一点，'花之美'和'花之红'是不同的。"②他还进一步指出："'花之美'就在'花之红'中，但'美'不是花的'属性'，因而不是'概念'，'花'的'属性'还是'花'；'意义'就在事物'属性'之中，但不等于'属性'，不是'概念'。这就是说：'意义'不仅是'机械的'，也不仅是'逻辑的'，'意义'不仅是'必然的'，而且也是'自由的'。'生活的世界''基本经验的世界''意义的世界'是'自由的世界'；它不是'死的世界'，而是'活的世界'。"③

在《纯粹理性批判》的逻辑范畴表和《实践理性批判》的自由范畴表里，康德认为只有先理解了"量"才能把握"质"，因此在逻辑范畴表中量先于质，量排在第一类范畴，质则是第二类范畴。这是因为康德要在认识论中为近代以来的实证自然科学奠定形而上学基础，而近代以来的实证自然科学一个最明显的特点就是定量化，一切质的分析都建立在定量分析之上，甚至质被归结为量（比如在原子论里事物的质也被归结为原子的原子量）。康

---

① ［奥地利］维特根斯坦：《维特根斯坦全集》第 12 卷，江怡译，河北教育出版社，2003 年版，第 325 页。
② 叶秀山：《美的哲学》，北京联合出版公司，2016 年版，第 34 页。
③ 叶秀山：《美的哲学》，北京联合出版公司，2016 年版，第 36 页。

德在《纯粹理性批判》中认为,首先要把感觉本身的特殊性"质"筛选掉,从普遍的东西出发去规定特殊的东西,再把特殊的东西里不适合定量化的东西清除掉。相反,在《判断力批判》中,康德认为首先要弄清楚感觉本身的经验性"质",然后才从特殊的质里去寻求它本身所具有的普遍原则,所以它完整地保留了对象不能还原为量的质。对于质、量顺序的这种颠倒,杨祖陶给出的分析是:"这里把'质'的契机放在'量'的契机之前,与康德在其他地方把质置于量之后的次序不同,这显然是由审美判断力的'反思'性质所导致的。与科学的机械定量规定的认识方式不同,审美的多样统一性和合目的性必须以特殊事物的质的确定性为前提。"①邓晓芒认为,尽管审美里面也有量,但这个量不是对于对象的一种定量的那个量,而是从质里面上升,追溯到人的主体,然后在人的主体里所引起的感动、情感本身的程度。这种对质的感受的程度是指:这种质的感受是你一个人的感受,还是很多人的感受?抑或,所有人的感受。为了寻找这样一种普遍性,这样一种量,康德就一定要把质摆在前面。质是从事物的性质出发的,不是从普遍到特殊而是从特殊到普遍,是反思的判断力。所以在审美中,每个东西先从质开始,然后再到量,再到关系,再到模态,并由此形成了美的四个契机。邓晓芒最后给出的结论是:"把质提到量之先正说明了审美一开始就根本上不同

---

① 杨祖陶:《德国古典哲学逻辑进程》,人民出版社,2016年版,第99-100页。

于认识。"①

通过反思和批判,康德揭示出审美判断"不是"认识判断,从而把审美活动引向了自由之境。② 康德将审美与自由关联起来,对于理解美感来说,无论给出多高的评价都不过分。美之所以令人感动,美感之所以美妙绝伦,就是因为美是自由的呼吸与象征,美感本身就是对自由的体验、向往与感激,本身就是对决定论的突破和胜利,本身就是自由感。流行的言说和理解美感的唯物主义和唯心主义两种方式共同的错误在于其决定论的态度。其中唯物主义方式坚持相信美决定美感,而唯心主义方式则坚持相信美感决定美。无论是美决定美感还是美感决定美,都有意无意地将自由排斥在了审美活动之外。可以说,这构成了对美感的极度伤害与最大威胁。为了从学理上接近美感、解读美感,我们必须高度重视康德就审美判断与认识判断做出的剥离与划界,尤其必须认真对待康德在这种剥离与划界中引出的审美自由思想。

审美活动是自由的。可是,自由的审美活动如何能够具有普遍性呢?这是康德需要进一步去"反思"和回答的。

(三)审美判断"不是"私人判断

在审美活动中,康德"一方面是通过愉快的情感而导致对真

---

① 邓晓芒:《康德哲学诸问题》,生活·读书·新知三联书店,2006年版,第142页;还参见邓晓芒《康德哲学讲演录》,广西人民出版社,2005年版,第105-107页。

② 参见戴茂堂:《超越自然主义——康德美学的现象学诠释》,武汉大学出版社,1998年版,第119-120页。

正的自由的'启示'和'类比',另一方面是通过审美判断的'似真性'而导致对人性的普遍根基的实际承认"①。如果说康德在美的第一契机中考察的是美感的"(性)质",体现出来的批判品质在于反拨理性派美学,指出审美判断"不是"认识判断,那么在美的第二契机中康德考察的则是美感的"量",体现出来的批判品质在于反拨经验论美学,指出审美判断"不是"私人判断。经验论美学认为,审美判断不基于任何概念,只根据人的审美快感,是一种个人主观的趣味,所以没有普遍有效性。相反,康德认为,在审美判断中个人的主观愉悦固然不能用简单的知性概念加以规定,但也不全然是私人性的爱好与趣味,而是指向全人类普遍性的道德基础,可以达到普遍一致的同意,"仿佛作为一种义务一样向每个人要求着"②。个人的审美判断固然无法通过逻辑论证强加于人,却可以且应当用一种超验的理性概念(理念)作为标准。这个美的理念并不规定什么是美,只是作为一种引导,"要求"一切人都应该不断趋向于共同的审美感受。这种"要求"不是客观规定,而"是一种不带有基于客体之上的普遍性而对每个人有效的要求,就是说,与它结合在一起的必须是某种主观普遍性的要求"③。假设存有一个审美理念是绝对必要的,这样就可以使审美判断超出一般感官快感而走向对普遍性的追寻与期待。

---

① 邓晓芒:《康德哲学诸问题》,生活·读书·新知三联书店,2006年版,第143页。
② [德]康德:《判断力批判》,邓晓芒译,人民出版社,2002年版,第138页。
③ [德]康德:《判断力批判》,邓晓芒译,人民出版社,2002年版,第46-47页。

只是这种向每个人"要求着"的普遍性又不同于认识的基于概念之上的客观普遍性,而是植根于鉴赏力的主观先验性质在量上的自然扩展,是"具有特殊的类型"的"普遍性"①,即"主观普遍性"。鉴赏力的愉快情感是不带任何个人偶然的利害和偏爱的自由的情感,因此是人类本性中某种共同的、普遍性的东西。按照"一切事物都具有合目的性"这一主观先验的假定,审美愉快不是单个人所独有而是人人所共有的普遍美感。康德一贯重视普遍性,在《纯粹理性批判》中,他形而上学地把自在之物与现象割裂,肯定我们的知识只限于现象界,现象界则是为知性所建立的机械规律所统治的"必然王国",论证了科学知识的普遍性;在《实践理性批判》中,他进一步把自在之物与现象对立起来,把自在之物的世界规定为由理性颁布的自由律所支配的"自由王国",保证了自由意志的普遍性;在《判断力批判》中,他指出一般感官刺激带来的快感与审美愉快根本的差异在于,个人在实际进行审美活动时,是首先(通过想象力而不是通过概念)判定一个表象将引起普遍美感,然后才由此产生个人的愉快,并强调明白这一点是理解审美判断的"钥匙"。② 叶秀山曾经分析过"私人"的审美与"普遍"的传达之间的神奇甚至神秘关系。他指出,在审美、艺术的境界中,一切语句都有私语的性质,但语句的形式是公众的。在"花是美的"这样的语句中,花的美离不开私

---

① [德]康德:《判断力批判》,邓晓芒译,人民出版社,2002年版,第50页、第47页。参见 Great Books of The Western World, vol. 42 (Kant), Encyclopaedia Britannica, Inc., Chicago, 1952, p. 481.

② [德]康德:《判断力批判》,邓晓芒译,人民出版社,2002年版,第52页。

人的小我的生活经历。"'花是美的'这句话和'我自己'的生活经验分不开,而'我自己'的生活经验是独特的,任何别人代替不了的。因此,'我'在说'花是美的'这句话时,总是带有一种'小我'的'私意'。这种'私意'并不是生理性的(如'痛'……),而是生活经验性的,'我'不能把这种'私意'传达给别人,就像我的'痛'不能传达给别人一样,但'花'的'美'却可以使'你''我''他'都真正'感到''美'。于是,审美和艺术中似乎就出现了一种在知识和科学中很奇怪的现象:似乎是'私人'的感受,却可以具备普遍可传达性。于是,'花是美的'是一句典型的'私人语句'(私语),既具有语言的普遍形式,又具有私人感受的具体内容。"①

尽管审美判断首先必须在心中把美当成一个客观的、人所共见的对象表象来评判,以保证自己由此引起的快感具有人类的普遍可传达性,但是这种普遍性实际上并不是客观的,而是每个人主观条件上的普遍共同性。审美判断(如"这只鸟是美的")尽管采取了"好像"是一个"逻辑判断""客观判断"(如"这只鸟是红的")的形式,但终归是为了确证人自身情感的社会普遍性。它的貌似客观性纯粹是由主观自由的心情建立起来的。"这只鸟是红的",是用已知的一般概念("红")去规定那个出现在眼前的个别事物("这只鸟");"这只鸟是美的",撇开了一切既定的抽象概念,单从眼前的个别事物("这只鸟")出发,去寻找和发现其

---

① 叶秀山:《美的哲学》,北京联合出版公司,2016年版,第71页。

中所包含的普遍性。因此,这种普遍性就不是知性范畴所构成的对象的客观普遍性,而是一种主观普遍性,一种人人从心底里认同的普遍的审美愉悦。正如康德在美的第二契机中所说:"美是无概念地作为一个普遍愉悦的客体被设想的。"①

正如一切愉悦都来自目的的达到一样,审美愉悦也是因为审美的合目的性的完成。但特别重要的是,审美判断并不着眼于一个具体的功利目的。康德在美的第三契机的讨论中认为,在审美判断中着眼的只是一个对象(如"这只鸟")对于主体的"无目的而合目的性的形式",只是让人诸认识能力"好像"趋向于一个目的那样处于协调的游戏活动中,从而引起超功利的自由的愉快感。也正因为审美愉悦是超功利的自由的愉快感,因此能够超越主体的私人偏好而具有普适性,可以普遍传达,具有社会本性。

在美的第四契机中,康德进一步解释了这种主观合目的性形式之所以可能的先天必然条件——共通感(sensus communis)。这种共通感是人的情感先验地具有普遍必然的自由本性的表现。在这里,康德的审美判断理论力图证明美是通过情感而表现出来的表象,是人的自由的共通感得以确证、得以传达的一个对象表象。康德认为,人的知性已经设定了在一切人心中都有一种共同的主观的东西作为它之所以可能的先天条件。既然审美判断是人诸认识能力的协调运用,那么这共同的

---

① [德]康德:《判断力批判》,邓晓芒译,人民出版社,2002年版,第46页。

主观的东西就是审美愉快的普遍性的先天条件。这先天条件就是共通感,即共同感觉的理念。有了这种理念,个人的审美判断"仿佛"就能"依凭着全部人类理性","从那些偶然与我们自己的评判相联系的局限性中摆脱出来,而置身于每个别人的地位"①。康德认为,正是由于共通感这个先验的前提,人的主观审美判断所假定的普遍赞同的必然性才以"客观的"美的形式被表象出来,正是共通感使得人与人之间的情感要求一种普遍的传达,使得人类的情感紧紧靠拢在一起。假如情感没有一个先验普遍有效的原理,就只能是私人性的愉快感而已。康德相信,既然在认识活动中必须使人诸认识能力有一定程度的协调性,并且知识能够相互传达,那么这种协调性及其所引起的愉快当然就能够普遍传达。只不过这种协调性在认识中是服务于对客体的认识的,而在审美中由于摆脱了认识的目的,这种共通感也就成为自由的美感之所以能够普遍传达的先天条件。康德说:"所以不是愉快,而正是被知觉为与内心中对一个对象的单纯评判结合着的这愉快的普遍有效性,在一个鉴赏判断中被先天地表现为对判断力、对每个人都有效的普遍规则。我以愉快来知觉和评判一个对象,这是一个经验性的判断。但我觉得这对象美,也就是我可以要求那种愉快对每个人都是必然的,这却是一个先天判断。"②正是因为能够"置身于每个别人的地位"来展开,在审美判断中共通感比在认识活动和道德活动中更为彻底。

---

① [德]康德:《判断力批判》,邓晓芒译,人民出版社,2002年版,第135-136页。
② [德]康德:《判断力批判》,邓晓芒译,人民出版社,2002年版,第131页。

康德是这样表述的:"比起健全知性来,鉴赏有更多的权利可以被称之为共通感;而审美(感性)判断力比智性的判断力更能冠以共同感觉之名,如果我们真的愿意把感觉一词运用于对内心单纯反思的某种结果的话;因为在那里我们把感觉理解为愉快的情感。我们甚至可以把鉴赏定义为对于那样一种东西的评判能力,它使我们对一个给予的表象的情感不借助于概念而能够普遍传达。"①

在纯粹审美判断的演绎中,康德意识到,人的情感要普遍传达,除了要在每个人的主观内心找到一种普遍的共通感,以便可以体验他人传达出来的情感外,还要在人类审美的现实的、经验的事实即艺术和艺术史中寻找普遍传达的先天条件。在现实的社会生活中,这种情感普遍传达的经验手段就是艺术。康德认为,艺术促进着心灵的陶冶,可以起到社会性的传达作用。他说:"一切美的艺术的入门,就其着眼于美的艺术的最高程度的完满性而言,似乎并不在于规范,而在于使内心能力通过人们称之为 humaniora 的预备知识而得到陶冶:大概因为人道一方面意味着普遍的同情感,另方面意味着使自己最内心的东西能够普遍传达的能力;这些特点结合在一起就构成了与人性相适合的社交性。"②如果没有艺术,即使有共通感,人们也很难在经验的交往中把自己内心的情感现实地传达出来。艺术的经验条件则是大自然给人类偶然产生出来的个别天才,这些天才出于自

---

① [德]康德:《判断力批判》,邓晓芒译,人民出版社,2002年版,第137页。
② [德]康德:《判断力批判》,邓晓芒译,人民出版社,2002年版,第203页。

然天赋,给艺术立下了既是特殊的又具有典范式的普遍性的艺术法规。艺术只要遵守了"法规",就可以普遍有效地传达情感,每个人就可以从同一件艺术作品中获得共同的审美感受、产生一致的情感倾向,并实现自己的自由本质、实践本质和社会性本质。邓晓芒指出:"情感指向一个对象是为了移情(使这对象人化),而移情则是为了传情。情感达不到传情,就不能实现其本质,就化为一种失落感、异化感,如加缪《局外人》所描写的那种动物式的冷漠感和对自我的生疏感,而降为一种无法传达的情绪,这就失去了自我意识。情感在自己的普遍传达中,在一个人和其他人的共鸣即美感中,登上了自己精神的主体性殿堂。但情感的传达又只有通过情感的对象化才有可能。因此我们说,审美、艺术或传情活动(这都是一回事)是人的本质力量的对象化的一个不可分割的方面,它内在于人的自由本质、实践本质和社会性本质(这也都是一回事)之中,是这一本质的最光辉灿烂的显现。"①

康德通过揭示审美判断"不是"私人判断,把我们引向了普遍必然。可以这样说,康德的审美判断理论一方面通过使人类认识能力的运用摆脱纯粹的现象性而聚焦到对人的超验自由的感性启示,另一方面又通过自由自发的创造性的想象力实现了普遍必然的人与人的联结。康德的审美判断理论实际上是从先验人类学的高度对自己的哲学总问题"人是什么"做出了回

---

① 邓晓芒:《实践唯物论新解:开出现象学之维》,文津出版社,2019年版,第208-209页。

答——在审美活动中人最能意识到自己的普遍性自由的存在。① 康德对于审美判断普遍性的强调对于言说和理解美感具有特别明显的启示：首先，它启示我们美感不是个别的、私下的快乐，如果美感成为个别的、私下的快乐，那么美感就降低为一场充满低级趣味的狂欢与嬉闹；其次，它启示我们美感必须具有共通性，没有共通性的美感将面临相对主义的质疑与困境；最后，它还启示我们美感的共通性不是求助于理性的概念而建立起来的，美感的共通性不是一种客观普遍性，而是一种主观普遍性，归缘于每个人内心的共通感与经验性的艺术手段。

二、康德论审美的"普遍性"

在特殊性、差异性日益被强化的今天，"普遍性"遽然跃升为哲学的重大议题。本书以《判断力批判》为文本，回顾康德关于"普遍性"尤其是"主观普遍性"的经典论述，这对于还原"普遍性"这一议题的真相，重新去思考在一个公民社会究竟需要怎样的特殊价值、个人自由、公共文化与共同价值，具有特别的意义。

（一）从特殊出发的反思判断

康德在著名的"第三大批判"《判断力批判》"导言"的第四节至第六节中对于"普遍性"问题集中做出重要分析。值得一提的

---

① 参见邓晓芒：《康德哲学诸问题》，生活·读书·新知三联书店，2006年版，第151页。

是,在分析中康德把"普遍性"问题的讨论和"判断力"问题的讨论紧紧地结合在一起。康德指出:"一般判断力是把特殊思考为包含在普遍之下的能力。如果普遍的东西(规则、原则、规律)被给予了,那么把特殊归摄于它们之下的那个判断力(即使它作为先验的判断力先天地指定了惟有依此才能归摄到那个普遍之下的那些条件)就是规定性的。但如果只有特殊被给予了,判断力必须为此去寻找普遍,那么这种判断力就只是反思性的。"①在《逻辑学讲义》中,康德用"一般"这一概念来指代"普遍",并有更精练的表述:判断力是双重的,或者是规定性的,或者是反思性的;前者由一般到特殊,后者由特殊到一般。② 在康德看来,因在"普遍"与"特殊"两者价值排序处理上的差异,规定性判断力与反思性判断力体现为两种截然不同的判断力。其中,规定性判断力要求撇开可能的所有多样性,把"特殊"归摄于"普遍"的原则、法则和规律之下,是强制的;反思性判断力则要求从多样性出发,撇开概念、规则,在"特殊"中寻找"普遍",是自由的。这就是康德所说的:"它不是建立在任何有关对象的现成的概念之上,也不带来任何对象概念。"③简单地说,如果规定性判断力是

---

① [德]康德:《判断力批判》,邓晓芒译,人民出版社,2002年版,第13-14页。可参见 Kritik der Urteilskraft, Hrsg. von Karl Vorländer, Felix Meiner Verlag, sechsten Auflage, Hamburg 1924, Nachdruck 1974, p.15.

② 参见[德]康德:《逻辑学讲义》,徐景行译,商务印书馆,1991年版,第121页。

③ [德]康德:《判断力批判》,邓晓芒译,人民出版社,2002年版,第25页。可参见 Kritik der Urteilskraft, Hrsg. von Karl Vorländer, Felix Meiner Verlag, sechsten Auflage, Hamburg 1924, Nachdruck 1974, p.27.

一种"以普通归摄特殊"的能力,那么反思性判断力是"从特殊出发寻求普遍"的能力。

进一步说,规定性判断力指向外部世界,目的在于通过对客观对象进行规定而获得客观知识;反思性判断力则指向内心感受,目的在于通过对表象形式在主观心灵中引起的诸认识能力的自由协调活动进行体验而获得愉快情感。康德指出:"如果对一个直观对象的形式的单纯领会没有直观与一定知识的某个概念的关系而结合着有愉快的话:那么这个表象因此就不是和客体有关,而只是和主体有关;这愉快所能表达的就无非是客体对那些在反思判断力中起作用的认识能力的适合性,而就它们在这里起作用而言,那么这愉快所能表达的就是客体的主观形式的合目的性。"①规定性判断力确信"普遍性"是客观的、先在的,正因如此,它才对后天发生的一切"特殊"具有规定性;而与此相反,反思性判断力确信"特殊性"具有优先性,"普遍性"只是人在自由活动中主动建构起来的,没有客观性与先在性。因此,反思性判断力所具有的"普遍性"是一种不同于规定性判断力即不同于科学判断和逻辑判断的"具有特殊的类型"的"普遍性"。② 无论是科学判断还是逻辑判断都离不开知性概念,它们是关于认识与对象是否符合的判断,具有客观普遍性。

作为连接相互分裂的自然和自由、认识和道德之中介的判

---

① [德]康德:《判断力批判》,邓晓芒译,人民出版社,2002年版,第25页。
② [德]康德:《判断力批判》,邓晓芒译,人民出版社,2002年版,第50页、第47页。参见 Great Books of The Western World, vol. 42 (Kant), Encyclopaedia Britannica, Inc., Chicago, 1952, p. 481.

断力,不是知性认识中那种从"普遍"概念出发规定"特殊"对象的"规定性的"判断力,而是从给予的"特殊"出发去寻求其可能的"普遍"原则的"反思性的"判断力。它出于这种需要而给自己立了一条法则,即自然的形式的合目的性这条先验的法则。康德说:"自然的合目的性这一先验概念既不是一个自然概念,也不是一个自由概念,因为它完全没有加给客体(自然)任何东西,而只是表现了我们在着眼于某种彻底关联着的经验而对自然对象进行反思时所必须采取的惟一方式,因而表现了判断力的一个主观的原则(准则)。"①也就是说,这种合目的性只与对象对于主体认识能力的适合性相关,因而具有形式上"普遍"引起愉快的特点。

康德相信,反思性判断力固然不直接等同于审美判断力,但审美判断力却注定是反思性判断力。并且,审美判断力作为反思性判断力的特殊样式,不折不扣地贯彻了反思性判断力坚守的从给予的"特殊"出发去寻求"普遍"的核心原则。

(二)审美判断是一种先天的反思判断

要想准确理解康德关于普遍性的论述,就不得不从近代的唯理论和经验论说起,因为康德关于普遍性的论述实际上是对唯理论和经验论在普遍性问题上的不同立场的积极回应。

在近代,唯理论哲学家笛卡尔、斯宾诺莎、莱布尼茨等对于

---

① [德]康德:《判断力批判》,邓晓芒译,人民出版社,2002年版,第19页。

普遍性怀有高度的接受与认可。唯理论者极端推崇理性,强调人心中有一些天赋的、先验的观念,人凭借这些天赋的、先验的观念就可以把握普遍性的知识或概念。普遍性的知识或概念是心灵所固有的,是不证自明、不言而喻的,因此也就是必然有效的。并且,在唯理论那里,这种普遍性与人无关,是先验的、客观的。换言之,客观普遍性是知识或概念的本质属性。唯理论相信,知识或概念包含着不依赖于人的意识的客观内容,包含着不以人的主观意志为转移的客观实在性。这样理解普遍性必然导致独断论。

在《判断力批判》中康德通过把审美判断确定为反思判断,发现审美判断不以普遍性的概念而是以体验到诸心理机能协调活动的情感为规定根据,不同于从知性概念出发的认识判断,只须从特殊的心理情感出发,从而质疑了唯理论所主张的概念的客观普遍性。康德指出:审美判断"自身单独不能对于事物的认识有丝毫的贡献",只是与愉快或不愉快的情感有一种直接的联系,而不与那可能是欲求能力的规定根据的东西相混淆,因为欲求能力在理性的概念中有其先天的原则,"按照概念(从中永远不可能引出对愉快和不愉快的情感的直接结论)而进行的这种逻辑评判本来顶多能够附属于哲学的理论部分以及对它的批判性限制"[①]。康德又指出:"凡是在一个客体的表象上只是主观

[①] [德]康德:《判断力批判》,邓晓芒译,人民出版社,2002年版,第3-4页。可参见 Kritik der Urteilskraft, Hrsg. von Karl Vorländer, Felix Meiner Verlag, sechsten Auflage, Hamburg 1924, Nachdruck 1974, p. 3-4.

的东西,亦即凡是构成这表象与主体的关系、而不是与对象的关系的东西,就是该表象的审美性状;但凡是在该表象上用作或能够被用于对象的规定(知识)的东西,就是该表象的逻辑有效性。……在一个表象上根本不能成为任何知识成分的那种主观的东西,就是与这表象结合着的愉快或不愉快;……因为通过它们我对该表象的对象什么也没有认识到。"① 康德还指出:"为了分辨某物是美的还是不美的,我们不是把表象通过知性联系着客体来认识,而是通过想象力(也许是与知性结合着的)而与主体及其愉快或不愉快的情感相联系。所以鉴赏判断并不是认识判断,因而不是逻辑上的,而是感性的(审美的),我们把这种判断理解为其规定根据只能是主观的。"②

康德研究专家沙佩指出,康德为我们提供了一个关于审美判断的"否定性特征"即审美判断不是认识判断。③ 虽然审美关涉知性、精神、想象力、鉴赏力这些心理功能,但鉴赏直接地基于情感,推动、维系着知性、精神、想象合目的地自由、和谐活动,具有根本性。所以,在康德心目中,鉴赏可以直接理解为审美判断。事实上,康德的《判断力批判》第一节标题就是"鉴赏判断是审美的",而作为审美判断的鉴赏(判断)的原理是主观原理而不是客观原理,因为鉴赏主要是基于人类高级情感之上的诸心理

---

① [德]康德:《判断力批判》,邓晓芒译,人民出版社,2002 年版,第 24-26 页。
② [德]康德:《判断力批判》,邓晓芒译,人民出版社,2002 年版,第 37-38 页。可参见 Kritik der Urteilskraft, Hrsg. von Karl Vorländer, Felix Meiner Verlag, sechsten Auflage, Hamburg 1924, Nachdruck 1974, p. 39.
③ Schaper. Studies in Kant's Aesthetics, Edinburgh: Edinburgh University Press, 1979, p. 55.

功能的自由协调,并不以实现唯理论所热衷的客观普遍性为旨归。

当然,这绝不是说,康德想要在美学中放弃和取消普遍性。恰恰相反,对于放弃普遍性的近代经验论美学,康德表现出了极大的不满。在近代,经验论哲学家培根、霍布斯、洛克都主张感性经验是一切知识和观念的唯一来源,夸大经验或感性认识的作用和真实性,贬低甚至否定理性认识的作用和真实性。休谟更是把经验论发展为怀疑论的经验论,他认为,认识永远超不出感觉,离开经验所获得的一切印象、知识都是值得怀疑的。休谟关于因果性概念的著名论证表明,因果关系不是一种客观事实、客观规律,没有普遍性、必然性,只是主观的习惯性联想,这就从根本上解构了因果律的可靠性和必然性。因果律是西方思想的理论台柱,因果律被休谟的怀疑论摧毁了,这无异于科学知识的普遍性被解构了。

众所周知,这是康德不愿意看到的局面。许多研究者意识到,康德的《纯粹理性批判》就是要从知识里面去发现普遍性的知识结构。以往人们习惯从观念符合对象的角度来解释知识的普遍性,而康德的哥白尼式革命彻底颠倒了对象与观念的关系,其认为不是观念符合对象,而是人为自然立法,是对象符合观念。这样,知识的普遍性就保住了。只不过,这普遍性不再是过去认为的关于物自体的某种必然规律,而是人的认识主体能动地建立起来的。

在这里,需要指出的是,研究者往往容易忽略康德在《判断力批判》中通过批判经验论美学为"寻找普遍"所做的努力。以《判断力批判》为文本,能清晰地发现,康德进一步地推进关于普遍性的讨论。事实上,康德在《判断力批判》中给自己确立的目标就是"从特殊出发寻求普遍"。恰恰是为了"寻求普遍",康德区分了审美判断与感官判断,论证了审美判断是有普遍必然性的先天判断。经验论美学强调快乐感受,把审美判断与感官判断、审美愉快与生理愉快相混淆,无法为审美的普遍性提供保证,这也恰好成为康德"先验的反思"的生长点。康德美学的"先验的反思"就是要从根本上剥离经验的杂质,使审美愉悦成为纯而又纯、不带利害的快感,因为正是经验的利害感干扰和破坏了审美的普遍性,弱化了审美的先验原则。康德说:"关于美的判断只要混杂有丝毫的利害在内,就会是很有偏心的,而不是纯粹的鉴赏判断了。"[①]加达默尔敏锐地发现:"对于康德来说,重要的只是纯粹的趣味判断。"[②]康德相信,鉴赏判断只要做到纯粹,就必然会导致普遍愉悦。并且,这种普遍性仅仅只是在表面上类似于逻辑判断、认识判断,因为这种普遍性不涉及概念,不依凭概念,不是关于客观对象的普遍认识、普遍知识,而是一种非常特殊的、非客观的普遍性,是在鉴赏中体验到的人性的一种普遍性。在一个纯粹的鉴赏判断中,如果你觉得"这朵花是美的",

---

[①] [德]康德:《判断力批判》,邓晓芒译,人民出版社,2002年版,第39页。可参见 Great Books of The Western World, vol. 42(Kant), Encyclopaedia Britannica, Inc., Chicago, 1952, p. 485.

[②] [德]汉斯-格奥尔格·加达默尔:《真理与方法——哲学诠释学的基本特征》上卷,洪汉鼎译,上海译文出版社,2004年版,第57页。

所有没有偏心、不带偏见的人都会觉得"这朵花是美的",这是因为"爱美之心人皆有之"。人人都倾向于审美,并且这种趋向是一种普遍的要求。每个人内心都有相同的审美原则,审美是人性不可分割的部分。人性中那种先天的普遍性确保了"心心相印","人同此心、心同此理"。

(三)主观普遍性

在《判断力批判》关于审美判断力的"分析论"部分,康德还通过鉴赏判断的"四个契机"进一步概括出对于美的"普遍性"的双重说明:前两个契机提出鉴赏的愉快的两个特点,即无利害的快感和无概念的"普遍性",可以理解为是立足于美的概念论,从鉴赏判断的量上着手,力图从"特殊"寻找"普遍"的第一轮;后两个契机则追溯到这两个特点的先天根据,即无目的的合目的性形式和人类的共通感,从而说明了鉴赏判断是想象力和知性这两种认识能力的自由协同活动或游戏,它所判定的是"普遍"可传达的愉快感,可以理解为是立足于美的原理论,从鉴赏判断的模态上着手,力图从"特殊"寻找"普遍"的第二轮。显然,康德在《判断力批判》中这两轮从"特殊"寻找"普遍"的历程不是静态的、平行的,而是动态的、递进的。不过,目的只有一个,就是要颠覆所谓的客观普遍性,进而论述存在一种主观的普遍性。显而易见,审美判断力就是要从"特殊""反思"出主体的"先天普遍性"来。审美的感受是一种个人的、主观的但又具有普遍性的感受,人的内心可以感受到一种普遍性的愉快。① 有研究者指出:"审美判断既然是普遍必然的,那么我们就可以假定必然有个什么可作为其最终基础,这个基础只能是共通感。共通感构成了趣味判断的必然关系的先天基础,成为趣味判断的普遍性之所以可能的主体间性原理。审美共通感不同于逻辑共通感,是人们的内在感情的先天的共通性;它不是外在的经验感觉而是内在的先验的心意状态,从中能够对情感的可普遍传达性、社会性引出先天综合判断。审美普遍必然性不基于概念而是基于共通(情)感。"②

科学判断借助知性概念对对象是否与认识相符合做出判断,具有客观的普遍性;而审美判断是个体的一种主观感受,与对象的概念和表象无关,与客体无关,只是对客体形式的纯粹观照,"是一种不带有基于客体之上的普遍性而对每个人有效的要求,就是说,与它结合在一起的必须是某种主观普遍性的要求"③。康德指出:"一个人在单纯对一个对象的形式的反思中不考虑到概念而感到愉快,尽管他的判断是经验性的并且是个别判断,他也有权要求任何人的同意:因为这种愉快的根据是在反思性判断的普遍的、尽管是主观的条件中,也就是在一个对象(不论它是自然产物还是艺术品)与诸认识能力相互关系之间的

---

① 参见邓晓芒:《康德哲学讲演录》,广西人民出版社,2005年版,第99-101页。
② 戴茂堂:《超越自然主义的美学革命康德"审美判断力批判"的现象学解读》,载《哲学研究》2007年第11期。
③ [德]康德:《判断力批判》,邓晓芒译,人民出版社,2002年版,第46-47页。

合目的性协和一致中被发现的。"①康德自己还进一步论证指出:"一个客观的普遍有效的判断也总是主观上普遍有效的,就是说,如果这个判断对于在一个给予的概念之下所包含的一切东西都有效,那么它对于每个借这概念表象一个对象的人也都有效。"②加达默尔正确地指出:"康德自己通过他的审美判断力的批判所证明和想证明的东西,是不再具有任何客观知识的审美趣味的主观普遍性。"③

"主观普遍性"概念的提出是对广为流行的"客观普遍性"概念的有力挑战。从逻辑学、自然科学的角度看,"主观普遍性"是自相矛盾的概念,"主观的"就一定不会有"普遍性",反过来,"普遍的"就一定不会是"主观的"。常规思维以为,普遍的必定是客观的,只有客观的才是普遍的。鲍桑葵在其著名的《美学史》中就指出"主观"与"普遍性"两个语词是矛盾的。④ 康德以鉴赏判断为切入点,颠覆了这种常规思维,认为"主观"与"普遍性"这两个语词连接在一起恰好表达了审美判断的内在特性。审美判断作为反思性判断的根本要求就是"从特殊出发寻求普遍"。"主

---

① [德]康德:《判断力批判》,邓晓芒译,人民出版社,2002年版,第26-27页。可参见 Kritik der Urteilskraft, Hrsg. von Karl Vorländer, Felix Meiner Verlag, sechsten Auflage, Hamburg 1924, Nachdruck 1974, p. 29.

② [德]康德:《判断力批判》,邓晓芒译,人民出版社,2002年版,第50页。可参见 Kritik der Urteilskraft, Hrsg. von Karl Vorländer, Felix Meiner Verlag, sechsten Auflage, Hamburg 1924, Nachdruck 1974, p. 53.

③ [德]汉斯-格奥尔格·加达默尔:《真理与方法——哲学诠释学的基本特征》上卷,洪汉鼎泽,上海译文出版社,2004年版,第53页。

④ [英]Bosanquet. A History of Aesthetic, London: Swan Sonneschein Co., 1892, p. 266.

观普遍性"概念的提出恰到好处地预示了这一根本要求——在主观即特殊中可以寻求到普遍性。可以说,康德在普遍性问题理解上的突出贡献就在于揭示出"主观普遍性"是一种在审美判断中广泛存在的真实的普遍性,从而捍卫了每个人的审美权利,进而既表达了对于客观普遍性的超越,又维护了人性的普遍性。康德的这种理解既超越了近代理性派哲学家对于普遍性的客观主义解读,又超越了近代经验论哲学家对于普遍性的主观主义解构。康德在《判断力批判》中实现的这种超越是革命性的,其革命性就在于从根本上挑战了长期以来西方美学史中一直没有被动摇过的客观主义与主观主义立场。而完成这样的挑战,康德借助的是他的"主观普遍性"概念。所以,毫不夸张地说,"主观普遍性"是走进康德美学的关键之关键,也是对普遍性的真相的还原与澄明。

综上,康德关于普遍性的讨论,对于今天的中国乃至世界都具有重要的启迪。这种启迪尤其突出地表现为相互联系的两个方面。

其一,康德对于客观普遍性的质疑,启迪我们必须对个体性、特殊性予以充分尊重。康德自认为他的哲学主要解决三个问题,分别是《纯粹理性批判》要解决的"我能够知道什么"、《实践理性批判》要解决的"我应该做什么",以及宗教学要解决的"我可以希望什么"。其实,这三个问题归根结底只是"人是什么"这一个问题。个体的、特殊的人的问题,可以说是康德哲学永远的主题与牵挂。康德即便是在《判断力批判》中讨论普遍性问题的时候,也一再表明鉴赏判断不能是从概念里去获得普遍性,只能是从特殊出发寻求普遍性。换言之,审美的普遍性并不在特殊性之外,只能立足于特殊性来实现和完成。因为这种普遍性完全不需凭借概念,也不是关于一个客观对象的普遍认识、普遍知识,而是一种非常特殊的、非客观的普遍性,是在鉴赏中体验到的人性的一种普遍性,要在主体里去寻找、去反思。这就凸显了人的创新能力,并有力地质疑了知识判断留给我们的客观普遍性信念。知识判断相信,先有普遍性,然后才把普遍性运用于特殊的场合。我们可以认为,在这里,康德对特殊性的重视其实就是对人的重视,就是对人的自我立法的重视。在康德看来,即使是建立普遍性,也不能牺牲个人的自由生活,不能是对客观规律的被动接受,而应该是对个人权利的积极彰显。若是考虑到当今社会仍然必须信守人的一切活动最终都是为了人自身的完善和完成的原则,很多人企图在特殊性、个体性之外去建立客观普遍性,康德对于客观普遍性的质疑对于我们重新接近、理解并尊重特殊性、个体性,无疑具有特别的意义。

其二,康德对于主观普遍性的认同,启迪我们必须有对公共性、共通性的充分维护。当今世界,全球化已经将个人利益整合为共同利益,特殊的个人与个人之间正在彼此协同,成为休戚与共的"命运共同体"。这就要求每个人不能把对个体性、特殊性的尊重变成对个人自私心、狭隘性的保护。恰恰相反,每个人最要紧的是应去掉自身的自私心、狭隘性,充分维护公共价值。只不过,维护公共价值必须立足于人文的立场与视域,而不是在一个抽象的、普遍的概念框架中去制造一个所谓的普遍价值。每个人所具有的特殊性、个别性,以及由这种特殊性、个别性所带来的不可重复性、不可替代性,本来就是人性最普遍、最有规律性的东西。特殊性、个别性应该被尊重,但前提是每个人必须承认并愿意承受那种为"全体"所共有的特殊性、个别性,这就是哈贝马斯所说的"主体间性",也是康德用"先验的眼光"在主观普遍性讨论中向我们展示的一种充满生活境界和审美精神的情怀。从经验的自私心和利害感出发,是不可能建立起公共价值的,纯化每个人的内心,超越世俗的态度,抛弃经验的杂质,人与人才能获得共通感,人性的普遍结构才能澄明。相比于对个别性、特殊性的充分尊重,对公共性、共通性的充分维护是一个更高的要求,这就需要我们对康德的主观普遍性思想有更深切的体认。

第三节
美何以令人感动?

由于唯物主义和唯心主义关于美的言说方式是必须超越的,所以,以唯物主义和唯心主义的立场去言说美感的方式也是必须超越的。具体来说,在美感的讨论中就是要超越主客二分的思维模式,要超越普遍的必然性,要超越客观的有限性。其中超越主客二分的思维模式是最核心的,超越普遍的必然性和客观的有限性是超越主客二分的思维模式的逻辑延伸和必然结果。唯有在这样的超越之中,我们才可以体验到美感展现出来的特有的融通性、自由性和无限性。超越的本意是超出、越过,也就是离此而去,但这种离去不是去往别处,而是回到家园、回归本身,因此,这种超越是根本性的超越,是自己对自己的超越。这样的超越与其说是超越,还不如说是返回、实现和成全,返还自身,实现自我,成全自己。人的存在自身就是超越性的,去存在就是去超越,超越边界,"把自己建立在高处",达到生活世界的真理。在《查拉图斯特拉如是说》中,尼采曾经发问:"人是一定要被超越的某种东西,你做过超越于人的事吗?"人生往往处于一种阻隔、束缚和有限之中,当人在审美的超越中体验到一种融通性、自由性和无限性的时候,人幡然醒悟,发现并找到了自己的存在,产生强烈的感动与感慨。美感的超越性为人生通向存在提供了最高的可能,从而打通了美与存在的桥梁。彭富春指出:"宗教性的外在超越会忘却人的现实生命,道德化的内在超越会压抑人的感性冲动,而只有审美的超越才进入到存在自身。在这样的意义上,审美的超越才是最真实的超越和最高的超越。"[①]美感的超越性澄明了一个道理——存在是最美的,异在是不美的。

---

① 彭富春:《哲学美学导论》,人民出版社,2005年版,第202页。

历史上,中国的比德是客体指向主体的过程,西方的移情是主体指向客体的过程。毫无疑问,比德和移情都包含了打通主客二分的思想。然而,比德与移情又都是以假定主客二分为前提的,不具有彻底的超越性。历史是现在与过去的一个对话场。在对话中,我们必须走进历史,但走进历史是为了走出历史,走向今天,走向未来。研究历史看起来似乎在研究过去了的古代的东西,实际上是在研究活生生的现代的东西。研究历史固然是为了把握过去,也是为了理解今天;研究历史固然是为了理解古人,也是为了理解我们自己。准确地说,这是一个相互理解的过程。通过我们,历史得到理解,通过历史,我们得到理解。显然,考察中西美学史,目的并不是要引导人们向后看,而是要引导人们向前看,不是为了玩赏历史往事而迷古恋旧,而是为了更好地去理解美何以通向存在,何以令人感动。其实,人之所以爱美,无论爱自然之优美还是艺术之壮美,是因为人特别希望具有超越性,既超越主客二分,又超越必然,还超越有限,而美感恰好可以实现超越,展现出特有的融通性、自由性和无限性。

一、超越主客二分

首先,超越主客二分,走向主客不分。美学史上,粗略地说,有两种追问的方式:一种是"主客二分"的追问方式,另一种是"主客不分"的追问方式。前者是作为主体的人站在客体(即客观事物)以外追问客体的根底,后者是人处于世界万物之中体悟人如何与无穷无尽的万物融为一体；前者追问外在的客体是什么，后者追问人怎样与世界融合为一。总之，前者是把世界当作一种外在于人的对象来追问，后者是把世界当作一种本来与人自己融合为一的整体来体悟。主客关系思维模式的特点在于，把主体与客体二者都看成是两个彼此外在、相互独立的实体。主客关系思维模式会将世界市场化和实用化，世界如同一个巨大的超级市场，在这个市场里，一切关系都变成了商品关系，没有了奇迹，没有了秘密，也没有了意义和美感。决定这个市场的是实用主义、功利主义和效率主义原则，与审美原则毫无关系。应该说，西方美学自柏拉图始，特别是从笛卡尔到黑格尔的近代美学史，占主导地位的追问方式是主客二分模式，本质上是远离了审美意识和诗意境界。坚持主客二分，就必然持有自我意识，走向"有我之境"，从而远离审美意识。在《哲学导论》中，张世英先生指出："按主客关系式看待人与世界的关系，则无审美意识可言；审美意识，不属于主客关系，而是属于人与世界的融合，或者说天人合一。……主客关系式就是叫人（主体）认识外在的对象（客体）'是什么'。可是大家都知道，审美意识根本不管什么外在于人的对象，根本不是认识，因此，它也根本不问对方'是什么'。实际上，审美意识是人与世界的交融。……人与世界万物的交融或天人合一不同于主体与客体的统一之处在于，它不是两个独立实体之间的认识论上的关系，而是从存在论上来说，双方一向就是合而为一的关系。"①在《美在自由——中欧美学思想比较研究》中,张世英还进一步指出:"审美意识都是忘我之境,也可以说是一种物我两忘之境。物我两忘者,超越主客之谓也。诗人都是忘我或物我两忘的愚人。所以审美意识的核心在于'超越'二字。这里要注意的是,超越不是抛弃,超越主客关系不是抛弃主客关系,而是高出主客关系,超越知识不是不要知识,而是高出知识。"②正是这种"高出"表明,"审美意识比包括道德意识在内的整个主客关系阶段更高,它是人与世界关系或者说人对世界的态度的最高阶段,是一种比'原始的天人合一'更高的天人合一,它由'原始的天人合一'阶段经由'主客关系'阶段而在高一级的基础上回复到天人合一即主客不分,因此,它可以说是'高级的天人合一'"③。

张世英还以中国美学为例来说明审美意识对于主客二分的超越。他认为,与西方美学重主客关系不同,中国美学则基于主客不分,认为世界万物与人处于血肉相连的内在关系之中,一方面人是世界万物之灵魂,另一方面无世界万物,人就成为魂不附体的幽灵。这就是王阳明所说的"天地万物与人原是一体,其发窍之最精处,是人心一点灵明",这种"无我""忘我"的境界令人陶醉。"实际上,审美意识是人与世界的交融,用中国哲学的术

---

① 张世英:《哲学导论》,北京大学出版社,2002年版,第246页。
② 张世英:《美在自由——中欧美学思想比较研究》,人民出版社,2012年版,第17页。
③ 张世英:《美在自由——中欧美学思想比较研究》,人民出版社,2012年版,第162页。

语来说,就是'天人合一',这里的'天'指的是世界万物。人与世界万物的交融或天人合一不同于主体与客体的统一之处在于,它不是两个独立实体之间的认识论上的关系,而是从存在论上来说,双方一向就是合而为一的关系,就像王阳明说的,无人心则无天地万物,无天地万物则无人心,人心与天地万物'一气流通',融为一体,不可'间隔',这个不可间隔的'一体'是唯一真实的。"①张世英还以李白的诗歌为例,解释中国审美意识已通向一种天人合一的意境,如李白的《早发白帝城》"朝辞白帝彩云间,千里江陵一日还。两岸猿声啼不住,轻舟已过万重山"这首诗的意境在于,诗人借水流之急表达了自己含冤流放、遇赦归来、顺江而下的畅快心情,水流之急速与心情之畅快,无有间隔,所营造的意境完全超出了主客关系式,实现了天人合一。

按照主客二分思维模式看待人与世界的关系,达到的就是一种科学意义上的认识论,当然也就无审美意识可言。然而,审美意识不是认识活动,美学不是认识论,因为在生活世界里一个更为根本的事实是,人不仅感知美,也不仅认识美,而是人置身于美之中。也就是说,人与美的共在是一个比美的感知和认识更本原的事实,人与美的事物的关系首先是一种存在的关系,然后才是一种感知和认识的关系。只有突破了主客二分的思维局限,超越了人性的利害感,拥有了优良的美学修养,才可能领悟人与美的共在、才可能建造美的人生。邓晓芒指出:"一个具有

---

① 张世英:《美在自由——中欧美学思想比较研究》,人民出版社,2012年版,第15页。

美学修养的人是一个能够与各种人类审美意识和审美情感相通的人,不论这种审美意识和情感多么陌生、多么怪僻、多么个人化,他都能够自由出入。他的情感由此而丰富,他的胸怀由此而扩大,他通过理解众多的人类、不同的人类而对自己灵魂的内部理解得更深。因为人类都是相通的,他人同时就是自己的一种可能性。我们由此而为自己建造了一种美的人生。"①邓安庆指出:"美感带有某种认识的性质,但它不关心对象事实上是什么,从而区别于科学的认识。它也不把对象看作是有用的对象,从而区别于实践的认识。它只是在人与对象的纯粹无利害关系的欣赏中获得的一种审美的兴趣,从而发现世界满足人类情感需要的内在价值。这种价值是世界在人的审美观照下向人类呈现出的一种崭新的令人惊奇又愉悦的意义。美感的重要性就在于使外在对象变成令人赞叹和感激的对象,使世界与人处在一种全新的本原关系之中。理想和现实的鸿沟在美感中令人激动地被填补了,因而美感实现了对自然的第二次创造。这次创造的是一个满足人类情感和精神需要的美的世界。"②

高尔太指出:"离开了人与物的主客体关系这一范畴,也就不仅谈不上美,而且谈不上什么'人化''物化'等等了。一种想象出来的、'没有物化'的美,根本不可能现实地存在。"③张法谈美也是基于主客体关系模式。他说:"主客体成为审美之体是为

---

① 邓晓芒:《西方美学史纲》,武汉大学出版社,2008年版,第5页。
② 邓安庆:《美的欣赏与创造——大学生的美学修养》,湖南师范大学出版社,1997年版,第34页。
③ 高尔太:《论美》,甘肃人民出版社,1982年版,第140页。

了进入审美事件,只有在审美事件中,主客体才成为审美之体,主体才感到美感,客体才成为美。主体的美感与客体的美都是在审美事件中出现的,当主体有美感的时候,正是客体呈现为美的时候,反之亦然,当客体是美的时候,正是主体产生美感的时候。"他还说:"美并不仅是客体的形象性,而是客体的形象性加上主体的美感,美感也并不仅是主体的愉快,而是主体的快感加上客体的美。列式如下:美=客体形象+主体的美感/美感=客体的美+主体的快感。"①按照主客二分思维模式,人与世界处于外在的对象性甚至对抗性关系之中,有一条巨大的鸿沟,美将无从谈起。所以,谈美恰好必须离开人与物的主客体关系这一范畴。美感的意义就在于使客观的外在的对象变成令人欣赏和感激的对象,从而解构了人与世界的对抗性关系,还原了人与世界的本真关系。本来,人不是物,物不是人,人与万物之间具有分别和距离。但美感可以消灭这种分别和距离,使人的灵魂迷醉于事物之中,化为事物,与之同一。这就是杜夫海纳所说的:审美"把世界可能有的种种面貌都归结为情感性质",使得世界被"某种情感性质"所"辐射"。②"情感性质不仅是观众的经验所现实化的这种先认识(préconnaissance),而且也是给予审美对象以形式和意义的东西,是把审美对象构成象能够具有一个

---

① 张法:《美学导论》,中国人民大学出版社,2015年版,第52页。
② [法]杜夫海纳:《美学与哲学》,孙非译,中国社会科学出版社,1985年版,第32页、第28页。

世界一样的东西。"①当我们没有美感的时候,总是感到有个对立面,这个对立面称为客体、对象或事物;当我们有美感的时候,则会发现从来都没有"对象""对手""对立面",我们跟整个世界是相容相亲的,这称之为万有相通、天人合一、主客不分。审美的情感属于人与世界的融通与合一,体现为一种天人合一的"意境""心境""情境"。邓晓芒解释说:"的确,情感是人用来把握审美对象的全部感性的丰富性的那个主体性,在对象世界与人的情感相契合的一刹那,对象世界成为了人的世界;在情感的太阳普照之下,人与世界的最本质的关系完成了自身的现象学还原。"②宗白华有一首小诗《世界的花》这样写道:"世界的花,我怎能采撷你?世界的花,我又忍不住要采得你!想想我怎能舍得你,我不如一片灵魂化作你。"在《世界的花》中,"我"与"花"的界限模糊、难以辨识,实际上则合而为一。爱"世界的花"就成为爱"世界的我",爱美也就成为爱自己。

在真正的审美欣赏活动中,人不是一个主体,被欣赏的自然风景或艺术文本也不是一个客体,被欣赏的自然风景或艺术文本作为平等的"伴侣"共同存在于审美欣赏的过程中。于是,这种审美欣赏既不是传统意义上的欣赏,它是一种人对自然风景或艺术文本的打量和玩赏,又不是现代意义上的体验,它是一种自我对于生活本身的经历和把握,而是人与世界关于意义的相

---

① [法]杜夫海纳:《美学与哲学》,孙非译,中国社会科学出版社,1985年版,第60页。

② 邓晓芒:《实践唯物论新解:开出现象学之维》,文津出版社,2019年版,第167页。

互传递的游戏活动。因此,审美欣赏活动并不是独白,它既不是风景或文本自身的自言自语,也不是审美欣赏者对于风景或文本的独断的任意的曲解,而是一场风景或文本和人同时在场的对话。在这场对话中,不仅风景或文本,而且人都得以解放,共同生成并获得新的意义。① 在审美欣赏中,我们对于世界有了新的感触,我们本身就在天、地、人共在的世界之中。人在这样的世界中,恰如行进在美丽的山水之间,几乎愿意化作一块石头、一滴水珠,与它们融汇或合一。正是审美经验澄明了人与世界那份最亲密的关系,使我们体悟到主体与客体之间的那种不可分离性和相互依从性。进入审美,就能与花朵做朋友,就能与山水来对话。严格说来,进入审美之后,既没有对象,也没有主体,而是彼此根本上的交融与统一。只有完全感受到这种交融与统一,才能超越原本的认识态度和功利态度,达到不知"何者为物,何者为我"的审美高峰体验。在审美高峰体验中,世界和人双双"陌生化"与"变形",即"世界"不是一个日常生活的世界,而成为一个审美的世界,"人"也不再是一个日常生活世界的人,而成为审美的人。②

有学者认为:"审美态度,一言以蔽之,只关注对象呈现给主体的形象本身。"③这种表达显然是不严谨的,因为这种表达还是保留了"主体""对象"这样一些具有主客二分痕迹的字眼。张

---

① 参见彭富春:《哲学美学导论》,人民出版社,2005年版,第303-305页。
② 参见彭富春:《哲学美学导论》,人民出版社,2005年版,第235-236页。
③ 张法:《美学导论》,中国人民大学出版社,2001年版,第45页。

世英先生分析说,科学式的认识论态度站在主客二分的立场上,以在场者之显现为语言的本质,而排斥和抹杀不在场的隐蔽的作用;而审美的语言站在人与世界融合的立场上,重视不在场者,一心要把隐蔽的东西显现出来,超越在场的、表层的东西,通达不在场的、深层的东西。"艺术家们关注的不是表层的生活,而是那更为隐蔽、难以言说,却又无处不发挥作用的深层的生活。"①如果说这隐蔽的不在场是"异乡",艺术家们正是要聆听这异乡的声音,艺术的语言可以说就是对异乡的召唤。黑格尔去世后,随着以主客二分为最高原则的西方近代美学的终结,尼采特别是海德格尔开始建立超主客关系的、有审美意识的诗的哲学。尼采大力批判主客二分,宣布摒弃主体的概念,主张艺术家比那些旧的、传统的形而上学哲学家更正确,倡导超主客关系和超知识,追求艺术的境界和诗的境界,以期达到最高的酒神状态。在尼采这里,审美意识成为哲学的目的。海德格尔认为,哲学和诗是一体的,惊异就是哲学和审美意识的灵魂与本质。诗的惊异就是哲学的惊异,都是指人与存在相契合的心境或境界。尼采和海德格尔都意图恢复哲学的惊异、生气和美妙。②

其次,超越必然,走向自由。历史上有各种各样的自由理论,唯物主义的美感理论立足于物质第一性,一开始就充满了决定论的色彩,很容易把自由理解为是对所谓的客观事物普遍性、

---

① 庄威:《散漫的严格:一种私人现象学的形成》,中央编译出版社,2014年版,第22页。
② 张世英:《哲学导论》,北京大学出版社,2008年版,第134页。

必然性规律的认识。其实,这种认识只是给自由的到来准备了一些条件,而不是自由本身。毫无疑问,不自由肯定就是没有认识到必然,但是自由也不一定就是对必然的服从与接受。真正的自由一定是克服必然并超出必然的,是对于不自由的否定。至于唯心主义的美感理论,表面上强调心灵的意愿和主观的感觉,似乎是通向自由的。但其实不然。心灵和感觉如果走向随心所欲、唯我独尊,那就不是自由的,因为在这个时候心灵和感觉已经成了欲望的奴隶,看起来好像是自由的,实际上是不自由的,具有客观受制于主观的外在性。真正的自由恰好与此相反,它要克服随心所欲,控制自己的任性。作为否定的自由要否定已经给予的现实,既要从外物的必然性中解放出来,又要从自身的随心所欲中解放出来。真正的自由"克服了认识的自由中主观屈从于客观的强制性,也消除了意志的自由中客观受制于主观的外在性,而在主客观双方各自充分展现的广阔空间中,获得了人类情感无限的自由发挥,这种自由感,就是美感"①。唯物主义和唯心主义的美感理论之所以都不能通向真正的自由,走不出必然性、决定论的圈套(其中唯物主义走向了对物的必然依赖,唯心主义走向了对心的必然依赖),其实与上面所说的它们共同持守的主客二分的思维模式有关,因为主客二分的思维模式假定了主与客、我与物的外在对立。黑格尔说过:"自由的真

---

① 邓晓芒:《实践唯物论新解:开出现象学之维》,文津出版社,2019年版,第162—163页。

义在于没有绝对的外物与我对立。"①对此,张世英先生有很好的分析。他说:"主客关系式是以主客彼此外在为前提,主体受客体的限制乃是主客关系式的核心,因此,不自由便是主客关系式的必然特征。只有超越,才有真正的自由。……欲念中利害的计较给人以烦恼、痛苦,原因也是由于主客关系式给人以限制,即使是生理上的快感,也是一种限制,它不过是欲望的满足,而'欲壑难填',欲望与限制相伴而行。……而审美意识的创造性则可以显示无限的可能性,这是一种不受限制的自由,一种最大的自由。……总之,超越了主客关系,就会从欲念、利害以至整个认识领域里逻辑因果必然性的束缚下获得解放和自由。"②现实生活中,人大多处于主客二分的思维模式之中,是非自由和不自由的。决定现实生活的主要是实用主义和效率主义原则,所以现实生活是非审美的,表现为由于人与他物没有边界而具有模糊性,以及由于人和他人没有边界而具有同质性。但人本性上是向往自由的。问题的麻烦在于,向往自由的人恰恰必然性地处于具体时空之内,受到欲念、利害、因果逻辑的束缚,具体时空对于自由的人或人的自由就是一种限制。所以人必须超越主客关系,从欲念、利害以至整个认识领域里逻辑因果必然性的束缚下解放自己、寻求自由,实现自己的丰富性。

自由在对不自由的现实加以否定的同时也就接纳和肯定了

---

① [德]黑格尔:《小逻辑》,贺麟译,商务印书馆,2011年版,第116页。
② 张世英:《美在自由——中欧美学思想比较研究》,人民出版社,2012年版,第23页。

自由本身。这种自由本身表现为自由地追求自由,让自由自行发生。邓晓芒说:"人生而自由,这是人的本质的可能性,但是又无往不在枷锁之中,就是说人的这种本质、这样一种使命,并不能保证人处处都自由,而恰好说明人有这种本质,才能不断地追求自由。"①在这种意义上说,自由就是自己作为自己去存在,自己让自己显示出来并成为自己。其中审美就是人寻找到的解放自己、丰富自己和获得自由的极好方式。黑格尔说过:"审美带有令人解放的性质"②,可以"把美的领域中的活动看作一种灵魂的解放,而摆脱一切压抑和限制的过程"③。如果说自由的否定表述就是"解放"的话,那么自由的肯定表述就是"存在"。作为存在的自由既是人的本性,也是美感的本性,唯有审美才通达自由的境界。人在审美中,没有其他,只有自由。既可以说审美是自由的境界,也可以说自由是审美的境界。张世英指出:"审美意识包含欲求、求知和道德意识而又高于此三者,是人生最自由的境界。"④审美的超越性表现在"悬置"现实的功利和利害。正是通过对功利和利害的"悬置",美才实现自身。功利原则和利害原则往往是对他物所说的、被他物所决定的,而不是立足于"事物本身"。美通过对事物的功利和利害的否定,让事物回复自身,获得自由,并显示出自己的存在来。审美是无利害的,是

---

① 邓晓芒:《哲学起步》,商务印书馆,2017年版,第232页。
② [德]黑格尔:《美学》第1卷,朱光潜译,商务印书馆,1979年版,第147页。
③ [德]黑格尔:《美学》第3卷上册,朱光潜译,商务印书馆,1979年版,第337页。
④ 张世英:《美在自由——中欧美学思想比较研究》,人民出版社,2012年版,序。

对功利态度的中断,是自由的呼吸和象征。人感叹大千世界的美好,一定是人感应到、呼吸到了一种自由,心灵也得到了净化与熏陶。高尔太说:"人愈是自由,美就愈是丰富。所以美的存在,反过来说,也就是人类自由的象征。对象世界有多少美,反过来也就表明人有多少自由。"①高尔太还说过:"有谁不要美吗?起码有两种人:一种是市侩,因为美不实用;一种是教士,因为美把人们导向他不理解也管不了的广阔世界。前者的意识,受着物质利益的束缚;后者的实践,受着精神囹圄的限制。所以他们都不感到、也不想知道什么是美。至于文学艺术作品,在他们看来,要么是商品,要么是说教,此外什么也不是。而美的力量,恰恰就是把人们从那种自我施加的种种束缚限制中解放出来的力量。对美的追求,也就是对解放的追求。"②

在某种意义上说,自由与美感是等同的。人在没有美感的时候,也就没有自由,且处处受到限制与纠缠。同时,人在没有自由的时候,也就没有美感。当人处于审美状态与境界时,最深切地感受到的唯有自由。这种自由感从否定性方面去说,就是摆脱束缚、达于解放,走向非功利性和无利害性。珠宝商见不到珠宝的美,因为珠宝商被功利所遮蔽,审美需要的是欣赏的眼光。"在这种眼光中,山是屏,不是种庄稼的用地;川是带,不是交通的道路;树是装饰,不是果实或木材的来源;房屋是观赏的造型,不是人类的居室;田野是大地的衣襟,不是五谷的产地;画

---

① 高尔太:《论美》,甘肃人民出版社,1982年版,第44页。
② 高尔泰:《美是自由的象征》,人民文学出版社,1986年版,第91页。

中的鸡犬虫鱼都是大自然的点缀,不是生产的畜牧;画中的裸体模特,是人体美的模型,不是世间道德羁绊之下的性感女人。"① 审美的眼光把人从俗世中、必然中解救出来,从而感受到生命的价值,领悟到自由的美好。充满利害与功利的快感带有强烈的占有欲,而美感是纯粹的、高尚的精神享受,不以占有为目的。艺术就是因为没有实用目的才通向自由,从而激起美感的。彭富春说:"美通过对于事物功利或利害的否定,切断了手段和目的的关系之网,让事物回复自身,而获得自由,并显示出自己的光辉出来。"他还说:"美自身的吸引力在于它是自由的现象,而自由就是物回到其自身和人回到其自身。因此,美对于人就有一种巨大无形的牵引力量,使人从日常生活世界走向审美世界,去经验自由的现象并获得自由感。"②康德始终强调美感是非利害的自由感,是无目的的合目的性,是自己规定自己的感觉,因此不同于逻辑和道德。席勒认为,人存在着两种相反的要求和冲动:单纯的感性冲动使人受自然的感性欲求的强迫,是一种限制;单纯的理性冲动使人受法则的强迫,也是一种限制。人性的完满实现则要求把两者结合起来,要求超出有限以达到无限的自由,席勒称之为人的第三种冲动——游戏冲动。在游戏里,感性冲动和理性冲动恢复了自由,游戏冲动的意思就是不受强迫、不受限制的自由活动,就是审美意识。在席勒看来,只有游戏和

---

① 邓安庆:《美的欣赏与创造——大学生的美学修养》,湖南师范大学出版社,1997年版,第22页。

② 彭富春:《哲学美学导论》,人民出版社,2005年版,第121页、第235页。

审美的时候,人才是真正自由的和完全的人。海德格尔认为,存在和世界的本性就是游戏,并具体表现为天、地、人、神四元的游戏。他还强调,世界没有任何原因和第一根据,因为游戏自身就是自身建立根据和无根据,从而凸显了游戏和美感的自由性。加达默尔把游戏作为艺术作品本体论阐释的入门,强调了游戏本身对于游戏者的先在性,以及自由对于游戏本身的优先性。审美的自由是通向快乐的。审美的快乐在根本上是自由的、无利害的快感,是一种纯粹的快感,一种为了快感自身的快感。唯有审美经验的快感显现了快感自身的本性,并因此成为最高的快感和欢乐。快乐和痛苦不仅是生理和心理的现象,而且也是存在自身的本性。所谓快乐就是聚集,既表现为事物对自身存在的回复,也表现为一事物与他事物相遇,而共属同一存在。作为聚集的快乐就是还乡、爱的拥抱和久别的重逢。与聚集的快乐相对,痛苦就是分离,但痛苦与快乐根本上同属一体,都是基于事物自身或是一个事物和其他事物的同一和差异的关系。痛苦和快乐相互转换、共生共在。快乐不是生理学或心理学上的意义,而是存在论的。美感作为一种快乐的经验,终止日常生活中的无聊和平淡的经验,对于生活世界具有特殊意义。人存在的意义就在于苦中作乐,在痛苦中生出欢乐。审美的快乐与美聚集,源于美并朝向美。在与美聚集的时候,人不是去占有美,将美据为己有,而是让美作为美去存在,同时让自己在美的境界里去存在。①

---

① 参见彭富春:《哲学美学导论》,人民出版社,2005年版,第236-243页。

二、超越有限，走向无限

再次，超越有限，走向无限①。所谓有限指的是在它之外还有别的什么东西管控着、限制着它。人是一个有限的存在，首先呈现于人面前的感性的东西都是有限的，并且还被这些有限的东西所束缚。黑格尔把这种情况表述为："人从各方面遭到有限事物的纠缠。"②人自身作为一种生物存在必有一死更是其有限性最显明的体现，但人不同于一般动物之处就在于其不甘心停止于有限的范围之内，人总想超越有限，总在向往无限。人的自我实现的过程就是一个由有限向无限扩展的过程。"实际的自我只是本来可能显现出来的许多自我之一，有几百种可能的生活沉睡在我们的灵魂之中。"③在美感中，人借助于想象的翅膀，就能很好地飞行在美的王国，实现自身由有限向无限的扩展。

---

① 对于无限，张世英做出了分析，他说："这种人与世界交相融合的一体不同于黑格尔所谓作为主客同一的一体：黑格尔的主客同一体如前所说，最终是超出时间之外和之上的纯粹概念，现当代哲学所讲的人与世界交相融合的一体始终都不超出时间之外和之上；黑格尔的主客同一的一体与现当代哲学所讲的人与世界交相融合的一体都可以称为无限，但它们是两种不同意义的无限，前者是一个超时间的最完满的概念，即黑格尔自己所主张的所谓'真无限'，后者是在时间之内的无穷进展，即黑格尔所贬称的'坏无限'。我以为黑格尔所主张的'真无限'归根结底是抽象的，而他所贬低的'坏无限'倒是现实的、具体的。我们应当倡导在时间之内无穷进展的无限性和一体性。"（张世英：《哲学导论》，北京大学出版社，2008年版，第107-108页。）
② ［德］黑格尔：《美学》第1卷，朱光潜译，商务印书馆，1979年版，第127页。
③ ［美］帕克：《美学原理》，张今译，广西师范大学出版社，2001年版，第28页。

黑格尔认为:"美本身却是无限的,自由的。"他还认为:"美的概念都带有这种自由和无限;正是由于这种自由和无限,美的领域才解脱了有限事物的相对性,上升到理念和真实的绝对境界。"①谢林曾经提出过一个说法:艺术"是以有限的形式表现了无限。而这种以有限形式表现出来的无限就是美"②。美感体验是一个特别的时刻,这个时刻尽管具有当下性,但既可以追忆,又可以期待,如同节庆日一般。在这个时刻,过去、现在与未来关联在一起,瞬间成为永恒,有限走向无限。凡是能够引起美感的时刻,既是瞬间也是永恒,像是有限实为无限。伟大的艺术总是能够超越有限的束缚,而通向永恒的精神世界。著名作家残雪说:"我心目中的伟大作品,是那些具有永恒性的作品。即,这类作家的作品无论经历了多少个世纪的轮回,依然不断地得到后人的解释,使后人产生新感受。这样的作家身上具有'神性',有点类似于先知。就读者的数量来说,这类作品不能以某段时间里的空间范围来衡量,有时甚至由于条件的限制,一开始竟被淹没。但终究,他们的读者远远超出那些通俗作家。人类拥有一条隐秘的文学史的长河,这条河在最深最黑暗的地底,她就是由这些描写本质的作家构成的。她是人类多少个世纪以来进行纯精神追求的镜子。我不喜欢'伟大的中国小说'这个提法,其内涵显得小里小气。如果作家的作品能够反映出人的最

---

① 蔡仪:《美学原理》,湖南人民出版社,1985年版,第143页、第148页。
② 转引自[英]鲍桑葵:《美学史》,张今译,商务印书馆,1985年版,第412页。

深刻、最普遍的本质(这些东西既像粮食、天空,又像岩石和大海),那么无论哪个种族的人都会承认她是伟大的作品——当然这种承认经常不是以短期效应来衡量的。对于我来说,作品的地域性并不重要,谁又会去注意莎士比亚的英国特色、但丁的意大利特色呢?如果你达到了深层次的欣赏,地域或种族完全可以忽略不计。说到底,文学不就是人作为人为了认识自己而进行的高级活动吗?"①

前面已经说过,在美感之中,可以体验到一种超越主客二分的融通感,而超越主客二分,其实就是超越有限性。因为按照主客二分的模式看待周围事物,则事物都是有限的,一事物之外尚有别的事物与之相对,我(主体)之外尚有物(客体)与之相对。说主客二分是"有我之境",也就是指在我(主体)之外尚有物(客体)约束我、宰制我。可是,在审美意识中,在天人合一中,一切有限性都已经被超越了,万物一体,物我一体,人意识不到自己之外尚有外物约束、宰制自己,所以,可以把审美意识称为"物我两忘"或"忘我之境"。审美意识的这种超越就是要超越人生的有限,达到人与周围事物合一,与宇宙万物"一气流通"。人在这种"一气流通"中忘了一切限制,获得了永生,变成了无限的,即无限制的。② 比如,在观赏戏剧时,我们可以在想象中像罗密欧那样娓娓道来地求爱,或者像朱丽叶那样显露出妩媚的神情,或者变成正在向罗马人发表演说的安东尼;在观赏绘画时,我们可

---

① 残雪:《残雪的文学观点》,载《延安文学》2007 年第 4 期。
② 张世英:《哲学导论》,北京大学出版社,2008 年版,第 124 页。

以在想象中化身牧羊人,跟着羊群在山中行进,或者仿佛自己就是一个农民,在与同伴们喋喋不休地争执。通过艺术,我们可以在想象中去实现隐秘的渴望,甚至走向永生和不朽。近代作家龚古尔兄弟曾经说过:"如果没有艺术,一切便都会腐烂、死亡,只有艺术能把死去的生命涂上一层防腐剂;只有艺术所到之处才能写、能画、能雕刻,才能有永生的希望。"①

我们还可以借助于作为人的典型的审美活动的艺术进一步说明美感的无限性。艺术不仅是美的载体,而且是美的结晶、美的典型,可以最深刻、最立体地呈现美的意义。对于美感的讨论如同对于美的讨论一样,都离不开艺术,而且必然聚焦于艺术。这是因为,对美的追求是艺术的目标,而艺术的意义则在于让人获得美感。②

亚里士多德是艺术模仿说的代表。他认为,艺术所模仿的各种原型和形式,是根据在场的感知对象选择或提取出来。如果艺术是对于在场的感知对象的模仿,而在场的感知对象又是有限的,那么模仿越逼真,艺术越有限,这就是艺术模仿说面临的理论困境。当然,严格意义上的模仿几乎是不可能的,因为事物总是处于生成状态,无论多么先进的工具也无法展现这种生成过程。柏拉图对于模仿说十分不以为然,认为模仿不能达到

---

① 朱雯等编选:《文学中的自然主义》,上海文艺出版社,1992年版,第316页。
② 很多美学家如黑格尔、朱光潜、蒋孔阳、马奇等完全走向对美学的艺术哲学解读,认为美学研究的中心就是艺术,自然没有美,美即艺术美。如朱光潜指出:"是'美'就不'自然',只是'自然'就还没有'美'","自然美是雏形的艺术美,都是'艺术加工'的结果。"(《新建设》编辑部编:《美学问题讨论集》第六集,作家出版社,1964年版。)

真实,其指出:"模仿术和真实距离是很远的。""模仿者对于自己模仿的东西没有什么值得一提的知识。模仿只是一种游戏,是不能当真的。"①近代艺术理论家丹纳认为,刻板的模仿不是艺术的目的,社会生活与艺术中的反映不能等量齐观。他写道,如果刻板的模仿成为艺术的实质,那么最好的悲剧、喜剧和杂剧就是刑事案件的速记。② 黑格尔对于艺术模仿说也颇有微词。他在《精神哲学》中说:"艺术中的模仿自然的原则就此结束了,用一种这么抽象的对立是不可能领悟艺术的,只要自然东西只在其外在性里来了解,而不是被了解为意味着精神的、表示性格特征的和意味深长的自然形式。"③他还在《美学》中说:"靠单纯的摹仿,艺术总不能和自然竞争,它和自然竞争,那就像一只小虫爬着去追大象。"④黑格尔反对艺术模仿,强调神圣般的独创,他认为艺术品正是一种自由任性的作品,而艺术家则是神的宗匠。⑤ 黑格尔还以艺术创作具有丰富性并受到生气灌注来说明,仅凭知解力不足以理解无限自由的艺术独创,并指出:"只有受到生气灌注的东西,即心灵的生命,才有自由的无限性。"⑥对于德里达来说,既然不存在一个完美的在场,模仿就只能是对在

---

① [古希腊]柏拉图:《理想国》,郭斌和、张竹明译,商务印书馆,1986年版,第393页、第399页。
② 参见朱雯等选编:《文学中的自然主义》,上海文艺出版社,1992年版,第69页。
③ [德]黑格尔:《精神哲学》,杨祖陶译,人民出版社,2006年版,第373-374页。
④ [德]黑格尔:《美学》第1卷,朱光潜译,商务印书馆,1979年版,第54页。
⑤ [德]黑格尔:《精神哲学》,杨祖陶译,人民出版社,2006年版,第374页。
⑥ 黑格尔:《美学》第1卷,朱光潜译,商务印书馆,1979年版,第199页。

场的踪迹的追踪。对于萨利斯来说,画家从模仿出发,必然"把绘画中诗意性的要素彻底清除掉"①,强调模仿会使想象力失去让人惊奇的力量。传统哲学因为强调理性才是揭示真理最为可靠的途径而忽视了感性,而想象力往往被视为一种感性的能力与真理相背,因此不受关注。然而,在艺术世界,想象是对模仿的超出,具有无穷的创造力。黑格尔说:"最杰出的艺术本领就是想象……想象是创造性的。"②想象力是真理生发的场所,是最根本的意识活动。人世间如果缺少了想象力,一切就只能靠刻板的推演和计算来操作,一切都会平面化,没有了深度,没有了惊喜,也没有了奇迹。想象力可以超出在场,而将不在场的"唤醒",从而得以窥见那不可见的世界。在某种意义上说,想象通过解构在场,引导我们去关注隐而不显的东西。

艺术不能被理解为是对有限事物的简单模仿,不能照搬经验生活,艺术正是通过想象突破模仿,以有限表现无限、言说无限,或者说,就是超越有限,使有限的事物获得完全真实的存在。想象是审美经验的活动方式,具有非现时性、无限性、自由性。想象一方面是人的现实性的超出,另一方面是心灵自由的创造。想象凭借自由的创造打破了存在与虚无的边界,既让虚无存在化,也让存在虚无化,最终让意境和美显现出来。萨特存在主义美学对于想象情有独钟。在萨特看来,美来源于人类想象力的

---

① John Salis, Shades-of Panting at the limit, Bloomington: Indiana University Press, 1998, p. 11.

② [德]黑格尔:《美学》第 1 卷,朱光潜译,商务印书馆,1979 年版,第 357 页。

自由活动，美只存在于想象的世界中，审美只能以想象的方式才能实现，而想象是人类自由的体现。通过想象，美揭示了人的自由本质。萨特并不认为有自然美，因为没有被自由之光照亮的自然只能算是惰性的自在之物，是偶然的、不可理喻的，不仅"令人无法忍受"，而且产生"一种厌恶的感觉"。① 萨特认为艺术具有更高的审美价值，因为艺术是想象力的产物，文学艺术家通过想象创造出文学艺术作品就是对自在之物进行虚无化的结果。"艺术的本质就是以无限的观点看事物。艺术乃是以有限的事物显现无限，以有限言说无限。艺术表面上似乎离开了有限事物本身，实际上却更深入了事物，即更深切地彰显了有限事物本来就蕴涵着的深层内容。艺术更接近了事物的真实。"② 伟大的艺术总是有无穷的、生动的开放性，如同使徒一样面向所有人、为了所有人。③ 艺术就是在有限的可见世界"窥见"无限的不在场的世界，不能"窥见"无限的不在场的世界的艺术不是真正的艺术。"由于隐蔽的、不在场的东西是无穷无尽的，所以，在审美意识中，在场的艺术品所提供给我们的想象空间便是无穷无尽的，这也就是真正的艺术品之所以能令人玩味无穷的原因。"④

---

① ［法］萨特：《萨特小说选》，郑永慧译，西安交通大学出版社，2015年版，第79页。
② 张世英：《美在自由——中欧美学思想比较研究》，人民出版社，2012年版，第50页。
③ 参见［阿根廷］博尔赫斯：《博尔赫斯全集·散文卷（上）》，王永年等译，浙江文艺出版社，1999年版，第414-415页。
④ 张世英：《美在自由——中欧美学思想比较研究》，人民出版社，2012年版，第153-154页。

"人类的艺术家所已经创造出来的东西,全体人类就是再诞生和绝灭好几个轮回也领略不完,那本身就是一个无边无际的世界。"①传统美学也看到了艺术的无限性,并认为,艺术就是通过感性的具体物(有限物)写出具有普遍性的典型(无限物)。现代美学强调,艺术不能在抽象的概念中去寻找普遍与无限,而是要在万物一体中去寻找普遍与无限,要通过在场的东西显现不在场的东西,从而显现当前在场物背后所深藏的无限关联。艺术就是要由现成的有限的存在出发,通过想象,引发和表现一个意蕴无穷的新世界,从而让我们在有限的人生中去追寻无限。"诗意或艺术品的审美意义所隐蔽于其中的不可穷尽性和不在场性,乃是我们的想象得以驰骋的空间和余地。一首诗或一件艺术品所留给我们的这种想象空间越大,它的意味也就越深长,其审美价值也越高。"②

在萨特看来,"想象不是意识的一种偶然'事故',也不是意识的一种本质功能,而是一种本质的条件和原始结构,人们不可能找到一种永远不想象的意识"③。当代美国著名现象学家凯西在《意向——一个现象学的研究》中开门见山就说:"想象是一种自发的精神活动:与任何的现实情形无关,并且是一种自由的活动。"④通过想象,我们可以摆脱时空的限制,突破所有的二元

---

① 邓晓芒:《新批判主义》,湖北教育出版社,2000年版,第200页。
② 张世英:《中西哲学对话:不同而相通》,东方出版中心,2020年版,第148页。
③ 杜小真:《萨特引论》,商务印书馆,2007年版,第48页。
④ Edward S. Casey. Imagining: A Phenomenological Study, Bloomington: Indiana University Press, 2000, xix.

对立的框架,"悬置"自然主义中的各种偏见,超越现实的知觉,实现自由的创造。所以,我们在阅读一本小说的时候,往往不会太关心主人公在现实中是否真实存在;在欣赏一幅肖像画的时候,也往往不会太在意这幅画的内容是否具有真实性。这是因为艺术本来就是要依靠想象创造现实中没有的东西。

有观点认为,"艺术的本质是现实生活的生动反映与真实再现",艺术美的本质在典型,而艺术的本质在于反映与再现现实。[①] 其实,艺术之真不等于现实之真,而是虚构的世界。艺术的真在欣赏之中得以激活,在想象之中得以传达。对于艺术来说,真理就是被想象力把握到的美。除此之外,别无其他。

凡·高的名画《农鞋》《向日葵》不是因为其把现实的农鞋和向日葵描摹得很真而成为艺术品的。艺术走向模仿是艺术的堕落。欣赏凡·高的名画《向日葵》,注意力不能聚焦在这幅画的物质性图像中,也不能停留在观察这幅画的大小、画布上的颜料上,而是应走向对不在场的东西的想象。海德格尔在《艺术作品的本源》中分析说,一座希腊神殿不摹画任何东西,它只是矗立于此,矗立于嶙峋岩谷之中,环封着神的形象,开启了一个世界。而在此掩蔽之际,却又一任这形象通过开敞的柱廊伸延而出,通达神圣之城,神借此殿宇而临现。殿宇稳稳腾空,俨然屹立,看不见的空远落入眼界,它的安稳更衬托出大海的喧嚣。风暴肆虐在殿宇上,山石闪烁辉光。这辉光本来自太阳的恩赐,却反而

[①] 参见《美学论丛》编辑部编:《蔡仪美学思想研究》,中国展望出版社,1986年版,第62-63页。

让白昼的光芒、天空的广阔、夜幕的昏黑得以显明。神殿把世界的生与死、祸与福、凯旋与屈辱、统治与奴役勾连聚拢,交给具有历史性的人类去裁决。万物如树木和青草、野牛和蟋蟀因为世界的开启得以获得各自有别的形态并如其所是的显相。想象不仅可以将不在场的东西带入当下的知觉之中,让不可见的显明自身,变得可见,而且还会申扬不在场的优先权。萨利斯特别接受巴什拉将想象力比喻为树的观点:"想象力是一棵树。它具有一棵树所具有的所有的特性。它有着深入地下的根和繁密的枝叶。它生长在天空与大地之间。它生长在土壤之中,也生长在风中。"①树的形象代表了想象与不可见、不在场的亲密关系,因为树根深深地埋藏在看不见的地下。然而,恰好又是不可见的树根保证了我们可以看见树的枝繁叶茂。树越想向光明的天空伸展,就越需要树根伸入土地的不可见的深处,那里蕴含有树茁壮成长的不竭源泉。艺术家正是依凭想象所具有的神秘力量,才将居于可见之中的不可见唤醒并揭示出来。真正的天才和诗人就是那些能够敞开想象力、拥抱想象力、让不可见变得可见的人。法国哲学家巴什拉说:"这种对不可见之物的附着,便是原初的诗歌,就是使我们会对我们内心深处的命运关注的诗歌。它不断地把我们那种赞叹的官能归还给我们,以此给予我们一种青春和活力的感觉。真正的诗歌是一种唤醒的功能。"②至此

---

① John Salis. The Force of Imagination: The Sense of The Elemental, Indiana University Press, 2000, p. 7.
② [法]巴什拉:《水与梦——论物质的想象》,顾嘉琛译,岳麓书社,2005年版,第19页。

我们可以明白，为什么爱美是人之为人的基本的规定，即俗话所说的"爱美之心，人皆有之"。这是因为人无论是在爱当中，还是在美当中，都能够把自己无限化，都能够把自己自由化，都能够把自己和整个世界一体化。问题是，有爱美、求美之心是一回事，是否爱得到、求得上美却是另一回事。所以，接下来，我们就来讨论何以致美的问题，也就是讨论美何以能够爱得到、求得上这个问题。

第三章

何以致美？

如果说，何谓美、何谓美感主要是对美学问题从学理上展开反思和讨论，那么何以致美主要是对美学问题从实践上展开辨析和审查。关于何以致美，历史上有两种经典的解决方案，一种是康德提供的，一种是马克思提供的。解释学家加达默尔指出："真正的历史对象根本就不是对象，而是自己和他者的统一体，或一种关系，在这种关系中同时存在着历史的实在以及历史理解的实在。一种名副其实的诠释学必须在理解本身中显示历史的实在性。"①我们先来看康德的解决方案。

第一节
从特殊出发,以情感为开端

长期以来,学界对于康德美学的理解多满足于、停留于从社会性、直观性两方面挖掘其合理性,并从先验主义和心理主义两方面来批判其唯心主义的片面性,以负面的心态简单地把康德美学宣布为唯心主义和形式主义,并在方法论上给予其自然主义的定位,这既遮蔽了康德美学的闪光点,又阻止了我们与康德及其美学继续对话的可能性,更无法领悟康德美学体系潜藏的且不断暗示出的超越自然主义的方法论意义。康德美学的优势主要在方法论层面上体现出来,其意义在于确立了一种独特的求美方案。从现象学方法论的角度看,康德美学的价值和意义正在于从方法论上有力地反拨,并超越了前康德美学中一直没有从根本上被动摇过的自然主义(包括客观主义和心理主义)立场,从而为我们在美学史上解决何以致美的问题提供了一种很好的方案。

---

① [德]汉斯-格奥尔格·加达默尔:《真理与方法——哲学诠释学的基本特征》,洪汉鼎译,上海译文出版社,2004年版,第387页。

康德认为,判断力属于人的认识能力中的一个必要环节。人在认识活动中必须用普遍的概念去规定个别的感性材料,判断力作为中介把双方联结在一起,并形成知识。在《纯粹理性批判》的"原理分析论"部分,康德认为判断力就是形成原理的能力,属于知性中的一个要素(另外一个要素就是概念)。在《判断力批判》中,康德发现,判断力除了可以在知识上运用之外,还可以用来反思我们自己,这就是反思判断。康德在《判断力批判》中一开始就强调,反思判断不同于规定判断,规定判断是先有普遍,从普遍到特殊,以"普遍归摄特殊",也就是把普遍运用于特殊的场合,这种判断的结果是形成知识,属于科学判断①;而反思判断是"从特殊出发寻求普遍",也就是从特殊的、具体的对象反过来去思考它的普遍原则,这种判断的作用不是规定客观的认识对象以获得关于认识对象的客观知识,而是从这个具体对象身上反思人本身对它的一种普遍性的原则和态度。尽管反思判断不一定就是审美判断,但康德认为,审美判断却一定是反思判断,并且审美判断作为反思判断的特殊形式,是对反思判断原则——"从特殊出发寻求普遍"——的彻底贯彻。恰如叶秀山所

---

① 新康德主义者李凯尔特说:"一切科学的概念形成或科学的阐述的实质首先在于,人们力求形成普遍的概念,各种个别的事物都可以作为'事例'从属于这种概念之下。事物和现象的本质就在于它们与同一概念中所包摄的对象具有相同之处,而一切纯粹个别的东西都是'非本质的',而达不到科学的地位。"他还说:"科学概念的最后因素在一切情况下都是普遍的。概念之所以只能由普遍的因素所形成,这只是因为科学所使用的词汇必须具有普遍的意义,以便能为大家所理解。"([德]H.李凯尔特:《文化科学和自然科学》,涂纪亮译,商务印书馆,1986年版,第37-38页。)

指出的,美学不可以从一个确定的"概念"出发,来"建构—建立""直观—形象",艺术创作也不是从一个"原理原则"出发,来"画"出一幅"图象"来,"它的路线恰好相反,是从一个具体的经验的'直观—直觉'出发,'寻求'一个'不确定'的概念,亦即'不受直观限制'的概念,亦即'理念'。'不受直观限制—理念',亦即是一种'自由的概念',这样,'判断力'的问题又'兼容'了'实践理性'的问题,所以康德有时也说'判断力'是'理论理性'向'实践理性''过渡'的'环节';换一个角度来看,'判断力'的问题也就'蕴含—兼容'了'思辨理性'和'实践理性'的问题,虽然范围仍在'思辨理性'之内,但它的处理方式是'范导'式的,'路线'是由'个别特殊'到'普遍'的,而不是相反"[①]。我们可以把这条"从特殊出发寻求普遍"的原则分解为(实质上是不可分的)两步加以理解:一是"从特殊出发"——这是审美判断的反思之起点和开端;二是"寻求普遍"——这是审美判断的反思之深入和结果。通过第一步即"从特殊出发",康德区分了审美判断与从概念出发的认识判断,论证了审美判断是不要概念的综合判断,超越了前康德美学中自然主义的客观主义(认识论);通过第二步即"寻求普遍",康德区分了审美判断与从欲求出发的善的判断(包括快适和道德判断),论证了审美判断是有普遍必然性的先天判断,超越了前康德美学中自然主义的心理主义(心理学)。

---

① 叶秀山:《美的哲学》,北京联合出版公司,2016年版,重订本前言。

一、从特殊出发

先从第一步说起。先有客观的"美",然后才有主体主观的"审美",这是传统的客观主义(认识论)美学共同的思维逻辑。客观主义(认识论)美学从来就不去反思:美的客观存在何以可能?主体如何能够超越自身去切中超越的客体?认识论的问题通常可概述如下:有这样一个对象,一个独立于意识的"物自体"。[①] 在康德看来,这种独断正是客观主义(认识论)美学面临的深不可测的困境。康德美学对传统的认识论美学的立场和视角进行了一种根本性的转换,他勇敢地改变了美学的传统提问方式,不再追问客观的"美"是什么,而只追问主观的"审美"何以可能。或者说,他把美的问题从根本上转换成了美感问题,把美的客观对象问题转换成了美感的主观普遍的(先天)条件问题,而这正是借助"审美""反思判断"来完成的。

美学中,由于自然科学方法的滥用引起了客观主义(认识论)的泛滥,美学中的客观主义(认识论)把美设定为不依赖于人的意识而先天存在的客观事物之属性,企图建立关于美的客观知识体系。康德通过把审美判断确定为反思判断,不从知性概念出发,而从特殊的心理体验出发,直接反拨了长期占据美学中心的客观主义(认识论)。在他看来,把美确定为客观事物的属

---

① 泰奥多·德布尔:《胡塞尔思想的发展》,李河译,生活·读书·新知三联书店,1995年版,第159页。

性是缺乏反思精神的表现,如同《纯粹理性批判》把"物自体"作为超验物加以"悬搁"一样,《判断力批判》为了确立自己的起点,一开始便把所谓美的客观存在打上了可疑的问号,并把作为起点的"特殊"确立为心理体验。当康德把"特殊"确立为审美判断的起点,而"特殊"又意味着具体的情感体验(愉快的感觉)时,康德实际上已接近于胡塞尔的现象学还原。现象学还原除了要对事物的存在加"括号",更是否定人们对于事物从事存在判断的自然态度。通过这种否定,现象学着重关注那些在纯粹意识当中事物的显现即现象。这些现象是在直观中原初地按照自身所是的样子呈现出来的。现象学还原作为一种学术研究方法上的原则要求,是指必须放弃一切偏见、成见,中止判断,回到事物本身,直观亲身体验到的东西,摒弃对超验存在的任何前设。而排除对存在的判断及其知识的预先设定,向内深入,回到体验,寻找绝对的、无可置疑的"阿基米德点",是康德的审美反思判断与胡塞尔现象学还原表达出来的共同信念。

什么叫反思?就是反过来把自己作为思考的对象,也是指从对象身上反过来看自己,把对象当作自己的镜子。从对象身上看到自己,也就是反思自己,这是对象意识与自我意识的交融。人的意识对对象世界的超越首先就体现在反思上,但反思使我们意识到自己和对象世界在精神上是可以打通的。[①] 科学认识不需要也缺乏反思,是朴素的,它不假思索地把研究的视角

[①] 参见邓晓芒:《哲学起步》,商务印书馆,2017年版,第143页。

指向外在对象,通过排除主体性来达到知识的明晰性(非明证性),从不反思对象为何存在。然而康德美学不做任何先在的存在假定,而是直接地把握心理感受本身,确立起美学的起点——明证性的主体感受,从而实现了对传统美学方法论的突破和研究对象的根本转换。对于审美来说,反思是必不可少的,就像现象学如果缺少了还原便不再成其为现象学一样,当反思指向精神感觉时,一切自在存在和客观对象之设定立即被"悬搁"。康德的反思判断首先就是要排除超越之物,让内在的情感直观地呈现出来,走出遮蔽状态。通过这种反思,康德树立起了自己的美学旗帜——情感。情感既然被确立为美学的自明性的起点,那情感也就成了美学的当然对象乃至唯一对象,所以康德认为,任何一个客体本身都不可能成为审美对象。一个审美对象不是在审美活动之先预先存在,而是被审美活动构造出来的。美只是美感,没有客观的美,只有主观的审美,没有美的客观对象,只有审美的主观对象,没有对象的和谐、比例、对称等,只有主体自身各种心理机能的协调。传统美学把美归结为客观外在对象的比例协调,康德使之转换成主体内在心灵的和谐协调,认为鉴赏判断的原理只能是主观原理而不可能是客观原理,这是一种决定性的颠倒。这样,康德便有可能直接对精神现象(审美感受)进行现象学意义上的审美心理学考察,因此康德在《判断力批判》中的审美判断都是情感判断,都是从特殊出发的反思判断,都是一种审美心理学的分析。

审美何以可能的问题在康德那里实际上是诸心理功能之协

调何以可能的问题。康德认为,建立于人类高级情感之上的诸心理功能的自由协调是审美判断心理结构的基本模式。审美判断涉及四种心理功能:想象力、知性、精神和鉴赏力。想象力是一种直观能力,它是最活跃的因素,而想象力同时需要知性、精神的"暗中"帮助和约束。鉴赏力是最根本的因素,因为它直接基于情感能力,其就是审美判断力本身,鉴赏力推动着想象力、知性、精神合目的地自由活动,并维持和强化着这些心理功能之间的和谐。其中想象力和知性通过鉴赏力达于和谐,由此产生美的感受;想象力和精神通过鉴赏力达于和谐,由此产生崇高的感受。于是,鉴赏力便成了康德美学的中心范畴。在康德美学中,所谓审美判断力就是指鉴赏力(趣味),其《判断力批判》的第一节标题就是"鉴赏判断是审美的"。

既然康德在美学中消解作为认识对象的所谓的客观存在物,相应地,他必然否弃审美判断的认识性,即在审美判断中将认识判断"悬搁"起来。为了在认识论中避免独断论,他把现象与物自体绝对地划分开来;为了在美学中避免独断论,他亦把审美判断与认识判断绝对地划分开来。这是康德在超越认识论美学中开展的一项重要工作。《判断力批判》一开始就指出:"为了分辨某物是美的还是不美的,我们不是把表象通过知性联系着客体来认识,而是通过想象力(也许是与知性结合着的)而与主体及其愉快或不愉快的情感相联系。所以鉴赏判断并不是认识判断,因而不是逻辑上的,而是感性的[审美的]。"①沙佩指出:康德为我们提供了一个关于审美判断的"否定性特征"(negative characterization),即审美判断不是认识判断。② 在句型上,"这朵花是红的"与"这朵花是美的"完全相同,以至于人们误以为两个表达是一回事。其实不然。"这朵花是红的"与"这朵花是美的"的句型相似,很容易遮蔽两个表达之间的根本差异。前一个表达涉及的是科学的问题,后一个表达涉及的是哲学的问题。认识判断如"这朵花是红的",是逻辑判断,是用一个已知的一般概念("红")去规定个别事物("这朵花");反之,审美判断"这朵花是美的",则撇开了一切既定的概念,单从个别事物("这朵花")出发,去寻求和发现其中所包含的普遍性。认识判断"这朵花是红的"与审美判断"这朵花是美的"之间的区别不仅仅在宾词上,而且还在主词上。尽管理性在这里并没有为审美判断确立与认识判断不同的概念形式(都是"花"),但两句中的"花"并不是同样确定的经验概念,而是有着不同的含义,因此审美判断不是认识"花"的自然属性,而是品味一种意蕴。审美判断尽管采取了一种知识的形成,但并不依赖概念来做出,而是直接通过对"这朵花"的鉴赏来完成的。审美判断尽管以人的认识能力的活跃为基础(在"美的判断"中是知性与想象力的活跃,在"崇高的判断"中是理性与想象力的活跃),但审美判断本身却不具有

---

① [德]康德:《判断力批判》,邓晓芒译,人民出版社,2002年版,第37-38页。
② Schaper. Studies in Kant's Aesthetics, Edinburgh: Edinburgh University Press,1979, p.55.

认识意义。美学作为科学必然是关于美的知识的系统表达,然而,美不是知识,审美不是求知,所以美学就不能成为知识论。"被感受为美的那种现象不需要也不可能解释,不能归结为别的东西,因为它不能被它与别的东西的逻辑联系所确定。"①

审美判断的规定根据不是概念,而是体验到诸心理机能协调活动的情感。情感是自明的,不能也无须采取证明的方法去确定,所以,康德干脆说:"没有对于美的科学,而只有对于美的批判,也没有美的科学,而只有美的艺术。因为谈到对美的科学,那就应当在其中科学地、也就是通过证明根据来决定某物是否必须被看作美的;因而关于美的这个判断如果是属于科学的,它就决不会是鉴赏判断。"②有学者指出:"任何理论都必须有事实根据,美学不能离开自然科学,就因为自然科学所提供的事实根据对于它来说是必不可少的。"③该学者还指出:"显然,和自然科学相结合,这是我们美学未来进步的必由之路。"④这种观点显然是康德所要放弃和批判的。在康德看来,审美无须事实根据加以证明,审美意识也不是通过概念思维或逻辑推理而得到的,用现象学的术语来表述,就是应将事实根据、逻辑概念都"悬置"起来,加上"括号"。对此,弗兰克有一个相似的表述:"美表现的正是用逻辑无法表现,因而只能审美地表现的东西。企

---

① [俄]佛兰克:《实在与人:人的存在的形而上学》,李昭时译,浙江人民出版社,2000年版,第73页。
② [德]康德:《判断力批判》,邓晓芒译,人民出版社,2002年版,第148页。
③ 高尔太:《论美》,甘肃人民出版社,1982年版,第177页。
④ 高尔太:《论美》,甘肃人民出版社,1982年版,第242页。

图用平淡的日常语言,即用逻辑概念的词汇去表达美所讲述的东西,——至少是在极大程度上使审美经验内容的真正意义苍白化、干瘪化,从而将它歪曲了。要用日常语言说出审美经验的内容,只有通过'有学问的无知'的思想的术语和形式才是可能的,也就是说必须通过它同用逻辑表述的,在这个意义上是'客观的'内容的对立,通过认定它无法靠逻辑表达和理解的。"①帕克也说过:"在科学中有很多自由的表现,但还没有美。任何抽象的表现,如欧几里德的《几何学原理》,牛顿的《原理》或皮亚诺的《公式体系》,不管多么精确和完备,都不是艺术作品。我们钦佩数学家的简单而确切的公式,我们欣赏它的明确性和广阔的适用范围,欣赏它能够帮助意识很容易地再掌握一千个特殊的真理,但是,我们并不觉得它美。同美的领域同样相去很远的还有我们对事物的单纯描述或描写,不论是我们在日常生活中所作的不精确的、偶尔为之的描写也好,还是经验科学中的精确周密的描写也好。植物学家或动物学家对动植物生活的描写不论多么准确和完备,都不是艺术作品。这种描写作为知识也许是令人满意的,但是并不美。在一位诗人对一朵花的描写和一位植物学家对一朵花的描写之间,或者在艺术家的写生画和照片之间,有着重要区别,这种区别赋予前者美,而不赋予后者美。"②邓安庆将美学与自然科学的不同表述为:"自然科学的

---

① [俄]弗兰克:《人与世界的割裂》,方珊、方达琳、王利刚编译,山东友谊出版社,2005年版,第20-21页。

② [美]帕克:《美学原理》,张今译,湖南人民出版社,1986年版,第15页。

'真理'要以严格的实验、严密的逻辑来分析和证明,而美学的'真实'则总是以鲜明的艺术形象让人激动,令人陶醉,因为它所要揭示的是世界的情感性质。"①

二、寻求情感的共通

借助"反思"的方法,通过对"客观的存在及其属性"的"存而不论"和认识判断的"悬搁",使美和审美判断显现出来,康德实现了美学大变革:超越了传统的认识论(客观主义)美学,又完成了作为"从特殊出发寻求普遍"的审美判断的第一步奠基工作,即确立起了情感作为审美判断的起点。审美判断并非认识判断,而只是情感判断。情感是康德美学绝对被给予性、绝对明证性的开端,是康德美学的"阿基米德点",也是求美的第一步。认识论美学自信,美学要从客观对象开端,至少要从认识性的知觉、经验开端,而康德美学却断言,美学只能以情感开端。康德要求把关于外在实在世界及其知识放入"括号",正是为了对我们亲身经历的直接内容做出无偏见的描述,使我们返回到直接体验的事物中即返回到主观的情感中去求美。"回返"情感表明康德实际上是不自觉地达到了现象学所谓的"回到事物本身"。总之,通过第一步,康德为我们建构了一种全新的策略与方案:求美必须"从特殊出发",并且"从特殊出发"就是从"情感"出发,

---

① 邓安庆:《美的欣赏与创造》,湖南师范大学出版社,1997年版,第3页。

而最为"特殊"的就是"情感"。所以,求美就是(寻)求情(感)。

然而,作为个人特殊的情感是否具有普遍有效性呢?这才是康德面临的难题,其实也正是美学的根本难题。如果美学不能反思到感情这一步,只能近似于自然科学的物理学,这就是认识论美学的结局;如果美学只能反思到情感这一步,最终就会变为自然科学的心理学。康德超越了认识论美学,因为它反思到了情感,完成了审美反思判断或现象学还原的第一步。但是,如果康德只停留于情感,而没有深入去反思情感的普遍本质,即不对审美情感进行某种近于胡塞尔现象学的本质还原或先验还原,那么他只能被认为是创建了一门与物理学相并列的心理学,未与前康德美学中极有势力的心理学美学划清界限,而心理学美学的结局是康德完全不能接受的。既然情感判断不涉及概念(既非对自然概念的知识也非对自由概念的知识),是不离开具体感性直观的"快感与不快感",那么如何保证这种审美判断为他人所赞同?如果它完全是个人的、相对的,那又如何区别于口腹之乐?美感岂不等同于动物的快感?康德看出,心理学美学的必然归宿是把人等同于自然物、动物。康德回答这个问题的方法依旧是反思的方法,但不是一般的反思,而是"先验的反思"。加达默尔说:"康德对判断力的某个先天原则的先验反思维护了审美判断的要求。"①正是通过"先验的反思",康德便把"审美""反思判断"即把美何以求的问题推进到第二步——"寻

---

① [德]汉斯-格奥尔格·加达默尔:《真理与方法——哲学诠释学的基本特征》上卷,洪汉鼎译,上海译文出版社,2004年版,第71页。

求普遍"。

"先验的反思"是导引康德超越经验派美学的阶梯。经验派美学通过取消认识论美学设定的"超越物",奠定了美学和审美现象的内在论基础。但当它把经验的审美活动当成一种心理(生理)事实时,审美经验也就变成了另外一种"超越物"。关于心理(生理)事实的研究属于自然科学的心理学(生理学)的任务,只有通过对审美经验的进一步还原,才能获得一种绝对的、不提供任何超越的"被给予性",才能真正给美学提供其独立的(而不是附属于自然科学的)根基。很显然,审美经验是一种个体性的情感体验,然而,在审美活动中我们可以看到共同美和共同美感。究竟是什么为这种共同美和共同美感奠定了基础?这个根基在康德看来只能是先验的,这就是康德"先验的反思"所从事的工作。"先验的反思"表明,康德要把反思从个人感觉愉快的特殊性引向情感的先验的、普遍的本质结构。尽管经验论美学创立了"美学",却不能说明审美的普遍必然性,这是经验论美学最大的矛盾,也是康德"先验的反思"的生长点。加达默尔认为:"他对于美学所奠定的先验哲学基础在两个方面是富有成效的,并且表现出了一个转折。这种先验哲学基础一方面表示过去传统的终结,另一方面又同时表示新的发展的开始。"① 对于审美具有的那种超越于个人感觉的普遍性,叶秀山分析认为:"'花'和'音乐''是美的'并不能等同于'我感到花或音乐好',即

---

① [德]汉斯-格奥尔格·加达默尔:《真理与方法——哲学诠释学的基本特征》上卷,洪汉鼎译,上海译文出版社,2004年版,第52页。

'花或音乐使我愉悦'。审美判断或审美语句不仅仅是主观感觉的描述,因为这种描述只能作为知识提供给别人,只能要求别人'理解'这句话的语词意义,而不能要求别人有同样的'感觉';审美的判断并不是私人的感觉的描述,而同样也带有公众的性质,它像知识判断一样,要求对方的认同。主体的感受性并不能真正区分审美判断与知识判断,因为一切描述主体感受的判断都可以通过某种途径和手段来检验它的真假,如一切医学、病理学、生理学、心理学上的判断和诊断都有这种性质。'我头痛'这句话在日常生活中是一句主体感受性语句,听者只需懂得语词的意思,作出适当的反应;但这句话如果对医生说,则可以并需要通过科学实验的手段来检查原因,因而可以判断其真假。审美判断当然包括了这种主体感受性的知识上的因素,对于'愉悦'和'厌恶'……这类的情感,可以用科学的手段来鉴别和控制,这对于艺术的实际工作,如剧场效果、服装设计、面部化妆、乐器音响、色彩调配……都有很大的关系,但审美判断又不能归结为这种主体感受性判断。'花是美的'大于'花是(令人)愉悦的'。"[1]

从心理学出发,经验论美学强调快乐感受,要么把审美判断与感官判断、审美愉快与生理愉快相混淆,要么把审美判断与道德判断、审美愉快与道德愉快相混淆。康德认为,"快乐和不快的感受"作为主体的一种内在感受,是纯然主观的,它完全不表

---

[1] 叶秀山:《美的哲学》,北京联合出版公司,2016年版,第70页。

现(反映)引起这种感受的对象,也与任何对象"存在"的表象毫不相干,快乐感受只表示主体的心情和情感。而把这种本身不表象任何对象的"存在"的快乐感受联系于某个对象的"存在"的表象,就产生了感官快适的愉悦和善的愉悦,它们分别构成感官判断和道德判断的对象,并与人的欲望及道德的善这两种利益有关。康德美学的"先验的反思"就是要从本质上把这两种愉悦和两种判断从审美的(鉴赏的)愉悦或判断中区分出来,使审美愉悦成为"纯粹快感",即不带利害的快感,使其具有不依赖于外物(对象)存在的先验性、纯粹性和自由性。审美愉悦与生理愉悦的不同在于,它不是占有外物(对象),而是对外物(对象)做形式的观赏,在美的形式上毫无对利益的任何其他预期。康德说:"关于美的判断只要混杂有丝毫的利害在内,就会是很有偏心的,而不是纯粹的鉴赏判断了。"①经验论美学不仅导致了审美判断的非纯粹性,而且排除了审美的先验原则,以至于排除了审美的可能性。经验论美学把美感变成了一大堆被动的印象、知觉、感受、习惯,把审美变成了经验的陈述,而经验的陈述是或然的,经验的论据是归纳的,经验的"真理"是相对的。它的归宿只能是怀疑论,既怀疑客观必然性,又怀疑主观自由的能动性。

为了达于审美判断的纯粹性,康德要求将"经验的利害"连同"外在的对象"一起"悬搁",放入"括号"。康德的"先验反思"就是要把不纯粹的审美判断(包括感官判断和道德判断)先从审

---

① [德]康德:《判断力批判》,邓晓芒译,人民出版社,2002年版,第39页。

美判断中清理出去,因为一切依赖于刺激和感动的、有利害感的不纯粹的判断都破坏着审美判断的自由,减损了审美判断的普遍有效性,模糊了其所包含的先天原理。一个鉴赏判断既没有刺激和感动的影响,又没有经验的愉悦混杂其中,才称得上是"一个纯粹的鉴赏判断"。为此,康德竭力把审美纯粹化即非经验化,不仅审美趣味应该纯粹化即应该摆脱一切主观目的和客观目的以及由此伴随的单纯经验性的愉悦,而且审美判断也应该纯粹化,即单纯以主观形式的合目的性为根据,它是先行于"美的愉悦"即快感的。加达默尔说:"对于康德来说,重要的只是纯粹的趣味判断。"①康德的"先验的反思",通过对经验的剥离、清洗,终于找到了审美判断的先验原则——无目的的合目的性或形式的合目的性。无目的的合目的性必然会导致不涉及概念而可普遍传达的愉悦。康德把无目的的合目的性视为一种主观设定的先验情感,而审美判断不过就是按无目的的合目的性这一先验假定从审美愉悦之情感中寻求一种不是个人独有而是人类共有的普遍本质和先验结构。《判断力批判》就是批判地、反思地去考察审美判断的这一内在本质结构。正是这种努力使康德把趣味批判提高到了形而上学批判的高度。康德的"先验的反思"就是要立足于情感,并从感性中反思出人类先天的自由能力,寻找到绝对的普遍结构。康德发现,一方面正是通过人的审美的愉快情感而"导致了"对真正的自由的"启示"和"类比",

---

① [德]汉斯-格奥尔格·加达默尔:《真理与方法——哲学诠释学的基本特征》上卷,洪汉鼎译,上海译文出版社,2004年版,第57页。

另一方面又通过审美判断的"似真性"而"导致了"对人性的普遍根基的实际承认。① "先验的反思"就是从特殊的现象中发现人性的普遍根基与原则,比如从樱花上感受到的"美"是能够发现它的一般原则的。某人觉得樱花很美,别人也会觉得樱花很美,甚至所有人都觉得樱花很美,这种普遍性来源于"人同此心,心同此理",表达的是人性的一种普遍性。康德进一步指出,审美判断与不具有普遍性的感官判断不同,它在具有普遍性方面类似于逻辑判断(认识判断)。康德认为,审美判断中个人的主观愉悦不是私人性的,而是超出了一般的感官快感,走向了对普遍性的追寻与期待,"仿佛作为一种义务一样向每个人要求着"②,"要求"一切人都应该不断趋向共同的审美感受,但这种共同的审美感受却是一种不同于逻辑判断的"具有特殊的类型"③的普遍性。逻辑判断是借助知性概念做出的判断,具有客观的普遍性;而审美判断"是一种不带有基于客体之上的普遍性而对每个人有效的要求,就是说,与它结合在一起的必须是某种主观普遍性的要求"④,"康德自己通过他的审美判断力的批判所证明和想证明的东西,是不再具有任何客观知识的审美趣味的主观普

---

① 邓晓芒:《康德哲学诸问题》,生活·读书·新知三联书店,2006年版,第143页。
② [德]康德:《判断力批判》,邓晓芒译,人民出版社,2002年版,第138页。
③ [德]康德:《判断力批判》,邓晓芒译,人民出版社,2002年版,第50页。
④ [德]康德:《判断力批判》,邓晓芒译,人民出版社,2002年版,第46-47页。

遍性"①。主观普遍必然性表达了这样的信念,在"主观"(特殊)中可以寻求到"普遍必然性"(普遍)结构,而康德的《判断力批判》的全部工作几乎都可以"浓缩"成这种信念。我们习惯于把美看作审美对象身上的一种客观性质,因为人们公认一朵花是美的,就像人们公认一朵花是红的一样。其实真正的原因在于人们内心有共同的审美原则,审美是人性不可分割的部分。我们从一个审美对象身上完整地观照这个对象,而不是从这个对象身上取出某种东西进行规定的判断,我们完整地把审美对象所有感性的特质尽收眼底,全身心向它敞开,并沉浸于其中,力图感受到某种主观的普遍性的东西、人性化的东西,这就是反思判断力。反思判断力是从特殊的东西来反思主体的先天的普遍性。审美具有普遍性,这种普遍性不是通过概念达到的,而是以审美感受的独特性为基础,通过欣赏、感觉达到的。主体有一种先天的普遍性,人性中有一种先天的普遍性,审美的感受是主观的但又是具有普遍性的一种感受,即人性的普遍性的一种感受。这种反思判断力回到人的内心,感受到了一种普遍性的愉快。②

---

① [德]汉斯-格奥尔格·加达默尔:《真理与方法——哲学诠释学的基本特征》上卷,洪汉鼎译,上海译文出版社,2004年版,第53页。张世英先生曾经指出:"如果说,在自然科学那里,重要的问题是如何使个体性纳入普遍性,那么,在精神科学这里,问题则侧重于如何使普遍性适合个体性,说得更具体通俗一点,就是如何让个人的东西通过普遍的东西而得到他人的理解,或者说达到一种共识。"(张世英:《哲学导论》,北京大学出版社,2008年版,第193页。)

② 邓晓芒:《康德哲学讲演录》,广西师范大学出版社,2006年版,第99-101页。邓晓芒还说:"与科学知识的普遍性和道德原则的普遍性不同,美感的普遍性永远是以审美个人感受的独特性为基础的,但审美并不因为这种个人感受的独特性而取消其本质上的社会性。"参见邓晓芒:《实践唯物论新解:开出现象学之维》,文津出版社,2019年版,第210页。

审美判断既然是普遍必然的,那么我们就可以假定必然有个什么可作为其最终基础,这个基础只能是共通感。共通感使得人与人之间的情感要求一种普遍的传达,使得人类的情感紧密联结在一起,使得个体意识到自己的特殊心灵所具有的人类普遍性。审美共通感不是外在的经验感觉而是内在的先验的心意状态,是人们的内在感情的先天的共通性。从共通感之中能够对情感的可普遍传达性、社会性引出先天综合判断,鉴赏判断的实质就在于人与人之间情感的普遍传达。康德自己说过:"我们甚至可以把鉴赏定义为对于那样一种东西的评判能力,它使我们对一个给予的表象的情感不借助于概念而能够普遍传达。"①审美普遍必然性不基于概念而是基于"共通(情)感",这是明显地通向胡塞尔的主体间性理论的。

康德认为,人的情感要普遍传达,除了要在每个人的主观内心找到一种普遍的共通感,以便可以体验他人传达出来的情感之外,还要在人类审美的、现实的、经验的事实,即在艺术和艺术史中寻找情感普遍传达的先天条件,否则,人就难以在经验性的社会生活中把情感现实地传达给别人。康德非常关切艺术问题②,但却无心去构筑一个庞大的、形而上学的艺术理论体系,只是力图去揭示在现实的社会生活中,艺术就是情感普遍传达的经验手段。康德清楚地意识到,艺术的产生既是人本性中的

---

① [德]康德:《判断力批判》,邓晓芒译,人民出版社,2002年版,第137页。
② 参见林季杉、刘灿:《康德论艺术:以哲学人类学为视域》,载《世界哲学》2019年第2期。

社会性交往的需要,又是相互传达感情的需要。艺术起到了陶冶心灵,并把特殊的心灵提高到普遍性上,从而促成社会性传达的作用。这样的艺术规则不会是"固有的公式化的规则"[1],而是既有特殊的独创性,又有典范式的普遍性。典范只是起到引路的作用,以便后来人少走弯路,很快就能找到"更好的道路"[2]。"更好的道路"就是最具有范例性、典范性的道路。顺着这条道路,人类无须借助概念,就走向了情感的普遍传达。天才的作品不仅仅是天才自我的表现,而且是"审美理念的表达","反映普遍可传达性的思想"[3],具有社会意蕴,能为世人带来"消息""信息",能把那被遮盖着的最为基本的世界揭示出来、活生生地呈现出来,唤醒最基本的生活经验。恰如叶秀山所说:"'天才'不是'超人',而就本质的意义来说,恰恰是真正最普通的人,因为他能够透过表面的现象,看到人世的基本的本质,是最具洞察力的人。"[4]从中可以发现,康德艺术观是遵循着审美判断力"从特殊出发寻求普遍"这个逻辑而展开的。

"从特殊出发寻求普遍"是康德探讨美学问题中的基本思维取向。在"美的分析"的四个契机中,如果说第一契机、第三契机主要着眼于把美确定为一种主观感受(特殊),那么第二契机、第四契机则着眼于为作为特殊的主观感受寻求普遍必然性。从第

---

[1] Mary A. McCloskey. Kant's Aesthetic, British Library Cataloguing in Publication Data,1987,p. 108.

[2] [德]康德:《判断力批判》,邓晓芒译,人民出版社,2002年版,第124页。

[3] Mary A. McCloskey. Kant's Aesthetic, British Library Cataloguing in Publication Data,1987,p. 115.

[4] 叶秀山:《美的哲学》,北京联合出版公司,2016年版,第96页。

一契机到第二契机是"从特殊出发寻求普遍"的第一程,近于胡塞尔意义上的"本质还原";从第三契机到第四契机是"从特殊出发寻求普遍"的第二程,近于胡塞尔所谓的"先验还原"。这两番"从特殊出发寻求普遍"的历程不是并列的,而是递进的。康德认为,弄清审美判断的主观普遍必然性"是一件难解之事",所以他不得不进行一次反复(但不是重复)。如果说第一契机、第二契机立足于美的概念论,是从判断形式的量上着眼确立起审美判断的"主观普遍性"的话,那么第三契机、第四契机立足于美的原理论,是从判断形式的模态上着眼确立起审美判断的"主观必然性"。第一契机、第二契机都缺乏关于审美判断之先验根据的讨论,只是就事论事地把审美判断与其他判断区分开来以显露其本质特征;第三契机、第四契机正是要说明审美判断作为一种活动是根据什么先天原理来对美做出判断的,即说明审美判断的"先验原理",这就把主观普遍性从个人心理上的事实提升到先验人类学的根基上来了。所以,我们认为,前两个契机体现了现象学的"本质还原"的思路,后两个契机近于现象学"先验还原"的层次,后两个契机以前两个契机为基础,又复加于其上,并与之相对应。四个契机彼此之间互为补充、逐层推进,构成一个从心理学向先验哲学、从主观特殊性向普遍必然性(主体间性)不断超越、不断迈进的动态结构。

总体上说,康德何以致美的解决策略是通过超越自然主义来完成的,这体现在对认识论美学和心理学美学的双重扬弃中。康德正是依靠"准现象学方法"实现了对传统自然主义(认识论和心理学)美学的超越,完成了对前康德美学具有重大意义的革命,从而为我们寻求美提供了一种理论性很强的方案。

第二节 拥有感性的全面丰富性

一、回到现实的感性

长期以来,学者们倾向于将美学问题的解读划分于唯物主义和唯心主义两大阵营,似乎美学不是唯物主义的就是唯心主义的,并且独断地认定唯物主义一定高于唯心主义。由此出发,学者们对马克思美学的解读也就必然使其走向唯物主义化。如蔡仪先生在其主编的《美学原理》中说:"坚持和发展这条唯物主义的路线,是马克思主义美学的基本立场。……把唯物主义的认识论原则坚定不移地贯彻到美学科学的领域,并且继续加以发展,应当是摆在马克思主义美学面前的首要任务。"[①]李泽厚先生在其《美学论集》一书中也将马克思主义美学称为"唯物主义美学"[②]。然而,这种解读模式恰恰遮蔽了马克思美学的人文

---

① 蔡仪:《美学原理》,湖南人民出版社,1985年版,第22-23页。
② 李泽厚:《美学论集》,上海文艺出版社,1980年版,第5页。

立场。当然,李泽厚的观点后来产生了一些变化。他说:"美的根源究竟何在呢?这根源(或来由)就是我主张的'自然的人化'。在我看来,自然的人化说是马克思主义实践哲学在美学上(实际上不仅仅是在美学上)的一种具体表达或落实。就是说,美的本质、根源来于实践,因此才使得一些客观事物的性能、形式具有审美性质,而最终成为审美对象。"他又说:"是人类总体的社会历史实践这种本质力量创造了美。"[1]他甚至还说:"就内容言,美是现实以自由形式对实践的肯定;就形式言,美是现实肯定实践的自由形式。"[2]这就意味着李泽厚意识到美与人、与人的实践密切相关。这是非常重要的推进。然而,问题的复杂性在于如何理解人及人的实践。如果将实践理解为物质生产劳动,那么就陷入了马克思在《1844年经济学哲学手稿》中恰恰要反对的异化劳动的泥潭。这既不利于展示马克思美学的独特魅力,也不利于我们一般性地讨论美何以求这个问题。

异化劳动受限于物质生产活动,劳动者在生产活动中没有自由,只有压迫与沉沦。真正的实践是超越物质性的自由劳动,只有自由劳动才能让人找到自身的存在感,才能创造美。而国内学者在创建马克思主义实践美学的时候没有对此引起高度关切。如有学者认为:"所谓实践美学,简而言之,就是以马克思主义的实践观为基础的中国当代美学思潮;稍详言之,就是以马克

---

[1] 李泽厚:《美学四讲》,生活·读书·新知三联书店,2004年版,第53-54页、第62页。

[2] 李泽厚:《美学旧作集》,天津社会科学院出版社,2002年版,第98页。

思主义的实践唯物主义为哲学基础,以社会实践(物质生产劳动为中心)为基点研究人对现实审美关系的中国当代美学形态和美学思潮。"①其实,马克思美学的独特价值和意义在于从人和人的解放的角度来理解美学,将美与人的存在或存在的人关联在一起,形成自己独特的关于美何以求的解决方案。这一解决方案实际上是在一种存在论的视域下阐明审美活动是人的最高的和最自由的存在方式,而异化劳动是对人的这种最高的和最自由的存在方式的剥夺与牺牲,只有批判异化劳动,扬弃私有财产,也就是改变世界,人才能获得完美的存在与解放。马克思说过:"哲学家们只是用不同的方式解释世界,问题在于改变世界。"②邓晓芒分析指出,马克思的哲学"不再只是一种哲学家的哲学,而是一种实践哲学,即一种指导工人阶级争取自己的解放的武器"③。

马克思对感性进行了根本性的存在论改造与提升,实现了对唯物主义美学和唯心主义美学传统解读模式的超越。人类现实的感性生命活动就是马克思美学全新的基础,拥有全面丰富性的感性成为人类要完美存在必须努力的方向,这是马克思存在论美学的结论。马克思把美学变成了现实的问题,他关心人如何成为美好的人。马克思的名论"忧心忡忡的穷人甚至对最

---

① 张玉能:《实践美学:超越传统美学的开放体系》,载《云梦学刊》2000 年第 2 期。
② 中共中央马克思恩格斯列宁斯大林著作编译局:《马克思恩格斯选集》第 1 卷,人民出版社,1995 年版,第 57 页。
③ 邓晓芒:《实践唯物论新解:开出现象学之维》,文津出版社,2019 年版,第 8 页。

美丽的景色都没有什么感觉"①以及"动物只是按照它所属的那个种的尺度和需要来建造,而人懂得按照任何一个种的尺度来进行生产,并且懂得处处都把内在的尺度运用于对象;因此,人也按照美的规律来构造"②,还有柏拉威尔所说的"对马克思来说,文学不仅仅是一种表达的手段——在很大程度上来说,也是一种自我构成的手段。……艺术作品的生产和欣赏有助于我们成为更完美的人"③,等等,都只有在马克思所设定的特殊的问题语境下才可以得到确当的理解。

为了能够切实地揭示马克思美学的真谛,我们还得回到在1932年首次公开发行就引起了巨大争议的《1844年经济学哲学手稿》这部著作。综观马克思的这部著作,我们可以看出,马克思本人完全跳出了从唯物主义或唯心主义的视域来思考美学问题的固有范式。马克思讨论美学问题时没有在概念方面做无谓的纠缠,而总是立足于人的现实,从现实的人出发,从人的感性自由的活动出发,从人的有意识的生命活动出发。有研究者指出:"马克思之所以为马克思,首先在于他的现实关怀,所以才可能深刻地影响现实。马克思的现实关怀不是'隔岸观火','袖手旁观',而是零距离介入现实,充任鲜活现实的积极分子;他不是现实矛盾的裁判员或调停者,而是有着非常鲜明的立场和目的,

---

① 中共中央马克思恩格斯列宁斯大林著作编译局:《马克思恩格斯全集》第42卷,人民出版社,1979年版,第126页。
② 中共中央马克思恩格斯列宁斯大林著作编译局:《马克思恩格斯选集》第1卷,人民出版社,1995年版,第47页。
③ 希·萨·柏拉威尔:《马克思和世界文学》,梅绍武等译,生活·读书·新知三联书店,1980年版,第543页。

这就是立足于最广大社会民众的期盼,成就全人类的解放和人的全面解放。就此而言,马克思的现实关怀就是人文关怀,现实的人文关怀构成了马克思美学的灵魂。"①美国学者奥尔曼说:"以行动的个人为中心,这是马克思观察他的同代人和他们的生存状态(一套理解他们相互影响的形式)的方式,同时它也是他那里所看到的内容(这是注入到上面那些形式中的内容)。"②马克思自己就说过:"哲学不是世界之外的遐想。"③"德国哲学从天国降到人间;和它完全相反,这里我们是从人间升到天国。这就是说,我们不是从人们所说的、所设想的、所想象的东西出发,也不是从口头说的、思考出来的、设想出来的、想象出来的人出发,去理解有血有肉的人。我们的出发点是从事实际活动的人,而且从他们的现实生活过程中还可以描绘出这一生活过程在意识形态上的反射和反响的发展。"④马克思要求在现实中实现和思考自己的美学,他即使论及与美相关的问题,也不是为了搭建宏大的美学理论体系,而是为了回应乃至回答现实生活中提出来的问题本身。也就是说,马克思并没有把美学要解决的问题理解为一个抽象的理论问题,而是理解为一个鲜活的实践问题。

---

① 赵宪章为汪正龙著《马克思与20世纪美学问题》(高等教育出版社2014年版)所写的"序"。
② [美]奥尔曼:《异化:马克思论资本主义社会中人的概念》,王贵贤译,北京师范大学出版社,2011年版,第161页。
③ 中共中央马克思恩格斯列宁斯大林著作编译局:《马克思恩格斯选集》第1卷,人民出版社,1956年版,第120页。
④ 中共中央马克思恩格斯列宁斯大林著作编译局:《马克思恩格斯文集》第1卷,人民出版社,2009年版,第73页。

然而，绝对不可以说不热衷于美学的纯粹理论建构是马克思美学的一个缺憾，恰恰相反，这正是马克思美学的价值优势。

正是在这种优势中，我们看到了充满现实情怀和人性关爱的马克思美学。不管是从唯物主义还是从唯心主义的视域来思考美学问题，都是以人的遗忘为前提，而美本应是属于人的。在审美活动中，人不仅感觉着美、体验着美，而更重要的是与美共同存在。你作为一个人，当感受到美的时候，你就美美地存在了；如果你作为一个人，却感受不到美，你就无法感受到自己的存在。如果你感受到了美，你就真正地"在"着，否则，你就白"在"了，因为你感受不到生活的意义和价值，这个世界也无法对你产生美感。有的人活着却死了，这句话说的就是这个意思，因为体会不到"在"的美，体会不到这个世界的美好，所以他就感受不到"在"的意义了。美是人的存在活动的显现，美使人的生命得以实现，这体现在两个方面：一方面是人让美成其为美，另一方面是美让人成其为人。如果在席勒的意义上把美和游戏关联起来，这两种情况恰好就与席勒的著名论断相呼应了："只有当人是完全意义上的人，他才游戏；只有当人游戏时，他才完全是人。"[①]实际上，席勒在《审美教育书简》中关于片面的劳动分工造成社会和人的异化、审美的自由活动克服社会和人的异化的观点都深刻地影响了马克思。

对于马克思来说，人不仅是生物意义上的存在，也不仅是理

---

① ［德］弗里德里希·席勒：《审美教育书简》，冯至、范大灿译，北京大学出版社，1985年版，第80页。

性意义上的存在,更是实践意义上的存在。区别于尼采从意志的角度谈论存在、海德格尔从思想的角度追问存在,马克思是从实践的角度来理解存在的。马克思主义哲学是实践的哲学,人是实践的人,如果没有实践,人和动物就没法区别。马克思认为实践是有意识的生命活动,这就把作为实在物的"物"或"心"统统加上了"括号",而把实践的能动性、创造性摆在了第一位。① 恰如邓晓芒所说的,马克思的哲学"既不是立足于唯心主义的主观意识之上,也不是立足于旧唯物主义的抽象物质之上,而是立足于感性活动这种具有丰富的现实内容的质料之上",马克思的哲学"与以往一切旧唯物主义(包括古代朴素的唯物主义、近代机械的和自然科学的唯物主义、费尔巴哈的直观的唯物主义)的本质不同之处正在于,它的出发点是在能动的、自由自觉的感性活动中创造着历史的人,而不是与人和人的活动抽象对立着的那种僵死的物质对象"②。

二、自由的劳动创造美

马克思认为劳动是人最基本的实践活动。劳动的伟大在于劳动不仅创造了世界,而且创造了人本身。劳动创造世界指的

---

① 马克思自己就说过,他要创立的哲学"既不同于唯心主义,也不同于唯物主义"。参见《马克思恩格斯全集》第 3 卷,人民出版社,2002 年版,第 324 页。
② 参见邓晓芒:《实践唯物论新解:开出现象学之维》,文津出版社 2019 年版,第 6 页。

是:"整个所谓世界历史不外是人通过人的劳动而诞生的过程,是自然界对人来说的生产过程。"①劳动创造人本身指的是:"劳动是整个人类生活的第一个基本条件,而且达到这样的程度,以致我们在某种意义上不得不说:劳动创造了人本身。"②阿伦特极其欣赏马克思对于劳动的歌颂:"只有马克思以极大的勇气,坚持不懈地认为,劳动是人类创造世界的最高能力。"③那究竟如何理解劳动本身呢?劳动不是自发的动物性的个体行为,而是人类社会性的、有目的的、有意识的行为,是精神过程和物质过程的统一。人类最早的劳动本身就包含审美和艺术的因素。邓晓芒指出:"生产劳动的艺术性因素就在于通过生产劳动实现人与人在情感上的相互传达、影响和共鸣。人类在情感交流上所达到的社会的一致性是生产劳动的社会性所必不可少的条件,它作为劳动意识的成分又是人的社会性劳动超出于动物个体的偶发性劳动的特点之一。在这种意义上,艺术正属于生产劳动的本质性因素。第一件人造工具就是第一件具有艺术性的产品。艺术性产生于劳动,同时又成为人的劳动的内在环节。没有艺术性的劳动只能是动物式的生命活动。"④抽掉艺术性的

---

① 中共中央马克思恩格斯列宁斯大林著作编译局:《马克思恩格斯文集》第1卷,人民出版社,2009年版,第196页。
② 中共中央马克思恩格斯列宁斯大林著作编译局:《马克思恩格斯文集》第1卷,人民出版社,2009年版,第3页。
③ [美]汉娜·阿伦特:《人的境况》,王寅丽译,上海人民出版社,2009年版,第74页。
④ 邓晓芒:《实践唯物论新解:开出现象学之维》,文津出版社,2019年版,第198页。

因素即去掉精神性的内容,劳动就丧失了自由的特征,而成为动物性活动,成为维持肉体生存需要的手段,成为掉转头来反对他自身、不依赖于他的、不属于他的活动了。"与尼采和海德格尔一样,马克思也放弃了把人规定为理性的动物,而是将人置于存在的领域。但马克思将人的存在把握为有意识的生命活动。这成为了马克思思想中人与动物的最后分界线。"①所以,马克思尤其强调人的生命活动和动物的生命活动的本质区别:"动物和它的生命活动是直接同一的。动物不把自己同自己的生命活动区别开来。它就是这种生命活动。人则使自己的生命活动本身变成自己的意志和意识的对象。他的生命活动是有意识的。这不是人与之直接融为一体的那种规定性。有意识的生命活动把人同动物的生命活动直接区别开来。正是由于这一点,人才是类存在物。或者说,正因为人是类存在物,他才是有意识的存在物,也就是说,他自己的生活对他是对象。仅仅由于这一点,他的活动才是自由的活动。"②马克思把人主要看为生产者,其对生命活动的理解与德国古典哲学家的理解完全不同。他认为生命活动不是理论活动,而是实践活动和生产劳动。恩格斯曾经自信地称马克思和自己"在劳动发展中找到了理解全部社会史的锁钥的新派别"③。

---

① 彭富春:《哲学美学导论》,人民出版社,2005年版,第100页。
② 中共中央马克思恩格斯列宁斯大林著作编译局:《马克思恩格斯全集》第42卷,人民出版社,1979年版,第96页。
③ 中共中央马克思恩格斯列宁斯大林著作编译局:《马克思恩格斯选集》第4卷,人民出版社,1995年版,第258页。

不过，马克思强调，真正的劳动在于从生产中所体现出的人的感觉的全面丰富性；没有这种感觉的全面丰富性，生产劳动就不能算是真正的、自由的，而只能算是异化的。异化劳动丧失了艺术性的因素，把生命活动变成了仅仅维持生存的手段而不是目的本身："首先，劳动对工人说来是外在的东西，也就是说，不属于他的本质的东西；因此，他在自己的劳动中不是肯定自己，而是否定自己，不是感到幸福，而是感到不幸，不是自由地发挥自己的体力和智力，而是使自己的肉体受折磨、精神遭摧残。因此，工人只有在劳动之外才感到自在，而在劳动中则感到不自在，他在不劳动时觉得舒畅，而在劳动时就觉得不舒畅。因此，他的劳动不是自愿的劳动，而是被迫的强制劳动。"①工人成为仅仅只会"做工"的人，不，仅仅只会"做工"的机器，因为人如果仅仅只会"做工"就不能算是人，只能算是机器。工人的存在全部受控于资本的逻辑和"特权"，工人的生命彻底被资本化，完全服从于资本追逐利益的需要。结果是，工人的存在感完全被消解。卢卡奇深刻地指出："如果我们纵观劳动过程从手工业经过协作、手工工场到机器工业的发展所走过的道路，那么就可以看出合理化不断增加，工人的质的特性、即人的一个体的特性越来越被消除。"②威廉·亚当斯也机智地发现，马克思卓有成效地以审美的眼光去审视生产劳动，通过把生产与创造、创造与人的

---

① 中共中央马克思恩格斯列宁斯大林著作编译局:《马克思恩格斯全集》第42卷，人民出版社，1979年版，第93-94页。
② ［匈牙利］卢卡奇:《历史与阶级意识——关于马克思主义辩证法的研究》，杜章智等译，商务印书馆，1992年版，第149页。

本质力量的实现关联起来,使积极的经济活动负载了审美的意涵,同时也使审美的意涵从异化劳动中被剥离出去。①

异化劳动是以牺牲人为代价的劳动,更谈不上任何的美。弗洛伊德马克思主义最重要的代表人物马尔库塞对于异化劳动曾经发表过这样的评论:"劳动几乎完全异化了。装配线的整套技巧、政府机关的日常事务以及买卖仪式,都已与人的潜能完全无关。……在这个世界上,人类生存不过是一种材料、物品和原料而已,全然没有自身的运动原则。这种僵化的状况也影响了本能、对本能的抑制和改变。原来的动态本能现在变为静态的了,自我、超我和本我之间的相互作用凝聚成了机械反应。"②在异化劳动下,人同自己的劳动产品的关系就像是同一个异己的对象一样,只是一种外在的关系甚至是悖反和对抗的关系:"劳动为富人生产了奇迹般的东西,但是为工人生产了赤贫。劳动创造了宫殿,但是给工人创造了贫民窟。劳动创造了美,但是使工人变成畸形。"③一切都显得像是对抗的,而且是倒置的、颠倒的。马克思断言:"这是一个着了魔的、颠倒的、倒立着的世界。"④这种"颠倒与倒立"表现为物的价格上升的同时人的价值

---

① William Adams. Aesthetics: Liberating the Senses, in the Cambridge Companion to Marx, edited by Terrell Carver, Cambridge: Cambridge University Press,1991,pp. 252-253.
② [德]赫伯特·马尔库塞:《爱欲与文明——对弗洛依德思想的哲学探讨》,黄勇、薛民译,上海译文出版社,1987 年版,第 72-73 页。
③ 中共中央马克思恩格斯列宁斯大林著作编译局:《马克思恩格斯全集》第 42 卷,人民出版社,1979 年版,第 93 页。
④ 中共中央马克思恩格斯列宁斯大林著作编译局:《马克思恩格斯文集》第 7 卷,人民出版社,2009 年版,第 940 页。

的下降。人与人的交往关系沦为物与物的金钱关系,主体间的关系沦为客体间的关系。"人与人之间除了赤裸裸的利害关系,除了冷酷无情的'现金交易',就再也没有任何别的联系了。"①马克思曾经在《资本论》中提出"物象的人格化和人格的物象化"②概念来描述这种情况。马克思指出:"对生产者来说,他们的私人劳动的社会联系就表现为现在这个样子,就是说,不是表现为人格在自己劳动中结成的直接的社会关系,而是表现为人格和人格之间的物象的关系以及物象和物象之间的社会关系。"③在这样的颠倒和倒立的世界,异化无处不在,美面临着最严峻的挑战。高尔太分析指出:"异化产生伪价值,而美,则是真正的价值,是各种真正的价值的综合反映,是那种同异化对立的过程和结果在感性形式上的具体表现。这是人的本质在自然存在和社会存在中确证的路标。我们的美感沿着这些路标所进行的向往和追求,是由那种先是使人成为活东西,后是使人成为人的内在力量的趋向所决定的。它的实现,在象征的意义上,就是自由的实现。"④

马克思美学最经典的命题即"劳动创造了美",但在马克思的时代,由于劳动不能成为人的自由的活动而是人的非自由的

---

① 中共中央马克思恩格斯列宁斯大林著作编译局:《马克思恩格斯选集》第1卷,人民出版社,1995年版,第275页。
② 中共中央马克思恩格斯列宁斯大林著作编译局:《马克思恩格斯文集》第5卷,人民出版社,2009年版,第135页。
③ 中共中央马克思恩格斯列宁斯大林著作编译局:《马克思恩格斯文集》第5卷,人民出版社,2009年版,第50页。
④ 高尔太:《论美》,甘肃人民出版社,1982年版,第59页。

活动,因而,劳动不仅不能创造美,而且还是对美的否定。站在存在之维,我们可以清晰地发现,马克思真正感兴趣的不是抽象地去赞赏"劳动创造了美",而是具体地去剖析"劳动怎么会走向对美的否定"。按照马克思的思路,异化劳动作为对美的否定,关键在于它不是自由的活动,而是不自由的活动,因而是非人性的活动。但是,在本质上,"劳动是生产的主要要素,是'财富的源泉',是人的自由活动"①。如果自由是人的存在最为根本的特征,甚至就是人的自为的存在,那么异化劳动就只能算是动物性的活动,从而失去精神活动的色彩。恩格斯曾经说道:"这种工作不让工人有精神活动的余地,并且要他付出这样大的注意力,使他除了把工作做好,别的什么东西也不能想。这种强制劳动剥夺了工人除吃饭和睡觉所最必需的时间以外的一切时间,使他没有一点空闲去呼吸些新鲜空气或欣赏一下大自然的美,更不用说什么精神活动了。这种工作怎么能不使人沦为牲口呢?"②如果人之为人以自由劳动为开端,那么,劳动的异化则导致了人的感觉自身的异化和感觉对象的异化,使人不成其为人。感觉的异化表现为:人的感觉不再是人性的感觉,而是非人性的感觉;不再是自由的感觉,而是非自由的感觉,即成了对于对象的占有感。感觉对象的异化表现为对象失去了可感觉的多样性和丰富性,而变得单一和贫乏。感觉对象向人的感觉呈现的只

---

① 中共中央马克思恩格斯列宁斯大林著作编译局:《马克思恩格斯文集》第 1 卷,人民出版社,2009 年版,第 72 页。
② 中共中央马克思恩格斯列宁斯大林著作编译局:《马克思恩格斯全集》第 2 卷,人民出版社,1957 年版,第 405 页。

是它们的可被占有的方面,而它自身作为存在物的特性则隐而不露。在感觉自身和感觉对象双重异化的情况下,美的感觉和美的感觉对象也被双重地剥夺掉了。

美国学者奥尔曼说:"异化理论是一种学术建构,在这种建构中马克思展示了资本主义生产对人产生的毁灭性影响,对他们肉体和精神状况的影响,以及对社会进程(他们是社会进程的一部分)的影响。"[1]正是基于对异化劳动的深刻批判和对真正生产的无限期待,马克思才提出了使感觉成为人的感觉、使生产劳动成为人的自由自觉的活动的历史任务。马克思在《1844年经济学哲学手稿》中为什么着力于对国民经济学的批判,因为在资本主义的制度下,似乎是科技越发达、生产越发展,人的自由感丧失得越多,人就感到越孤独,人与人之间的情感隔阂就越深。工人每天只是机械般地劳动,不仅在身体上、更是在精神上丝毫感受不到自己的"存在"及"存在"的意义。卢卡奇在马克思的拜物教理论的基础上断言,资本主义社会是"物化"的社会。福斯特认为,资本主义生产完全被"利润之手"所操控,财富积累成了社会的最高目的。"资本主义经济把追求利润增长作为首要目的,所以要不惜任何代价追求经济增长,包括剥削和牺牲世界上绝大多数人的利益。这种迅猛增长通常意味着迅速消耗能源和材料,同时向环境倾倒越来越多的废物,导致环境急剧恶

---

[1] [美]奥尔曼:《异化:马克思论资本主义社会中人的概念》,王贵贤译,北京师范大学出版社,2011年版,第161页。

化。"①那么人究竟怎样才能完美而有意义地存在呢？

为此,马克思一方面指责正是私有财产使人的感觉异化成了对于对象的占有感,使"一切肉体的和精神的感觉都被这一切感觉的单纯异化即拥有的感觉所代替";另一方面又指出共产主义作为美的肯定正是对于异化劳动的否定,"私有财产的扬弃,是人的一切感觉和特性的彻底解放;但这种扬弃之所以是这种解放,正是因为这些感觉和特性无论在主体上还是在客体上都变成人的"②。共产主义作为对美的肯定就是对异化劳动的否定,作为人的解放就是一切属于人的感觉和特性的彻底解放。在共产主义中,感觉不仅超出了异化的感觉的限制,而且也超出了感觉自身的限制,使感觉成为自由的、审美的;感觉对象也摆脱了其有限的功利性,成为人的丰富本质的对象化,成为自由的和审美的对象。在共产主义中,一方面是外在自然的人化,自然成为人性的自然,由此诞生了美;另一方面是内在自然的自然,人的身体和感官成为人性的身体和感官,于是感觉在成为人的感觉的时候成为美的感觉,便产生了美感。③

马克思对共产主义有着美好的期待:"在共产主义社会里,任何人都没有特殊的活动范围,而是都可以在任何部门内发展,社会调节着整个生产,因而使我有可能随自己的兴趣今天干这

---

① ［美］约翰·贝拉米·福斯特:《生态危机与资本主义》,耿建新等译,上海译文出版社,2006年版,第2-3页。
② 中共中央马克思恩格斯列宁斯大林著作编译局:《马克思恩格斯全集》第42卷,人民出版社,1979年版,第124页。
③ 参见彭富春:《哲学美学导论》,人民出版社,2005年版,第107-108页。

事,明天干那事,上午打猎,下午捕鱼,傍晚从事畜牧,晚饭后从事批判,这样就不会使我老是一个猎人、渔夫、牧人或批判者。"①这段论述实际上表明,马克思将富有个性的、诗情画意的、丰富的感性生活定位为美好生活。美国学者哈灵顿说:"马克思肯定了有教养的、富有美感的个性化观念。在这里,个性没有被降低为劳动分工中单一的功能,没有被贬低为生产体系中终身技工的位置。马克思带来一个自由平等社会的梦想,在这个社会里,艺术将不再作为同日常实践相脱离的一个独立领域而存在。艺术也不再是少数精英的特权,艺术将表现每个人的创造力,与所有人的工作生活重新结合。智力劳动将与体力劳动重新结合,每一个人将拥有一个心灵充实的感性生活。"②于是,马克思提出了恢复人的自由感觉从而使生产劳动重新成为人的自由自觉的有自我意识的活动的历史任务:"一方面为了使人的感觉成为人的,另一方面为了创造同人的本质和自然界的本质的全部丰富性相适应的人的感觉,无论从理论方面还是从实践方面来说,人的本质的对象化都是必要的。"③如果考虑到"美学之父"鲍姆嘉通当初把美学确定为"感性学"④,现在我们

---

① 中共中央马克思恩格斯列宁斯大林著作编译局:《马克思恩格斯文集》第1卷,人民出版社,2009年版,第537页。
② [美]哈灵顿:《艺术与社会理论》,周计武等译,南京大学出版社,2010年版,第119页。
③ 中共中央马克思恩格斯列宁斯大林著作编译局:《马克思恩格斯全集》第42卷,人民出版社,1979年版,第126页。
④ 鲍姆嘉通在1735年发表的《关于诗的哲学沉思录》中第一次使用"美学"(aesthetic)这个概念,因此被称为"美学之父"。

正可以明白,马克思在《1844年经济学哲学手稿》这本不是美学却又是美学的著作中为什么反复强调人的感性的全面丰富性。实际上,马克思的所作所为实际上还是以美学为本来面目。马克思没有留下命名为《美学》的专著,但却留下了《1844年经济学哲学手稿》这样具有美学意义的名作。就此而言,《1844年经济学哲学手稿》在美学史上将是不朽的。①

三、按照美的规律建造世界,拥有全面丰富性的感性

显然,在马克思的心目中,"感性"既不是作为"理性类似物"的"感性认识"(如近代理性派美学所认为的),也不是对"感性对象"的"感性直观"(如费尔巴哈所认为的),更不是离开了概念就不可言说的主观意谓(如黑格尔所认为的),而是指"感性活动",即一种能动的、自由的、具有人的全面丰富性和直接性的存在活动。这种对感性的重新定位是马克思对感性的存在论改造。正是这种提升,使感性活动成为马克思美学甚至哲学的"阿基米德点"。黑格尔作为理性主义的集大成者,想要把概念作为其全部思想的出发点和归宿,根本就不能接受鲍姆嘉通将美学界定为感性学的做法,甚至觉得全部感性的丰富性离开了概念的规范

---

① 邓晓芒曾经指出,马克思哲学"超越了西方传统哲学的形而上学范围,不再只是一种本体论、认识论、逻辑学的理论(如亚里士多德的第一哲学),而且同时是一种实践的价值论和伦理学,甚至也是一种美学"。参见邓晓芒:《实践唯物论新解:开出现象学之维》,文津出版社,2019年版,第8页。

就没有了现实性和意义。与此不同,马克思主张一切应回到人的现实的感性的存在活动本身,人一开始就是作为感性活动的存在,失掉了感性就失掉了人的根基。马克思强调:"感性的即现实的。"①马克思还认为:"人的本质不是单个人所固有的抽象物,在其现实性上,它是一切社会关系的总和。"②把两句话关联在一起,我们可以认为,马克思想要强调的是人的本质就是人的感性的全面丰富性。

马克思认为人"已经变成实践的、可以通过感觉直观的"③,并且认为"人也按照美的规律来建造"④世界和进行生产。马克思说:"我的对象只能是我的一种本质力量的确证,也就是说,它只能象我的本质力量作为一种主体能力自为地存在着那样对我存在,因为任何一个对象对我的意义(它只是对那个与它相适应的感觉说来才有意义)都以我的感觉所及的程度为限。"⑤马克思说的"感性"不是简单的感官感受,而是具有"社会关系"和"社会交往"的"感性",这就是马克思所说的:"我们每个人在自己的生产过程中就双重地肯定了自己和另一个人","我直接证实和

---

① 中共中央马克思恩格斯列宁斯大林著作编译局:《马克思恩格斯全集》第42卷,人民出版社,1979年版,第169页。
② 中共中央马克思恩格斯列宁斯大林著作编译局:《马克思恩格斯文集》第1卷,人民出版社,2009年版,第501页。
③ 中共中央马克思恩格斯列宁斯大林著作编译局:《马克思恩格斯全集》第42卷,人民出版社,1979年版,第131页。
④ 中共中央马克思恩格斯列宁斯大林著作编译局:《马克思恩格斯全集》第42卷,人民出版社,1979年版,第97页。
⑤ 中共中央马克思恩格斯列宁斯大林著作编译局:《马克思恩格斯全集》第42卷,人民出版社,1979年版,第126页。

实现了我的真正的本质,即我的人的本质,我的社会的本质"①。马克思在《1844年经济学哲学手稿》中指出共产主义将是一切属人的感觉和特性的彻底解放,共产主义是完成了的人道主义,共产主义帮助自我成为普遍的自我,成为社会性的人,是人与人之间矛盾的最终克服。成为共产主义者就是成为一个真正的人、一个合乎人性的人、一个获得了现实自由的人、一个美的实现者。这是马克思对于康德提出的"从特殊出发寻求普遍"这个问题的存在论解决。

显然,马克思战胜黑格尔进而战胜费尔巴哈正是通过对感性进行根本性的存在论改造与提升来实现的,而这种改造和提升又保证马克思美学实现了对唯物主义美学和唯心主义美学传统解读模式的双双超越,完成了向感性学的回归。人类现实的感性生命活动就是马克思美学全新的基础。尽管人的本性在于自由,但是自由并不是隶属于我们的某种物品,自由对于我们来说也并不是一个既定的事实。审美之维作为人的感性和感觉之维,保存了人在异化状态中所失去的自由,指明了人的自由恰在于从感性生命活动中所体现出来的人的存在的全面丰富性。"在马克思看来,这一能够使人全面而自由的充分发展实现的领域,就是人类艺术活动的领域。无论在早期还是在晚期,马克思在规定人的全面发展的条件时,都是把人的全面发展与审美活动联系在一起

---

① 中共中央马克思恩格斯列宁斯大林著作编译局:《马克思恩格斯全集》第42卷,人民出版社,1979年版,第37页。

的,都是把艺术活动作为真正自由的劳动的典范来看待的。"①于是,拥有全面丰富性的感性就成为人类要完美存在必须努力的方向,这既是马克思实践论哲学的结论,又是马克思存在论美学的结论。②后来的美学家如弗洛伊德、梅洛·庞蒂、马尔库塞、福柯、德勒兹等都致力于建构美学与感性之间的内在联系。应该说,马克思构成了出发点。列斐伏尔说过:"对于理解当今世界来说,马克思的思想不仅是充分的,而且是必可不少的。在我们看来,尽管其基本观念在必要的地方不得不被其他观念详细地说明、完善和补充,但它是所有此类观点的出发点。"③德里达表示:"不能没有马克思,没有马克思,没有对马克思的记忆,没有马克思的遗产,也就没有将来。"④法国学者巴利巴尔也说过:"为什么在21世纪我们还要阅读马克思的著作:凭着他对哲学提出的问题和他为哲学确定的概念,马克思不仅成为一座历史丰碑,而且还是一位现代作家。"⑤尽管这些论述并不是针对马克思美学思想来说的,但无疑也适用于马克思美学思想。

---

① 王南湜:《追寻哲学的精神:走向实践哲学之路》,北京师范大学出版社,2006年版,第307页。
② 戴茂堂:《超越自然主义——康德美学的现象学诠释》,武汉大学出版社,1998年版,第360-383页。
③ [法]亨利·列斐伏尔:《马克思的社会学》,谢永康等译,北京师范大学出版社,2013年版,第137页。
④ [法]雅克·德里达:《马克思的幽灵——债务国家、哀悼活动和新国际》,何一译,中国人民大学出版社,1999年版,第21页。
⑤ [法]埃蒂安·巴利巴尔:《马克思的哲学》,王吉会译,中国人民大学出版社,2007年版,第1页。

第四章

何以实践美？

第一节 康德论艺术

一、哲学人类学视域是康德艺术观的逻辑前提

1793年5月,康德在给卡·弗·司徒林的信中写道:

在纯粹哲学的领域中，我对自己提出的长期工作计划，就是要解决以下三个问题：1. 我能知道什么？（形而上学）2. 我应作什么？（道德学）3. 我可以（darf）希望什么？（宗教学）接着是第四个，最后一个问题：人是什么？（人类学，二十多年来我每年都要讲授一遍）①。

康德在《逻辑学讲义》中还写道：

从根本说来，可以把这一切都归结为人类学，因为前三个问题都与最后一个问题有关系②。

古留加指出："人的问题对于康德是个首要问题。他虽然并没有忘掉宇宙，而人对他却是最重要的。在思考存在和意识的规律时，康德的目的只有一个：使人能够变得更富有人性，使人生活得更美好，使人幸免于无谓地抛洒鲜血，不再受愚妄和幻想摆布。"③显然，康德批判哲学力图构建的是哲学人类学体系。也就是说，构建哲学人类学体系是康德批判哲学的出发点和内部动力。邓晓芒指出："尽管康德哲学的批判意向及由之体现出来的认识论和理性主义倾向在表层意义上占了上风，但在更深层次上，人类学的意向实际上贯穿了其整个哲学思想发展的始

---

① 参见［德］康德：《未来形而上学导论》，苗力田译，商务印书馆，1978 年版，第 204—205 页。译文有改动。
② ［德］康德：《逻辑学讲义》，许景行译，商务印书馆，1991 年版，第 15 页。
③ ［苏］阿尔森·古留加：《康德传》，贾泽林等译，商务印书馆，1981 年版，第 1 页。

终并起着更为重要的作用。"①也只有从这样的立场出发,我们才能理解康德包括《判断力批判》在内的批判哲学所做的一切。康德的《判断力批判》实际上是从哲学的高度对自己的人类学总问题"人是什么"做出了回答。邓晓芒指出:"我们与其把《判断力批判》看作美学性质的著作,不如把它看作人类学性质的著作。"②李泽厚则表示《判断力批判》"把以'人'为中心这一特点展现得最为明朗和深刻"③。

1787年底,当康德的《实践理性批判》刚刚完稿还未出版之际,他便强烈地感到了《实践理性批判》与《纯粹理性批判》的尖锐对立,以及这种对立对构建整个哲学人类学体系造成的"不利"。为了消除这种"不利",康德迫不及待地投身于对"过渡"问题的专门研究。他写信给友人说道:

> 我现正忙于鉴赏力的批判,在这里将发现另一种以前没有发现的先天原则。心灵具有三种能力:认识能力、感觉快乐和不快的能力和欲望能力。我在对纯粹的(理论的)理性的批判里发现了第一种能力的先天原则,在对实践的理性的批判里发现了第三种能力的先天原则。我现在试图发现第二种能力的先天原则。虽然我过去曾认为这种原则是不能发现的,但是上述

---

① 邓晓芒:《冥河的摆渡者:康德的〈判断力批判〉》,武汉大学出版社,2007年版,第32页。
② 邓晓芒:《冥河的摆渡者:康德的〈判断力批判〉》,武汉大学出版社,2007年版,第4页。
③ 李泽厚:《批判哲学的批判》,安徽文艺出版社,1994年版,第384页。

> 心灵能力的解剖使我发现了这个体系,这个体系奇迹般地给我提供了我有生之年,进行可能探索的充足素材。①

康德的《纯粹理性批判》讨论的是知性能力,知性能力面对的是自然,是受必然律支配的,是非自由的。理性的知性能力通过先验的自然概念为自然立法,管理着现象界。现象界则是为知性所建立的机械规律所统治的必然王国。《实践理性批判》讨论的是理性能力,理性能力通过道德律对实践意志领域起到建构作用,通过先验的自由概念为道德立法,管理着物自体。物自体则是为理性所颁布的道德律所支配的自由王国。这样一来,在康德面前就有现象界(自然)与物自体(道德)两个明显不同的世界:前者受自然的必然律支配,属于纯粹理性的范畴;后者不受必然律的支配,属于实践理性的范畴。两个世界彼此独立,壁垒森严,互不侵犯,存在一条不可逾越的鸿沟。然而,人的世界既不仅仅是自然的世界,也不仅仅是道德的世界,人在自然的世界与道德的世界之间有一个交接点,同时属于这两重世界。对于人而言,道德的秩序必须符合自然的秩序,道德的法则也必须在现象界发挥作用,因此,这条鸿沟必须得以填平,否则,就会破坏人的完整性,进而危及哲学人类学体系的完整性。究竟如何在这条不可逾越的鸿沟上架起一座桥梁,正是康德《判断力批判》面临的真切问题和学术语境。换言之,康德是从他的哲学人

---

① 1787年12月底致赖因霍尔特的信。参见[德]康德:《未来形而上学导论》,苗力田译,商务印书馆,1978年版,第195-196页。

类学体系出发,为了把人看作一个有机整体,确保其构建的批判哲学体系的整全性,才去创作《判断力批判》的。也就是说,康德创作《判断力批判》就是为了解决人的感觉快乐和不快的能力的先天原则即审美判断有没有普遍性和必然性这一关键问题,进而维护他所要建构的批判哲学体系的完整性、严密性,而使哲学人类学体系内部不至于产生断裂与对立。

在 1790 年《批判力批判》的序言中,康德说,批判哲学的任务就是考察人的认识机能以及与这些机能相适应的领域,并将"判断力"定位为"在我们的认识能力的总体的秩序里,介于悟性与理性之间的中间体",将"感觉快乐和不快的能力"定位为"介于认识能力与欲求能力之间的中间体"。《判断力批判》表明,由于审美判断力是诸认识能力的协调活动,所以,它虽不是认识却又与认识紧密相连,"好像"是一种认识;又由于它是一种自由的协调活动,所以,它虽不是道德实践却又与人的自由本性(道德)密切相关,"象征"着人的道德。判断力没有特殊地盘,没有为对象立法的权力,只是在知性与理性的地盘内起协调作用,并给人以愉快的情感。认识和道德在审美中通过鉴赏的愉快(美感)而结合起来,这正是审美能够充当认识与道德之桥梁的根据。[①]这就是说,认识是纯感性的世界,道德是纯理性的世界,判断力虽然有类似认识和道德的"形式",但在自身的结构上却与认识和道德迥然有别,只是两个世界的结合,是认识与道德相互关系

---

① 戴茂堂:《超越自然主义——康德美学的现象学诠释》,武汉大学出版社,2005 年版,第 193 页。

的一种"调节"和"环节"。如此说来,"美的世界""艺术的世界"就是人的生活的"基础性的世界",是"科学"与"道德"、"感性"与"理性"相"和谐"、相"同一"的世界。①

众所周知,康德的艺术观是在《判断力批判》中呈现出来的,所以,为了有效地解读康德的艺术观,解读者首先必须回归、还原到《判断力批判》所要解决的问题语境中去,恰如解读康德的《判断力批判》必须回归、还原到康德的哲学人类学体系的问题语境中去一样。否则,就可能产生对于康德艺术观的误读。②这是当今研究康德艺术观时必须挑明、必须正视的学术史背景。研究康德的艺术观,尤其必须明确康德根本无心去建构一个庞

---

① 叶秀山指出,整个德国古典哲学是从"同一性""绝对性"的角度来看"美""艺术",而"美的世界"、"艺术"的"世界"正是那个"基础的""本源的"世界,亦即他们所谓的"绝对的""世界"。"绝对"为"无对",即"主体"与"客体"不相对,因而是一种"同一"。参见叶秀山:《美的哲学》,北京联合出版公司,2016年版,第15页。

② 如蒋孔阳先生对康德艺术观的误读较为典型。他在《德国古典美学》中指责康德"作为当时与封建贵族相妥协的德国资产阶级思想意识的代言人,就一方面接受了保守的古典主义的一些观点,强调理性,强调法则,强调审美趣味;另方面又接受了新兴的浪漫主义的一些观点,强调想象和情感、强调自由、强调天才等。这两种对立的观点,他企图用他唯心主义的体系,来加以调和和统一。"又说:"康德把艺术和劳动对立了起来。这当然是错误的。……康德之所以否定艺术是劳动,这完全是因为他从资产阶级剥削的观点出发,把资本主义社会强迫的劳动,当成劳动的普遍本质了"。还说:"他根本不懂得艺术是社会生活的反映这一客观的真理","他有一个根本的缺点。那就是不能从唯物主义的观点,认识到艺术是自然(现实)的反映;而只是从唯心主义和形式主义出发,认为艺术只是在形式上合乎自然,看起来象自然。这样,他就把艺术与自然之间反映与被反映的关系,说成是形式上相似和不相似的关系了。这种讲法,其错误是很明显的。"参见蒋孔阳:《德国古典美学》,商务印书馆,1980年版,第100-104页。

大的形而上学的艺术理论体系①,对于艺术的讨论只是康德构建庞大的哲学人类学体系的一个环节。这与黑格尔本身无心去构筑一个艺术学体系,而只是出于构建恢宏的哲学体系的需要,才把艺术作为绝对精神发展的一个环节加以讨论的情境一样。在《判断力批判》中,康德关于艺术问题所展开的一切讨论仅仅只是服务于、服从于其批判哲学建构哲学人类学体系的需要,甚至可以说,是被完成哲学人类学体系这一构建任务"倒逼"出来的,而不是为了总结和回答艺术实践提出来的各种问题。有学者提出,"当时文学艺术中所提出的这一系列的问题","无不在他(康德——引者注)的美学中得到了反映,并给予了不同程度的解答"②。这种理解显然忽略了康德讨论艺术的学术出发点和问题语境。宗白华非常清楚地意识到构建批判哲学体系是讨论康德艺术观的学术语境,并指出,康德"对当时轰轰烈烈的文艺界的创造,歌德等人的诗、戏曲、小说,贝多芬、莫扎特等人的音乐,都似乎不感兴趣,从来不提到他们",康德的艺术观不是从艺术实践中来,"而是从他的批判哲学的体系中来,作为他的批判哲学体系中的一个组成部分"③。因此,讨论康德的艺术观,必须将其置于康德所要构建的哲学人类学体系框架中,这样,哲学人类学视域实际上就成为解读康德艺术观的学术入口与逻辑

---

① 叶秀山指出,康德在《判断力批判》中并不把艺术包括在形而上学之中,而认为对于艺术只是"批判",而非"学说"。参见叶秀山:《美的哲学》,北京联合出版公司,2016年版,第14页。
② 蒋孔阳:《德国古典美学》,商务印书馆,1980年版,第15页。
③ 宗白华:《美学散步》,上海人民出版社,1981年版,第267页、第263页。

前提。否则,就将难以企及和领悟康德艺术观的核心和灵魂。从某种意义上说,哲学人类学视域是开启理解康德艺术观的"金钥匙"。

二、合目的性的艺术促进人类内在情感的普遍传达

像黑格尔在《精神哲学》中对艺术问题的讨论非常简略一样,康德在《判断力批判》中对艺术问题的讨论也比较简明。不过,在这种简明的讨论中,康德坚守了基本的哲学人类学立场,那就是解决人的感觉快乐和不快的能力的先天原则即审美判断有没有普遍性和必然性这一关键问题,进而维护他所要建构的批判哲学体系的完整性、严密性,避免哲学人类学体系内部产生断裂与对立。

通过将审美活动置于哲学人类学视域进行考察,康德发现,一方面正是通过人的审美的愉快情感而"导致了"对真正的自由的"启示"和"类比",另一方面又是通过审美判断的"似真性"而"导致了"对人性的普遍根基的实际承认。[①] 康德认为,审美判断中个人的主观愉悦不是私人性的,而是超出一般感官快感而指向每个人,走向对普遍性的追寻与期待,"仿佛作为一种义务一样向每个人要求着"[②],"要求"一切人都应该不断趋向于共同

---

① 邓晓芒:《康德哲学诸问题》,生活·读书·新知三联书店,2006 年版,第 143 页。
② [德]康德:《判断力批判》,邓晓芒译,人民出版社,2002 年版,第 138 页。

的审美感受。这种"要求"不是客观规定,而"是一种不带有基于客体之上的普遍性而对每个人有效的要求,就是说,与它结合在一起的必须是某种主观普遍性的要求"①。这就是说,这种向每个人"要求着"的普遍性不同于基于概念之上的客观普遍性,而是植根于鉴赏力的主观先验性质在量上的自然扩展,是"具有特殊的类型"的"普遍性"②,即主观普遍性,是人类本性中某种共同的、普遍性的东西。康德进一步指出,"共通感"就是人的情感先验地具有普遍必然的自由本性的表现,美就是人的自由的共通感得以确证、得以传达的一个对象表象。康德认为,人的知性早已设定了在一切人心中都有一种共同的主观的东西作为它之所以可以的先天条件。既然审美判断是诸认识能力的协调运用,那么这共同的主观的东西就是审美愉快的普遍性的先天条件。正是由于"共通感"这个先验的前提,人的主观审美判断所假定的普遍赞同的必然性才以"客观的"美的形式被表象出来;正是"共通感"使得人与人之间的情感要求一种普遍的传达,使得人类的情感紧密联结在一起。

从哲学人类学视域出发,康德在"纯粹审美判断的演绎"中意识到,人的情感要普遍传达,除了要在每个人主观内心找到一种普遍的共通感,以便可以体验他人传达出来的情感外,还要在人类审美的现实的、经验的事实即艺术和艺术史中寻找普遍传

---

① [德]康德:《判断力批判》,邓晓芒译,人民出版社,2002年版,第46-47页。
② [德]康德:《判断力批判》,邓晓芒译,人民出版社,2002年版,第50页、第47页。参见 Great Books of The Western World, vol. 42(Kant), Encyclopaedia Britannica, Inc., Chicago, 1952, p.481.

达的先天条件。要不然,人就难以在经验性的社会生活中把情感现实地传达给别人。在现实的社会生活中,这种情感普遍传达的经验手段就是艺术。一个自闭的人没有社交的需要,因此也不会创造带有"文雅倾向"的艺术品,以便进行情感的普遍传达。可见,艺术的产生是人本性中的社会性及促进社交的需要,是相互传达感情的需要。康德强调指出,艺术促进着心灵的陶冶,并把特殊的心灵提高到普遍性上来,从而起到社会性的传达作用。他说:"一切美的艺术的入门,就其着眼于美的艺术的最高程度的完满性而言,似乎并不在于规范,而在于使内心能力通过人们称之为 humaniora 的预备知识而得到陶冶:大概因为人道一方面意味着普遍的同情感,另方面意味着使自己最内心的东西能够普遍传达的能力;这些特点结合在一起就构成了与人性相适合的社交性。"[1]如果没有艺术,即使有共通感,人们也很难在经验的交往中把自己内心的情感现实地传达出来。因此,在康德看来,艺术给人提供了客观合目的性的产品,具有在现实生活中促进内在情感普遍传达的能力。这就是康德艺术观的核心。

艺术何以具有这样的能力?从哲学人类学视域出发,康德给出的理由是,因为艺术是天才的作品。艺术之所以具有促进内在情感普遍传达的能力,在主观上可能的根源就是天才。只有天才才能将艺术与科学、自然、手艺严格加以区分,从而使艺

---

[1] [德]康德:《判断力批判》,邓晓芒译,人民出版社,2002年版,第203页。

术成为艺术。尽管天才本身是大自然在人类世代延续中偶然产生的经验事实，但天才"先天"就是一切美的艺术品的"出生证"。何谓天才？康德的理解是："天才就是给艺术提供规则的才能（禀赋）。由于这种才能作为艺术家天生的创造性能力本身是属于自然的，所以我们也可以这样来表达：天才就是天生的内心素质，通过它自然给艺术提供规则。"① 天才不能按照逻辑必然性要求来人为打造，只能自然而然地产生出来，因而具有一种与生俱来的出自天然的直接性，但却有很强的现实性。康德对于天才的理解是功能性的，而不是定义式的。从功能性角度看，康德认为，天才出于自然天赋，具有给艺术立下规则的才能。艺术规则既然是天才立下的，当然就很不一般。这样的艺术规则不会是"固有的公式化的规则"②，而是既有特殊的独创性又有典范式的普遍性。天才的作品不是模仿而来，从"质"上看，它的第一特性是独创性；由于可能存在"独创的胡闹"，所以天才的作品从"量"上看，又必须具有典范性，即必须有示范作用，可被别人当作用来模仿、用来评判的准绳或规则。③ 强调典范和示范不是说天才树立一个绝对的权威后，就让后来人放弃自己的独创，典范只是起到引路的作用，以便后来人少走弯路，很快就能找到"更好的道路"④。"更好的道路"就是最具有范例性、典范性的

---

① ［德］康德：《判断力批判》，邓晓芒译，人民出版社，2002年版，第160页。
② Mary A. McCloskey. Kant's Aesthetic, British Library Cataloguing in Publication Data, 1987, p.108.
③ ［德］康德：《判断力批判》，邓晓芒译，人民出版社，2002年版，第151-152页。
④ ［德］康德：《判断力批判》，邓晓芒译，人民出版社，2002年版，第124页。

道路。顺着这条道路，人类无须借助概念，就走向了情感的普遍传达。

所以，康德进一步给出了关于天才的功能性解释："天才就是：一个主体在自由运用其诸认识能力方面的禀赋的典范式的独创性。以这种方式，一个天才的作品（按照在其中应归于天才而不应归于可能的学习或训练的东西来看）就不是一个模仿的榜样（因为那样一来它身上作为天才的东西和构成作品精神的东西就会失去了），而是为另一个天才所追随的榜样，这另一个天才之所以被唤起对他自己的独创性的情感，是因为他在艺术中如此实行了摆脱规则束缚的自由，以至于这种艺术本身由此而获得了一种使才能由以作为典范式的而显示出来的新的规则。"①艺术只要遵守了天才立下的特殊的独创性的又具有典范式的普遍性的"规则"，就可以普遍有效地传达情感，每个人就可以从同一个艺术作品中获得共同的审美感受、产生一致的情感倾向，更容易意识到自己的普遍性自由的存在。② 所以，康德高度赞赏天才独有的"内心力量"及其具有的普遍传达力。他指出："天才真正说来只在于没有任何科学能够教会也没有任何勤奋能够学到的那种幸运的比例，即为一个给予的概念找到各种理念，另一方面又对这些理念加以表达，通过这种表达，那由此

---

① ［德］康德：《判断力批判》，邓晓芒译，人民出版社，2002年版，第163页。
② 参见邓晓芒：《康德哲学诸问题》，生活·读书·新知三联书店，2006年版，第151页。叶秀山指出："科学有一种专业的教育作用，而艺术则有一种普遍的教育作用，它迫使任何人在它面前不能'无动于衷'。"参见叶秀山：《美的哲学》，北京联合出版公司，2016年版，第52页。

引起的内心主观情绪,作为一个概念的伴生物,就可以传达给别人。后面这种才能真正说来就是人们称之为精神的才能;因为把在内心状态中不可言说的东西通过某个表象表达出来并使之普遍可传达,这种表达方式就既可以是语言的也可以是绘画的或雕塑的:这都要求有一种把想象力的转瞬即逝的游戏把握住并结合进一个概念中(这概念正因此是独创的,同时又展示出一条不能从任何先行的原则和榜样中推出来的规则)的能力,这概念就能够没有规则的强制而被传达。"①

从哲学人类学视域看,在艺术的讨论中,康德之所以给予天才很多的篇幅和极高的赞赏,是因为康德清醒地意识到,恰是天才赋予了艺术作品在现实生活中不借助于概念却有促进内在情感普遍传达的能力。天才能通过想象力把经验世界的事情提升到理性概念的高度,且能通过塑造审美意象让有限的感性形象表达无限的理性概念。

三、如何破解康德艺术观的两个疑点

在康德艺术观中,有两个"疑点"一直被公认为是难解之谜。如果了解了康德讨论艺术的出发点就是要在人类审美的现实的、经验的事实即艺术中寻找普遍传达的先天条件,那么康德艺术观中公认的两个"疑点",其实也是三个"难点"也就迎刃而

---

① [德]康德:《判断力批判》,邓晓芒译,人民出版社,2002年版,第161-162页。

解了。

第一个疑点是:康德为何对于艺术形式情有独钟?

在康德看来,审美判断只以一个对象或其表象方式的合目的性形式为根据。他说:"在一个对象借以被给予的表象那里,对主体诸认识能力的游戏中的形式的合目的性的意识就是愉快本身,因为这种意识在一个审美判断中包含有主体在激活其认识能力方面的能动性的规定根据,所以包含有一般认识能力方面的、但却不被局限于一个确定的知识上的某种内在原因性(这种原因性是合目的的),因而包含有一个表象的主观合目的性的单纯形式。"① 在康德看来,美的艺术最本质的东西是合目的性的形式。他说:"在绘画中,雕刻中,乃至在一切造型艺术中,在建筑艺术、园林艺术中,就它们作为美的艺术而言,素描都是根本性的东西,在素描中,并不是那通过感觉而使人快乐的东西,而只是通过其形式而使人喜欢的东西,才构成了鉴赏的一切素质的基础。使轮廓生辉的颜色是属于魅力的;它们虽然能够使对象本身对于感觉生动起来,但却不能使之值得观赏和美;毋宁说,它们大部分是完全受到美的形式所要求的东西的限制的,并且甚至在魅力被容许的地方,它们也只有通过美的形式才变得高贵起来。"② 上面的论述表明,康德对于艺术形式具有特殊的兴趣、高度的关切。对此,很多研究者表示难以理解甚至难以接受,认为康德没有超越古典的形式主义传统,无疑是陷入了形式

---

① [德]康德:《判断力批判》,邓晓芒译,人民出版社2002年版,第57-58页。
② [德]康德:《判断力批判》,邓晓芒译,人民出版社,2002年版,第61页。

主义的泥潭。① 其实,不能简单地对康德的艺术观做形式主义的推断。瓦·费·阿斯穆斯说:"在康德美学的矛盾体系中,形式主义只是叙述的环节,只是这个体系的成分,而不是它最后的有决定意义的结论。关于康德美学是纯形式主义美学的观念,在最好的情况下也不符合康德本人的学说。"②古留加也指出:"康德在很多地方都谈到形式,但他所谈的都是有内容的形式,对他来说,空洞的、没有内容的形式是不存在的。康德不是形式主义者(后面一点对于正确地理解康德的艺术哲学特别重要)。"③

康德强调在审美活动和艺术欣赏中,应该聚焦于形式本身,仅仅在于表明,唯有回避审美的质料因素与艺术的实际内容,着眼于单纯的形式,才最能确保审美判断超越主体的私人偏好而具有普适性,可以实现普遍传达。也就是说,从哲学人类学的视域出发,康德最为关切艺术能够把特殊的心灵提高到普遍性上来,从而具有在现实生活中促进内在情感普遍传达的能力的规定根据何在。康德发现,如果有任何经验性的愉悦掺杂在它的规定根据中,艺术情感的普遍传达能力就会受到干扰和破坏。一个纯粹的鉴赏判断既不是以"刺激""魅力",也不是以"激动",

---

① 可参见程代熙:《马克思主义与美学中的现实主义》,上海文艺出版社,1983年版,第48页;汝信、夏森:《西方美学史论丛》,上海人民出版社,1963年版,第126页;蒋孔阳:《德国古典美学》,商务印书馆,1980年版,第78页。等等。
② [苏]瓦·费·阿斯穆斯:《康德》,孙鼎国译,北京大学出版社,1987年版,第348页。
③ [苏]阿尔森·古留加:《康德传》,贾泽林等译,商务印书馆,1981年版,第10页。

总之不是以任何作为感性判断的质料的感觉作为规定根据的。① 因此,可以作为规定根据的只能是在一个对象表象里的无目的的主观合目的性的单纯形式,而不能是别的东西。康德说:"能够构成我们评判为没有概念而普遍可传达的那种愉快,因而构成鉴赏判断的规定根据的,没有任何别的东西,而只有对象表象的不带任何目的(不管是主观目的还是客观目的)的主观合目的性,因而只有在对象借以被给予我们的那个表象中的合目的性的单纯形式,如果我们意识到这种形式的话。"②康德还以颜色和音调为例,进一步讨论了形式何以确保了情感的普遍传达:"一种单纯的颜色,例如一片草坪的绿色,一种单纯的音调(不同于响声或噪音),好比说一把小提琴的音调,本身就被大多数人宣称为美的;虽然两者看起来都是以表象的质料、也就是以感觉为基础的,并因此只配称之为快适。不过,我们同时却也发现,对颜色以及音调的感觉只有当两者都是纯粹的时,才被正当地称之为美的;这是一个已经涉及到形式的规定,也是这些表象中惟一地可以确定地普遍传达的东西:因为感觉的质本身并不能认为在一切主体中都是一致的,而对一种颜色的快意超过另一种颜色,或者对一种乐器的音调的快意强于另一种乐器的音调,这是很难设想在每个人那里都会受到这样的评判的。"③

第二个疑点是:康德为何在讨论艺术时谈起科学、自然、手

---

① [德]康德:《判断力批判》,邓晓芒译,人民出版社,2002年版,第58—59页。
② [德]康德:《判断力批判》,邓晓芒译,人民出版社,2002年版,第56—57页。
③ [德]康德:《判断力批判》,邓晓芒译,人民出版社,2002年版,第59—60页。

艺等非艺术的话题？

我们注意到,康德在讨论艺术时,不仅谈起了科学,而且还是在与艺术的比对中展开的。康德说:"艺术作为人的熟巧也与科学不同(能与知不同),它作为实践能力与理论能力不同,作为技术则与理论不同(正如测量术语几何学不同一样)。"① 对于艺术来说,一个人占有了最完备的理论知识,并不意味着就有了从事艺术实践的能力,因此,美的艺术是超越科学的。天才的艺术不是科学的事,科学不能按照逻辑体系造出天才的艺术。"没有对于美的科学,而只有对于美的批判,也没有美的科学,而只有美的艺术。因为谈到对美的科学,那就应当在其中科学地、也就是通过证明根据来决定某物是否必须被看作美的;因而关于美的这个判断如果是属于科学的,它就决不会是鉴赏判断。至于第二种情况,那么一种本身应当是美的科学是荒谬的。因为如果我们把它作为科学来探询其中的根据和证明的话,人们就会用一些漂亮的格言(警句)来打发我们。——那诱发出美的科学这一常见的说法的毫无疑问不是别的,只是因为我们完全正确地发现,对于在其全部完满性中的美的艺术而言,要求有许多科学,例如古代语言知识,对那些被视为经典的作家的博学多闻,历史学,古典知识等等,因此这些历史性的科学由于它们为美的艺术构成了必要的准备和基础,部分也由于在它们中甚至也包括美的艺术作品的知识(演讲术和诗艺),这就通过某种语词的

---

① [德]康德:《判断力批判》,邓晓芒译,人民出版社,2002年版,第147页。

混淆本身被称为美的科学了。"①显然,康德在讨论艺术的时候,之所以谈起科学,是为了说明艺术是超科学的、超知识的。正如美学家 Mary A. McCloskey 所说:"康德提出了一种非认知性的美的艺术的描述。"②

康德承认,就追寻普遍性而言,科学与艺术确有某种相似。这也许就是人们往往将科学与艺术混同起来的原因。但这只是表层现象,为了更深层次地推进对于艺术的理解,康德强调,科学达到的是"客观"普遍性,而艺术达到的是"主观"普遍性。科学达到的客观普遍性是基于概念的普遍性,是无差别的、抽象的普遍性。康德认为,从"关系"上看,艺术无意识、无概念,不能证明和传授。艺术要反对的就是概念的、逻辑的普遍性,推举的就是个性的、主观的普遍性。鉴赏力虽不能用知性概念来加以规定,但也不是纯粹个人的主观爱好。在艺术鉴赏中,私人化的东西慢慢消失,艺术形象获得普遍身份,审美愉快具有了共通性,个人的心灵获得社会性特征。个人的主观爱好虽然无法用逻辑去演绎说明,却可以用理性概念来推之于人,唤醒普遍的审美情感,达至普遍的审美教育,启迪艺术理想。对于艺术的感受,一方面像经验性的判断一样,只具有主观有效性而没有客观必然性,但另一方面这感受尽管是个人直接感受到的,却"通过鉴赏判断而对每个人期待着,并与客体的表象联结在一起,就好像它

---

① [德]康德:《判断力批判》,邓晓芒译,人民出版社,2002 年版,第 148 页。
② Mary A. McCloskey. Kant's Aesthetic, British Library Cataloguing in Publicationg Data,1987,p.124-125.

是一个与客体的知识结合着的谓词一样"①,从而显示出普遍性、共通性来。不过,这种普遍性只"好像"是但实际上不是客体的知识的普遍性,因为这种普遍性是客体与人人共有的诸认识能力在形式上发生合目的性协调的普遍性。这种协调及所引起的愉快虽不能通过一个概念先天地产生,但一旦产生,就可以先天地推断其他人都能普遍地感觉到,所以只能是主观的普遍性。从哲学人类学的立场看,正是艺术向人显示出一种科学囊括不了的"普遍意义"。叶秀山就曾经指出:"科学虽无'自己'(私),但离不开人类的或作为类概念的'大我'……科学不但使人的世界自然化,而且使它概念化,因为对象化的自然,只有通过概念的方式才能认知它,并按照人自身的目的改变它,科学把自然现象看成一种必然性、因果性的系列,科学的预见和预测基于概念知识的推理,一切科学知识的必然性,都离不开逻辑的必然性。"②

为了澄明艺术的特别之处,康德除了对艺术与科学做出比较外,还另做了四个层面的比较。

首先比较了艺术与自然。康德认为,通过以理性为其行动基础而自由生产的产品可称为艺术品。而自然界即使有时存在显得像是有意图的艺术品(如蜜蜂的蜂房),但其生产出来终归是出自本能,因为蜜蜂决不会把自己的劳动建立在自己的理性思虑的基础上。在这里,康德强调的是,艺术属于自由的创造,

---

① [德]康德:《判断力批判》,邓晓芒译,人民出版社,2002年版,第26页。
② 叶秀山:《美的哲学》,北京联合出版公司,2016年版,第64页。

而自然则是本能的产物。

其次比较了艺术与手艺。康德认为,艺术是自由的游戏,而不是为了谋生的劳动和技艺。而手艺是雇佣的艺术,带有强制性元素。在这里,康德强调的是,艺术属于自由的创造,而手艺则是雇佣的劳动。不过,康德声明,一切自由的艺术都需要有某种强制和机械作用,否则唯一地给艺术以生命的自由精神就会失去形体而完全枯萎。①

再次比较了美的艺术与快适的艺术。如果说艺术与自然、与手艺的比较是外部的比较,那么这里的比较进入了艺术内部,因此很关键。康德认为:"快适的艺术是单纯以享受为目的的艺术。"②而美的艺术并不以单纯的感官享乐(快适)为目的,"美的艺术不能不必然地被看作天才的艺术"③。康德以否定的方式在双重意义上论述了天才的艺术一方面不是作为雇工的劳动,另一方面不着眼于其他目的(不计报酬)而感到满足和兴奋。④唯有美的艺术才是以反思判断力而不是以感官感觉为准绳的最严格的艺术,才真正体现了纯粹鉴赏的一般原理——无目的的形式合目的性。康德说:"它本身是合目的性的,并且虽然没有目的,但却促进着内心能力在社交性的传达方面的培养。"⑤康德特别强调美的艺术具有普遍的社会传达性,并说:"一种愉快

---

① [德]康德:《判断力批判》,邓晓芒译,人民出版社,2002年版,第157页。
② [德]康德:《判断力批判》,邓晓芒译,人民出版社,2002年版,第148页。
③ [德]康德:《判断力批判》,邓晓芒译,人民出版社,2002年版,第151页。
④ [德]康德:《判断力批判》,邓晓芒译,人民出版社,2002年版,第167页。
⑤ [德]康德:《判断力批判》,邓晓芒译,人民出版社,2002年版,第149页。

的普遍可传达性就其题中应有之义而言,已经带有这个意思,即这愉快不是出于感觉的享受的愉快,而必须是出于反思的享受的愉快;所以审美的艺术作为美的艺术,就是这样一种把反思判断力、而不是把感官感觉作为准绳的艺术。"①

最后比较了自然美与艺术美。康德曾经提出,自然美是美的事物,而艺术美则是对一个事物的美的表现。艺术之于自然的优越性在于可以把自然中本来丑的或不愉快的事物表现得很美。正因为艺术美包含了自然美所不能包含的内容,所以艺术美优于自然美。但康德又认为从自然美到艺术美虽然在形式方面是发展了,但从道德上看是一种堕落,是"以假乱真"和对本性的偏离。所以从对于美的"兴趣"(经验的兴趣或智性的兴趣)而言,他又主张把自然美置于艺术美之上。自然以单纯的形式愉悦我们,不夹杂任何虚伪的魅力,不掺杂任何实际的利益,我们用不着目的的概念,用不着知道它在物质上的合目的性。一个人如果能在自然中发现美,说明他具有优美的灵魂,值得尊敬。"对艺术的美(我把将自然美人为地运用于装饰、因而运用于虚荣也算作艺术之列)的兴趣根本不能充当一种忠实于道德的善、甚至倾向于道德的善的思想境界的证据。但反过来我却主张,对自然的美怀有一种直接的兴趣(而不仅仅是具有评判自然美的鉴赏力)任何时候都是一个善良灵魂的特征;而如果这种兴趣是习惯性的,当它乐意与对自然的静观相结合时,它就至少表明

---

① [德]康德:《判断力批判》,邓晓芒译,人民出版社,2002年版,第149页。

了一种有利于道德情感的内心情调。"①在康德看来,只有自然美是摆脱了利益(如经验性的社交利益)而被愉快地欣赏着的,对这种本身无利害的美的欣赏可以导出一种智性的更高兴趣(利益),"这种兴趣按照亲缘关系说是道德性的"②。这里隐含着从审美判断力到目的论判断力的过渡。

在自然美与艺术美孰轻孰重上,康德更根本的立场是主张自然美与艺术美的统一。他认为,真正美的艺术尽管是人工的、有意的、训练有素的产品,但并不显得是有意的,既不是为了感官享乐,也不是为了产生某个对象而令人愉快的,反而看起来好像是撇开一切兴趣和概念,像是自然的而不露人工斧凿的痕迹。康德认为,从样态上看,艺术的规则不是科学规则,而是自然而然的规则。在这个意义上,康德主张自然美与艺术美没有高下之分,完全可以打通:"在一个美的艺术作品上我们必须意识到,它是艺术而不是自然;但在它的形式中的合目的性却必须看起来像是摆脱了有意规则的一切强制,以至于它好像只是自然的一个产物。在我们诸认识能力的、毕竟同时又必须是合目的性的游戏中的这种自由情感的基础上,就产生那种愉快,它是惟一可以普遍传达却并不建立在概念之上的。自然是美的,如果它看上去同时像是艺术;而艺术只有当我们意识到它是艺术而在我们看来它却又像是自然时,才能被称为美的。"③就是说,艺术

---

① [德]康德:《判断力批判》,邓晓芒译,人民出版社,2002年版,第141页。
② [德]康德:《判断力批判》,邓晓芒译,人民出版社,2002年版,第143页。
③ [德]康德:《判断力批判》,邓晓芒译,人民出版社,2002年版,第149页。

一方面是自由的,有人为的意图,不同于自然;另一方面又看不出人为的痕迹,在形式上合于自然,看起来很自然,像自然一样自然。在这里,艺术美与自然美之间的边界被填平了:"美的艺术是一种当它同时显得像是自然时的艺术。"①康德不厌其烦地进行这些讨论,意图非常明显,那就是力图指明:一种艺术只有当它同时显得像是自然的,才称得上是美的艺术,只有美的艺术,才能在社会交往中成为鼓舞心灵的文化力量②,带来情感的普遍传达。

综上可见,康德的确没有将艺术问题上升到形而上学的理论体系去建构,甚至在艺术问题的讨论中还留下了大量的"互相矛盾"、令人不解的难题。蒋孔阳说:"他的目的,是要用他先验的唯心主义观点,来把过去不同流派的美学,加以调和折中,形成一个新的体系。正因为他是从调和折中出发,所以他的美学中常常出现一些相反的观点。这些相反的观点,构成了他美学中矛盾的内容。"③尽管如此,康德对艺术问题的考察又非常聚焦,那就是着力于考察艺术是如何在社会交往中带来情感的普遍传达的,因为这种考察是从严密的哲学人类学体系出发,并服从于建构哲学人类学体系所需要的,所以又是高屋建瓴、切中要害的,甚至成为之后讨论艺术问题的"典范"乃至"起点"。朱光潜说:"在西方美学经典著作中没有哪一部比《判断力的批判》显

---

① [德]康德:《判断力批判》,邓晓芒译,人民出版社,2002年版,第149页。
② Mary A. McCloskey. Kant's Aesthetic, British Library Cataloguing in Publication Data,1987,p.124.
③ 蒋孔阳:《德国古典美学》,商务印书馆,1980年版,第118-119页。

示出更多的矛盾,也没有哪一部比它更富于启发性。"①黑格尔高度评价康德的贡献:"对于了解艺术美的真实概念,康德的学说的确是一个出发点。"②吉尔伯特和库恩在《美学史》中同样高度肯定康德的贡献:"康德美学体系的出现,这是从根本上震撼世界的事件。"③

第二节 美与艺术

在美学的框架中讨论艺术,可以找到三个切入点:一是从美切入,这可以维护艺术的深度;二是从自然切入,这可以保护艺术的宽度;三是从审美切入,这可以守护艺术的效度。

一、艺术是美的理念的感性显现

黑格尔有一个著名的论断,就是"美是理念的感性显现"。顺着黑格尔的论断来讲,我们可以更进一步地给出一个推断,那

---

① 朱光潜:《西方美学史》下卷,北京理工大学出版社,2018年版,第473页。
② [德]黑格尔:《美学》第1卷,朱光潜译,商务印书馆,1982年版,第76页。
③ [美]凯瑟琳·埃佛雷特·吉尔伯特、[德]赫尔穆特·库恩:《美学史》,夏乾丰译,上海译文出版社,1989年版,第428页。

就是"艺术是美的理念的感性显现"。从这个意义上说,美是艺术的本相或真理。离开了美,就没有艺术。毫无疑问,艺术之为艺术,恰是因为美内在于其中。在人世间,没有不美的艺术,"不美的艺术"这样的表达不仅是一个思想上的错误,而且也是语法、逻辑上的错误。也就是说,既然被认定是艺术,那一定是美的;只要被称为艺术,那一定是美的。有时候,甚至可以把美和艺术看成是一而二、二而一的。正因如此,谈论艺术本身就等同于谈论美的艺术,谈论艺术本身可以通过谈论艺术的美来实现,谈论美也可以通过谈论美的艺术来展开。有艺术,没有美,这是一个巨大的矛盾和悖论。没有了美,艺术也就消亡了,有的只是批量生产的扮饰性的时尚商品和流行器具。美是艺术之为艺术的资格或条件,如果不是唯一的资格或条件,至少也是最高的资格或条件。艺术如果不以求美为鹄的,最后受伤害的一定是艺术。美和艺术相分离的后果就是艺术的泛化,时尚商品和流行器具纷纷出来"冒充"或"代理"艺术作品,这是当下美学面临的巨大挑战。因此,必须维护美与艺术之间的坚固联系,让美将艺术作品与时尚商品和流行器具严格区别开来,从而阻止艺术的平庸化、世俗化。维护美与艺术之间的坚固联系绝对不是想要削弱艺术的开放性,从深层次上考虑,更多的是想要维护艺术的纯洁性。

当然,达成美和艺术的统一性认知并不是一帆风顺的,或者说,将美和艺术关联起来加以理解并不容易。在美学历史上流传了几千年的摹仿说构成了把美和艺术关联起来加以理解的最大的理论障碍。邓晓芒曾经说过:"美和艺术的这样一种本质上相互依赖不可分割的关系在以往的模仿论中是不可能不断扩大的,因为模仿本身对于模仿对象的美丑是无所谓的,模仿论所面临的最大理论难题就是现实的丑的对象为什么可以成为美的艺术的题材,这必将导致把艺术和美割裂开来。柏拉图因此而否定艺术可以模仿不美、不善(因为一切不善的都不美)和丑的东西,把艺术引上了极其狭隘的'颂神诗'的死胡同,从而否定了艺术本身;亚里士多德则在模仿论中容纳了丑恶的对象,却又使美变成了一种纯粹理智的东西,把艺术等于认识,从而用模仿带来的认知的愉快取代了审美愉快,导致了艺术论中美的失落。他们都偏离了艺术本质上要表现美,而不是表现善或真这一原则。"①只有放弃摹仿说,把艺术看成是表现心灵的美的构思,同时又把美理解为由心灵的艺术所造成的,美和艺术才能从根本上统一起来。

当然,美和艺术内在禀有的这种一而二、二而一的统一性,绝不意味着它们彼此可以互相覆盖、互相代替、互相置换。真正有意义的地方在于,准确来说,艺术是美的理念的感性显现。在没有艺术之前,美以理念的方式存在;在有了艺术之后,美的理念可以以感性的方式存在。美的理念是不在场的,但艺术是在场的,并且,艺术就是要通过在场的去显现那个不在场的,就是要凭借可见的去洞见那个不可见的,从而摆脱抽象概念对美的

---

① 邓晓芒:《西方美学史纲》,武汉大学出版社,2008年版,第45页。

遮蔽、对人的压迫和束缚。在抽象的概念世界，没有艺术，有的只是抽象的美的理念。在这个意义上可以说，艺术不仅是化实为虚，更是化虚为实。美作为一种理念，是虚幻的、玄妙的，至少是没有现实性的。学术界以往只承认艺术的化实为虚，而不接受艺术的化虚为实，实在有些偏颇。就艺术本来对于现实具有超越性而言，艺术一出场就是化实为虚的；就艺术本质上是美的理念的感性显现而言，艺术归根结底是化虚为实的，也就是让不在场的凭借在场的得以显现、得以洞见。音乐、戏剧、文学、绘画、电影属于互不相同的在场的艺术形式，但在音乐、戏剧、文学、绘画、电影等在场的艺术形式中，我们却看到了不在场的美的理念的感性表达。在场的艺术可以是个性化的、差异性的，但一定都会采用感性的方式唤醒所有人的美感。这也就是说，真正的艺术定能引起审美共鸣。在这一点上，艺术超越了个性化和差异性，而具有了普遍性和永恒性。

二、自然美与艺术美之间有一条隐秘的通道

在习惯性的思维中，自然被当成物来看待，俗称"自然物"。于是，自然就沦落为被人开发、占有和利用的对象，成为一种否定性、消极性的存在，甚至是资源性、消费性的存在，自然当然也就与艺术截然对立起来。通常认为，自然是客观的，艺术是人为的。对美学而言，自然没有资格成为美学研究的对象，美学只是艺术哲学。对于自然之美的讨论，如果不说是无效的，至少也是

多余的。国外,黑格尔是这种观点的代表人物。他说:"我们可以肯定地说,艺术美高于自然。因为艺术美是由心灵产生和再生的美,心灵和它的产品比自然和它的现象高多少,艺术美也就比自然美高多少。"① 与此类似,克罗齐说:"和艺术相比,自然是愚蠢的;人不叫自然开口,自然就是'哑巴'。"② 亚历山大说:"我认为仅仅在我们用艺术的眼光去看待自然时,自然才显现出其优美。"③ 国内,张世英是这种观点的代表人物。他说:"艺术美之所以高于自然美,当然首要的是在于艺术美是人的精神的创造物(黑格尔)或者说是天才的创造物(康德)。但是,我们还应该把这一根本观点作一点更具体的说明,那就是,自然美由于缺少创造性而主要地只限于多样性的统一或和谐这种抽象形式的美。这种美的主要缺点是缺乏深层的、内在的意蕴。"他还说:"艺术美高于自然美,对于自然美的欣赏是不需要太多的想象力的,一个只能欣赏自然美的人不能算是很富有想象力的人,因而也不能算是达到了高层次的审美境界的人。"④ 这种态度直接阻碍了人们去接近、接受自然之美,当然也影响了对于艺术之美更深层次的理解。美学不仅应该研究艺术之美,而且应该研究自然之美,并且通过自然去打开艺术的宽度,更好地揭示艺术之美

---

① [德]黑格尔《美学》第 1 卷,商务印书馆,1979 年版,第 4 页。
② [意]克罗齐:《美学原理·美学纲要》,外国文学出版社,1983 年版,第 240 页。
③ [英]萨缪尔·亚历山大:《艺术、价值与自然》,韩东辉、张振明译,华夏出版社,1999 年,第 25 页。
④ 张世英:《美在自由——中欧美学思想比较研究》,人民出版社,2012 年版,第 173 页、第 177-178 页。

的真谛。

在美学史上,康德是一个例外,可以说是反其道而行之。在《判断力批判》中讨论艺术的时候,康德给了自然非常高的审美位置。他发现,在自然与艺术之间有一条隐秘的通道,借助于这条通道,自然与艺术相互成全、彼此澄明。对于这一点,西方学者保罗·克劳瑟敏锐地觉察到了。① 在康德关于自然与艺术的比对中,一方面有艺术比自然更美的表述,如他以为,艺术高于自然,自然只有"像似"艺术时才美②,也就是说,自然的合规律性好像得到了某种理性观念的指导,显现出了艺术的自由,才显得很美;另一方面他也有自然比艺术更美的断言,康德认为,自然以单纯的形式愉悦我们,不夹杂任何虚伪的魅力,摆脱了任何实际的利益,然而快适的艺术与实际的利益直接相关,所以,自然之美高于(快适的)艺术之美。他明确地说过,自然之美是事物美丽本身,艺术之美是事物美丽的表现形式。③ 这其实就是说,与艺术之美相比,自然之美具有本原性。也是从这个维度出发,康德表示,美的艺术"像似"自然的艺术。他绝不是要把美的艺术拉低,而是要把自然与艺术贯通。康德之所以说美的艺术

---

① 参见 Mary A. McCloskey. Kant's Aesthetic, London: The Macmillan Press, 1987, p.105.

② 由于总体上张世英认为,艺术美高于自然美,所以,他对自然美的接受还是以艺术美为掩护的。他说:"严格讲来,自然离开了人,是没有意义的。……所以自然本身无所谓美。自然美作为美实际上是一种艺术美,它是自然与人合一的整体,在这里,自然(作为美)已转化成了一种艺术品。"(张世英:《美在自由——中欧美学思想比较研究》,人民出版社,2012年版,第107页。)

③ 参见 Mary A. McCloskey. Kant's Aesthetic, London: The Macmillan Press, 1987, p.109.

"像似"自然的艺术,是因为美的艺术"像似"合目的的其实是无目的的、"像似"有意图的其实是无意图的、"像似"艺术品其实更似自然物。康德的原话是这样讲的:"美的艺术作品里的合目的性,尽管它是有意的,但却不显得是有意的;就是说,美的艺术必须看起来像是自然,虽然人们意识到它是艺术。"① 如何就自然与艺术展开比对,康德还有一个最彻底的、几乎有些极端的立场,那就是,主张干脆放弃自然与艺术的比对,他甚至断言在自然美与艺术美之间划出一条界线根本就没有必要。他的看法是:如果自然是美的,一定看上去像艺术;如果艺术是美的,一定看上去像自然。② 就像美与艺术是一而二、二而一的关系一样,自然之美与艺术之美也是一而二、二而一的。

在自然与艺术之间建构起了这条通道之后,人不仅不会在美学上以艺术的人为性来拒绝自然的客观性,反而会给予自然以艺术般的喜爱、接纳与欣赏,并在这种喜爱、接纳与欣赏当中,从自然的无限广阔与壮丽崇高中逐步领会出人自身的开阔、高尚与美好。难怪美学家桑塔耶纳认为,自然是人的第二情人,她对我们的第一次失恋发出安慰。自然成为一面照亮人生的艺术之镜。作为艺术之镜,自然不但开显了自己的本性,而且成全了人对艺术的理解。也就是说,从人是否喜好、接纳与欣赏自然,恰恰可以映射与检测出他是否具有开阔的心胸、高尚的灵魂和

---

① [德]康德:《判断力批判》,邓晓芒译,人民出版社,2002年版,第150页。
② 参见[德]康德:《判断力批判》,邓晓芒译,人民出版社,2002年版,第149页。

美好的情调。在成为人的镜子之前,自然是寂寞的,自然的本性是遮蔽的。一旦成为人的镜子,自然就进入了人的生活世界,进入了艺术的世界,最终实现了对人的生存处境的把握。

三、艺术具有最强的审美效应

艺术究竟何为?艺术是对人类未来的筹划和决断,代表了真理,也具有一种解放的力量。艺术之所以可以做到筹划未来、代表真理,甚至具有解放的力量,因为艺术是天才的作品,天才就是为艺术准备的。从事科学、工程、管理等工作,需要的是勤奋、是细致,但从事艺术工作,需要的是天才。何谓天才?康德给了一个权威的解答:"天才就是给艺术提供规则的才能(禀赋)。由于这种才能作为艺术家天生的创造性能力本身是属于自然的,所以我们也可以这样来表达:天才就是天生的内心素质,通过它自然给艺术提供规则。"①康德对天才的理解有两点特别重要:一是提供创造能力,二是提供通用规则。前者说的是,天才是特别的、特殊的、独创的;后者说的是,天才是普遍的、通用的、典范的。天才的"独创性"保证了艺术是自由的、创新的、独一无二的,而天才的"典范性"则保证了艺术是普遍的、共享的。分开来看,两个特点都不构成天才的充分条件,只有整合在一起,两个特点才构成了天才之为天才的充要条件。可见,天

---

① [德]康德:《判断力批判》,邓晓芒译,人民出版社,2002年版,第150页。

才是最具洞察力，能唤醒最基本的生活经验，把那被遮盖着的最为基本的世界揭示出来、活生生地呈现出来，真正具有最大普遍的人。

这样的天才当然就确保了艺术成为人类审美意识的集中体现，成为人类审美活动的最高形式，从而具有最强的审美效应。在天才的帮助下，艺术绝不是对现实生活的照相似的机械复制，而是对现实生活的提炼、反思和理想化。这种提炼、反思和理想化使得艺术之美比现实生活中的美更集中、更强烈、更典型、更具有普遍性，因此也能更有力地揭示世界的本质、人生的本质，维护人的自由和尊严。可以说，艺术是对人的生存价值的最大肯定。对于其他物品的消费，往往是消费了就变少了，直至趋向于无，丝毫不带来审美效应，而对于艺术作品的"消费"，恰恰相反，在消费后，艺术之美不仅没有减弱，反而增强了、丰富了。所以，伟大的艺术总是葆有跨越时刻的永恒魅力，并产生强烈的审美效应。显然，美学如果要想放大和扩充艺术的审美效应，最需要做的是建立起美与艺术的坚固联系，打通自然与艺术之间的隐秘通道，而不是打着"超越美学""走出美学"的旗帜，或者构建所谓的"超越美学的美学"。

第五章

何以提升美?

第一节
美的丰富性:艺术·伦理·宗教

一、艺术与伦理

一般来说,艺术追求着一种美,伦理追求着一种善,艺术与伦理代表了人类经验的两种不同的面向。伦理在某种意义上，并不等同于道德。道德指向社会普遍认同的行为规范准则，伦理则倾向于意指某一社会群体特定的精神气质或精神特性。从广义上说，伦理涵盖了人与人、人与世界（物质）、人与天（上帝）的互动关系。狭义上说，伦理是以某种价值观念为经脉的生命感觉，有多少种生命感觉，就有多少种伦理。学者刘小枫说："伦理学自古有两种：理性的和叙事的。理性伦理学探究生命感觉的个体法则和人的生活应遵循的基本道德观念……叙事伦理学……不制造关于生命感觉的理则，而是讲述个人经历的生命故事，通过个人经历的叙事提出关于生命感觉的问题，营造具体的道德意识和伦理诉求。"[1]

利奥塔认为，当代社会背景下的伦理本身应该呈现为一种叙事。确实，在现代乃至后现代的语境中，伦理以"立言"的方式存在已经非常困难，人们更热衷于叙事的伦理，而不是建立枯燥呆板的伦理学理论体系。伦理只有进入叙事，或者说进入生存，才能凸显它的存在价值。在现代秩序的规范下，人们生存的压力与生命感觉的虚无，可以通过重新整合人的存在时空的叙事来弥补，而不是通过冰冷而空洞的理论与说教。现代小说的出现正好满足了现代人讲述的欲望，或者说，现代人对于表达的需求促使了现代小说的繁荣。

如果简单地将艺术与美关联在一起，将伦理与善关联在一

---

[1] 刘小枫：《沉重的肉身——现代性伦理的叙事纬语》，上海人民出版社，1999年版，第3-4页。

起,放大美与善之间的差异,势必会断定艺术与伦理彼此独立、没有交集,甚至相互排斥,从而无法在艺术与伦理之间建立起连接的通道。柏拉图、托尔斯泰、克尔凯郭尔就是这种观点的代表。柏拉图认为,理智高于情感,而艺术恰好立足于情感而不是理智,且与人的情欲有较多交集,因此艺术不仅不能表现真理,反而伤风败俗,扰乱健康的心灵,破坏城邦的正义。托尔斯泰说:"我们越是醉心于'美',我们就和'善'离得越远。我知道关于这一问题人们总是这样说:美有道德的美和精神的美;但这只不过是玩弄文字而已,因为所谓精神的美和道德的美,意思无非就是指善。精神的美,或善,往往不但和美的平常意义不相符合,而且和它相反。"[①]克尔凯郭尔就把伦理与艺术当成是人生的两个不同的阶段。处于艺术阶段的人生活在感性的表面,回避生活的烦恼,追求感官快乐,通过外部事物去追求幸福,不敢正视生活的内在实质,无法深入内在的主观经验之中,也无法深入生活的道德和宗教方面,不愿也不能做出选择,只是被命运所左右,成为外界环境的牺牲品。处于伦理阶段的人不是享乐主义者,而是禁欲主义者,他们注重内心的追求,受内在的道德责任心支配,有明确的善恶观念,趋向于善、正义、仁爱等美德,主观上能区分善与恶并做出个人的决定,成为自己的主人。我们认为,在艺术与伦理彼此分离的地方,道德很容易退化成为僵死的教条,艺术则易于变为非理性的迷狂。

[①] [苏]列夫·托尔斯泰:《艺术论》,丰陈宝译,人民文学出版社,1958年版,第63-64页。

然而，自觉将文学与伦理关联在一起是历史上的主流观点。中国传统伦理型文化范式先在地规约了中国文学的道德走向，并造就了文学鲜明的伦理特质。如《红楼梦》一方面写人物的美和价值，另一方面又如实地把这些美的、有价值的人毁灭给读者看，将人生无所不在的悲剧现象上升到形而上的高度来体认，使人深受教化，获得感动。在中国古代文学史上，很少有"唯美主义"之类的理论，相反，"善""德"成为文学的最高概念。文人重人格修养、礼仪规范，视"道德文章"为至上之境。文学创作，执着于尽善尽美、伦理表达；文学传播，致力于道德教化。文艺之"美"与"善"几乎同义，文学之"美"实际上就是伦理之"善"，至少从属于伦理之"善"。张彦远认为："德成而上，艺成而下，鄙亡德而有艺也。君子依仁游艺。周公多才多艺，贵德艺兼也。"[①]诗品出于人品，人高诗亦高，人俗诗亦俗，只有德性高贵才能创作出文艺珍品，即所谓"志高则其言洁，志大则其辞弘，志远则其旨永，如是者，其诗必传"[②]。

值得一提的是，在中国历史上，文学与伦理并没有形成有效的双向互动，事实上只有伦理对文学的"单向介入"。这种"单向介入"导致了伦理本身成为文学发展的主导性力量，伦理的方向成为文学的第一方向，文学异化为唯"善"是用的卫道士，陈旧道德的"传声筒"，代圣贤立言、代君王传道的工具。这就是西汉的《诗大序》所说的："故正得失，动天地，感鬼神，莫近于诗。先王

---

① 张彦远:《历代名画记》卷八，中华书局，1985年版，第248页。
② 叶燮:《原诗》外篇，人民文学出版社，1979年版，第47页。

以是经夫妇,成孝敬,厚人伦,美教化,移风俗。"如此一来,文学的审美价值被消解,文学的情感力量被扼杀,文学本身也被边缘化了。回顾20世纪的中国文学发展进程,为了建立一个现代民族国家的国家伦理,文学成为现代社会强力话语的附庸,人民伦理的大叙事完全取代了自由伦理的个体叙事,文学很难再实现对现代化进程进行反思、超越的角色定位。人民伦理本质上是传统儒家伦理圣人政治论的延伸,个人的道德主体目的性则完全隶属于整体的社会伦理要求。

在西方历史上,亚里士多德提出了艺术净化说,从伦理学的角度积极评价了艺术的道德功能,在肯定的立场上建立起艺术与伦理的关系。康德提出"美是道德的象征",也是为了在艺术与伦理之间建立起积极的关联。在《判断力批判》中,康德明确地把"愉快或不愉快的情感"所代表的判断力定位为"介于认识能力与欲求能力之间的中介体"。在康德看来,由于判断力是诸认识能力的协调活动,所以它虽不是认识却又与认识紧密相连,"好像"是一种认识;由于判断力是自由的协调活动,所以它虽不是道德实践却又与人的自由本性(道德)密切相关,"象征"着人的道德。这种象征在对崇高的审美判断中被强烈地表现出来。崇高是一种庄严而宏伟的美,面对崇高的对象,人通过想象力可以唤起一种对自己的伦理力量和道德尊严的喜悦和愉快。康德正是借助于"崇高感"的审美分析,以隐喻和象征的方式表明了"自然人"离开自己的感性本性,向受理性本性统治的"道德人"的过渡。艺术就是这种过渡,是对理性本体的感性显现、象征和隐喻。

遗憾的是，康德并没有彻底明白艺术与伦理的关系，在他那里，艺术之美最终服务于道德目的，是实践理性的预演，是达于道德目的、道德境界的手段或中介。艺术之美只是促成我们获得对道德上的善的一种直观认识，艺术成了道德真理的一幅寓意画，成了在感性形式下隐含着某种伦理意义的一种隐喻。结果，道德高高在上，艺术成为道德的"附庸"，美学或艺术学成为"准道德学"或"前伦理学"。玛克斯·德索批评说，康德未能使审美价值范畴摆脱道德自由范畴的束缚，也未能将审美提升到一个独立的地位。① 康德由于颠倒了审美自由与道德自由的关系，当然也就不可能澄清艺术与伦理的真切关系。

澄清文学艺术与伦理的真切关系，最关键的是确立彼此的契合点。如果说信仰是宗教与伦理的契合点，那么在情感上，文学艺术与伦理有着最为深刻的契合点。几乎没有人怀疑，文学艺术是通向情感的，文学艺术本来就是情感的文学艺术。勃朗特的《简·爱》就是以缕缕情丝织就的关于生命的憧憬，充分展现了埋藏在人们心灵深处的高贵的情感。文学艺术的世界就是情感的世界，这体现在文学家、艺术家必须有情感的移入，欣赏者必须有情感的呼应，作品必须有情感的意象与符号上。费希特说："文学艺术家不像学者那样只培养理智，也不像民众道德

---

① 参见［德］玛克斯·德索：《美学与艺术理论》，兰金仁译，中国社会科学出版社，1987年版，第7页；又参见戴茂堂：《超越自然主义——康德美学的现象学诠释》，武汉大学出版社，1998年版，第194-221页。

教师那样只培养心灵,而是培养完整的、统一的人。他们面向的对象既不是理智,也不是心灵,而是把人的各种能力统一起来的整个情感,它是由理智和心灵组成的第三种东西。"①

很多人以为,道德作为一种规范,必然通向理性,其实不然,道德源于情感体验,属于价值而非事实领域,因而只能表达情感意义。德性不仅是正确行动的品质,而且是美好情感的品质。斯宾诺莎说:"每一个人都是依据他的情感来判断或估量,什么是善,什么是恶。"他还说:"所谓善或恶是指对于我们的存在的保持有补益或有妨碍之物而言,这就是说指对于我们的活动力量足以增加或减少,助长或阻碍之物而言。因此只要我们感觉到任何事物使得我们快乐或痛苦,我们便称那物为善或为恶。所以善与恶不是别的,只是自快乐与痛苦的情感必然而出的快乐与痛苦的观念而已。……因此对于善和恶的知识不是别的,只是我们所意识到的情感的自身。"②休谟在《道德原则研究》中说:"道德这一概念蕴含着某种为全人类所共通的情感,这种情感将同一个对象推荐给一般的赞许,使人人或大多数人都赞同关于它的同一个意见或决定。这一概念还蕴涵着某种情感,这种情感是如此普遍如此具有综括力,以至于可以扩展至全人类,使甚至最遥远的人们的行动和举止按照它们是否符合那条既定

---

① [德]费希特:《伦理学体系》,梁志学、李理译,商务印书馆,2010年版,第369页。

② [荷]斯宾诺莎:《伦理学》,贺麟译,商务印书馆,1997年版,第130页、第176页。

的正当规制而成为赞美或责难的对象。"①舍勒力图从价值性情感出发来分析现代的道德结构,把情感变成伦理学的核心,构建以爱为本体的伦理学。他认为,爱和恨是两种居于主导地位的充满伦理价值色彩的情感,价值世界由爱的秩序支配,理想道德的建构就是爱的秩序的建构。当代德性伦理学借助道德心理学的力量,极大地肯定了情感与道德之间密不可分的联系。

由此可见,文学艺术与伦理的差异是被人为放大了的。情感作为桥梁使得文学艺术与伦理可以相互长入。在这种相互长入中,既有对唯美主义的反抗,又有对生命意义的承诺。在这种相互长入中,伦理可以充实文学艺术的内容,文学艺术可以彰显伦理的力量,这无疑是一种相互开显、相互支持、相互吸纳。作为文学作品的《一千零一夜》《悲惨世界》,既是情感的故事,又是道德召唤的故事,更是情感复苏的伦理故事。看过《红字》的读者都会欣赏白兰对爱的执着并被她对道德的忠诚所感动,以至于白兰成为灵魂受过洗礼的人心目中的道德新标尺。《德伯家的苔丝》以"一个纯洁的女人"作为副标题,则鲜明地表明了哈代作为文学家具有的伦理情怀。陀思妥耶夫斯基是艺术家中的思想家,他的小说堪称思想小说,其小说作品中的主要人物都是冥思苦想的人,每个人都心怀一种伟大的但却没有解决的思想。他的作品展示了灵魂的生活和道德的主题,呈现了各种价值之间无法避免的矛盾和冲突,是对道德问题做出的最为执着的反

---

① [英]休谟:《道德原则研究》,曾晓平译,商务印书馆,2017年版,第124-125页。

思。在作品中,作者、读者和作品中的人物不断进行道德对话,各自做出伦理抉择和道德取舍。约翰·密尔直言不讳地说:"道德不是科学,而是艺术。"① 艾耶尔说:"我们对伦理学陈述所说的一切,以后将被发现只要加以必要的变动,也可以适用于美学陈述。"② 在文学艺术日益成为一种形式上的消遣、道德日益成为一种空洞的说教的情形下,强调文学艺术与伦理相互长入,不仅表明文学艺术要长入伦理,而且伦理也要长入文学艺术。每当文学艺术感化性的力量与伦理激励性的力量相结合,便会出现持久的积极效果。

二、宗教与伦理

人可以有世俗生活的要求,但人之为人不能没有崇高的理想与信仰。信仰应该被视为某种植根于人类生存的精神结构本身之中的东西。没有信仰,人就会沉溺于世俗之流中,成为行尸走肉。凭着信仰的光辉,心灵才能自觉认同高尚,有局限的人才能获得自我超越的精神动力。信仰可以充实人的生命,让人拥有道德的生活。卢梭说过,没有信念,就没有真正的美德。③ 信仰在道德中起决定作用,伦理的理念只有被信仰、被确信,才能

---

① [英]约翰·斯图尔特·密尔:《精神科学的逻辑》,李涤非译,浙江大学出版社,2009年版,第136页。

② [英]艾耶尔:《语言、真理与逻辑》,尹大贻译,上海译文出版社,1981年版,第116页。

③ [法]卢梭:《爱弥尔》下卷,李平沤译,商务印书馆,1978年版,第454页。

成为绝对命令和良心呼唤。路德甚至认为,如果人的善行不是出于信仰,人就不是善人。真正的信仰,必然导致善。道德上的善恶完全取决于人的内心行动,而动机又由是否有信仰所决定,不计利害的信仰产生真正的道德。宗教信仰者认为,单凭信仰就可摆脱罪恶、死亡和魔鬼的诱惑,求得真正的自由和道德上的完善。道德的最高理想——对人的灵魂的终极关怀——必然导致宗教的信仰。中世纪基督宗教最重要的代表奥古斯丁提出了伦理方面的"七主德"——信仰、仁爱、希望、节制、审慎、公正、坚毅,其中信仰居于首位。信仰是宗教的本质,是宗教的一切。托克维尔说:"人要是没有信仰,就必然受人奴役,而要想有自由,就必须信奉宗教。"① 宗教是向善的,是一种内心的本能或气质,其戒律着力于人的"道德之心"。黑格尔说:"宗教所涉及的与其说是行动本身,毋宁说是人的心情,是心的天国。"② 艾略特说:"宗教的概念仍然是内在的约束——宗教并不是诉诸一个人的行为,而是要打动他的灵魂。"③ 根据赵林的理解:"按照自然神论的观点,上帝已经把普遍的道德法则印在我们的心灵之中,正如他已经把普遍的理性规律赋予了自然界一样。我们只须向内心中去发掘这些先天的道德良知,就可以成为一个虔诚而善良的基督徒。"④ 基督宗教特别强调,借着神的恩典和信靠基督的

---

① [法]托克维尔:《论美国的民主》下卷,董果良译,商务印书馆,2017年版,第590页。
② [德]黑格尔:《美学》第1卷,朱光潜译,商务印书馆,1979年版,第298页。
③ [英]托斯·艾略特:《艾略特文学论文集》,李赋宁译注,百花洲文艺出版社,1994年版,第206页。
④ 赵林:《基督教与西方文化》,商务印书馆,2013年版,第341页。

信心,以及圣灵的内住,信徒得到守全律法的内在动力和能力,从而去遵守上帝的律法和人类应有的伦理道德准则。基督宗教认为真正的善在于内心的虔信,在于动机的纯正。正如《新约·马太福音》第 5 章第 28 节所说:"凡看见妇女就动邪念的,这人心里已经与她犯奸淫了。"这虽是一种圣徒式的道德观,然而却是一种崇高的道德境界。它把善从外在行为归诸内心动机,使道德成为心中的一种信仰,从而有了摄住人心的力量。显而易见,伦理与宗教非常相通。

宗教与伦理的相通性直接体现在所有宗教都有积极的道德戒律。正是这些道德戒律的存在,使得伦理与宗教具有很强的融通性。宗教戒律通过建立管理秩序而对人的罪性进行补救,有助于人类在堕落状态中维系基本和平与生存,引导人人悔改并彼此相爱,以便控制人的放荡,建构与调控社会秩序。[①] 佛教的"十戒"是佛门四众弟子必须遵守的基本戒,其中不杀生、不偷盗、不邪淫、不妄语等都具有道德意涵。伊斯兰教的经典《古兰经》及"圣训"中包含很多对穆斯林的价值指引以及戒律,其中严禁作伪证、严禁诬告、严禁诽谤、严禁谗言、严禁猜忌、禁止赌博、禁止占卜、禁止重利盘剥、禁止商业欺骗等均表达了道德要求。"摩西十诫"是犹太教、基督宗教所有宗派共同遵守的基本戒律,其中孝敬父母,禁止杀人,严禁奸淫,不可偷盗,不可作伪证,不可贪恋人的房屋、妻子、仆婢、牛驴和其他的一切等都体现出了

---

① 林季杉、赵婷:《宗教·伦理·法律》,载《长江大学学报(社会科学版)》2017年第 40 卷第 1 期。

强有力的道德规范。有学者指出:"正是由于宗教信奉作为赏善罚恶之正义主宰的神的存在,规定了灵魂不灭、因果报应、天堂地狱、来世报偿等教义信条,这才促使世人去恶向善,并为人们的道德行为提供了神圣的保证,为社会伦理秩序的稳定和道德的净化奠定了可靠的基础。"①

宗教与伦理的相通性突出体现在宗教涵养甚至能够提升道德。从某种意义上说,宗教为世俗的道德实践提供价值基准。伦理的基本观念包含着宗教的元素,如伦理所主张的平等观念既然不能得到经验证实,便只能归入超验理念或宗教信仰的世界。伦理所追求的公正、友爱等理念与宗教观念彼此之间存在竞合,伦理所推举的良心自由、对公权力的道德限制等观念也都极大地受惠于宗教之精神。基督宗教对于西方伦理思想的产生和发展起到了重要的启示、示范和推动作用,西方伦理思想就像是世俗的伦理,与以《圣经》为基础的宗教文化存在着千丝万缕的联系,不理解基督宗教的核心理念就不能真正理解西方道德哲学。西方道德哲学中的公正、自由、节制、仁爱等思想都是从基督宗教观念中来获取养分的。施密特说:"基督宗教的价值观在很大程度上为个人的自由和权利奠定了基础。"②瑞斯特说:"上帝不但是道德发挥作用的必要条件,而且不能从有关道德基

---

① 吕大吉:《宗教学通论新编》下卷,中国社会科学出版社,1998年版,第753-754页。
② [美]阿尔文·施密特:《基督教对文明的影响》,汪晓丹、赵巍译,北京大学出版社,2004年版,第240页。

础和道德命令的讨论中被排除掉。"①于是,我们发现,爱尔维修一方面批判宗教道德,另一方面又希望建立一种"世界宗教",意图通过这种"世界宗教"来了解人的各种道德愿望,即了解人对社会应尽的各种义务,了解维持社会秩序的各种办法以及最好的立法,以便为健全的道德奠定基础。此外,斯宾诺莎一方面猛烈地批判传统伦理,另一方面又相信人们的幸福和自由应全都寄托在一种对神的持久的、永恒的爱上,人应当把一切归结到神。斯宾诺莎说:"心灵的最高的善是对神的知识,心灵的最高的德性是认识神。"他又说:"我们的一切行为唯以神的意志为依归,我们愈益知神,我们的行为愈益完善,那么我们参与神性也愈多。所以这个学说不仅足以使心灵随处恬静,且足以指示我们至善或最高幸福唯在于知神,且唯有知神方足以引导我们一切行为都以仁爱和真诚为准。由此可以明白看见,那些希望上帝对于他们的道德、善行,以及艰苦服役,有所表彰与酬劳的人,其去道德的真正价值未免太远,他们好象认为道德和忠诚事神本身并不是至乐和最高自由似的。"②费尔巴哈的伦理学也要求否定基督宗教,但最后他还是把伦理学的希望寄托在"爱的宗教"的基础之上。

不仅如此,如果伦理学的使命就是建立起人的神庙,建立起精神的崇高性,那么,伦理就必然走向宗教,道德就可以进行宗

---

① [加]约翰·M.瑞斯特:《真正的伦理学——重审道德之基础》,向玉乔等译,中国人民大学出版社,2012年版,第282页。

② [荷]斯宾诺莎:《伦理学》,贺麟译,商务印书馆,1997年版,第189页、第94-95页。

教救赎,因为宗教可以引导我们走向精神的崇高。其实,宗教追求灵性的完善,且宗教中包含了道德律令,原始的宗教戒律和禁忌是道德产生的资源。早期的道德戒律是以原始宗教禁忌的形式出现的,有了宗教的支持,伦理更容易获得其神圣性精神力量。很早的时候,柏拉图就把最真实的东西称为理念,并指出最高的理念就是善的理念即神。此后的亚里士多德则在其伦理学中明确主张,有似于神的思辨生活是最幸福的。成为道德的人不仅是成为理性的人,更重要的是如同《旧约》所说的"变得和神一样"。在《圣经》看来,公义地审辨善恶是上帝的最高智慧,人没有能力完全公义地审辨善恶,上帝全知全能,是道德的真理,并为道德立法。德性来自上帝,只有上帝才是幸福和德性的源泉和前提。人只有投入上帝的怀抱,才能克服恶、达到善。寻求道德的善,避免道德的恶,不能没有上帝的救助。善的最高存在形式就是心中的上帝,道德生活的根据在于(精)神性的崇高。良心就是上帝的声音,神谕就是宇宙的道德律。真正的道德规则就是神的戒律,没有比上帝的戒律更为合理的了,善和正当就是以上帝的戒律来定义的。弗兰克说:"如果没有上帝,那么遵从道德要求就毫无意义可言,因为道德要求本身是不具备任何内部的、合理的权威性的。"① 瑞斯特指出:"在无神论的世界中不仅不存在道德基础,而且,即使我们能建立这样的基础……我们仍然不能道德地生活,因为我们发现自己处在不统一的分离

---

① [俄]弗兰克:《社会的精神基础》,王永译,生活·读书·新知三联书店,2003年版,第17页。

状态中,最终需要(在一个绝对不可能让人满意的无神论世界里)上帝的帮助、上帝的命令以及上帝能够使我们在认识真正的善方面得到统一的恩泽。"① 当代著名宗教学者汉斯·昆指出:"宗教(作为一种包罗万象意义的表现、最高的价值观、无条件的义务感)是实现人性的最好先决条件:无论在哪里,人如果想要凭借无条件的和普遍的义务感实现人性,那里都一定恰恰有宗教(这是最好的标准)。"② 因此,应该拥有把道德律看作一部绝对的或神圣的法典的敬畏之心。正是在这个意义上,卡西尔断言,宗教是我们最高道德理想的符号表达形式。

现实世界是没有至善的,至善确实是一个彼岸的崇高理想,只有在超感性的世界才能解决至善的问题,只有依靠信仰的力量才能达到最高的境界。如果在这个宇宙里没有劝善惩恶的大主宰者,那么我们的道德就会变得毫无意义,因而必须"假设"作为道德维持者的神的存在。离开了宗教就没有道德,道德问题最后会变成一个宗教问题。宗教总是与道德保持一种张力,这种张力是一种"向上"的联系,因此,服从宗教是最高的善。为了维护这种"向上"的联系,道德就必然走向宗教化,这就是瑞斯特所说的:"只要道德的存在有意义,那么它的作用和保罗读犹太教法典一样:它让我们认识到了我们何以不能履行自己的道德愿望。用传统的话说,如果道德要发挥作用,上帝必须是导致我

---

① [加]约翰·M.瑞斯特:《真正的伦理学——重审道德之基础》,向玉乔等译,中国人民大学出版社,2012年版,第285页。
② [瑞士]汉斯·昆:《什么是真正的宗教——论普世宗教的标准》,刘小枫主编《二十世纪西方宗教哲学文选》,上海三联书店,1991年版,第30页。

们道德生活的最终有效原因。"①在某种程度上可以说,如果法律是道德的底线或下线,那么宗教则是道德的上线。在《单纯理性限度内的宗教》第一版序言中康德指出:道德就本身而言是自足的,不需要宗教和上帝,但它不可避免地要导致宗教。在康德看来,事实世界与价值世界是分裂的,追求感性幸福的行为往往存在背离道德的诱惑,而严格按照道德要求行事的人又往往缺乏感性幸福,于是,必然会产生德性与幸福的矛盾,这就是实践理性的二律背反。那么,是否存在德性与幸福的统一? 至善作为圆满的善、完全的善,就是德性与幸福的统一。至善不是一种经验概念的综合,而是体现德性和幸福的先验综合。如何达到这种统一,康德指出,在尘世中,在现实的、有限的理性存在者那里,要达到作为无限的、绝对总体的至善理想完全是不现实的,至善的可能条件只能从先验的认识原理中去寻找,至善是纯粹理性在实践运用上的理想,必须借助某种超自然的力量,而不可能进行经验论证。康德认为,至善在现象界只能是被追寻的目标,并不能真正地实现,要想让它真正成为可能,必须把它与无限遥远的超感觉世界相联系才能获得。为此,康德在意志自由、灵魂不朽之外,提出了上帝存在的"公设"。康德认为,上帝可以成为德性与幸福相统一的根据和保证。意志自由和灵魂不朽的"公设"着眼点在于至善的第一个要素——道德的实现上,第三个"公设"指向至善的第二个要素——与德性相一致的幸福的可

---

① [加]约翰·M. 瑞斯特:《真正的伦理学——重审道德之基础》,向玉乔等译,中国人民大学出版社,2012年版,第278页。

能性上。至善的理想要求自由(德性)与自然(幸福)正确地联系在一起,就不能不设想一个能统摄自由与自然、德性与幸福这两者的最高原因,这个最高原因就是神。假设神的存在,是道德的义务性的必要。康德解释说,这个"公设"只是主观的,即神的存在不能客观地加以说明,它只是道德法则的义务性对至善的追求的需要,是人基于至善追求的合情合理的想象。康德认为,道德的完善必然导致宗教信仰,神的存在是道德主体和认识主体相契合的要求。人类的道德心通往宗教,通往道德伦理,通往伦理神学,这是对上帝存在的道德证明。只有设定一个上帝,人类的道德素质才有归宿和着落。不过,康德的上帝建立在道德律之上,他力图通过理性来重建我们的宗教信仰:不是你信仰上帝你就会有道德,而是你有道德你才会信仰上帝;不是用《圣经》来解释道德,而是用道德来解释《圣经》。人的能力不足以使人们追求幸福的权利与他们的义务达成一致,人的道德生活若要获得保障与满足,就必须设定全能的上帝的存在。康德说:"道德学就其本义来讲并不是教人怎样求谋幸福的学说,乃是教人怎样才配享幸福的学说。只有加上宗教之后,我们才能希望有一天依照自己努力修德的程度来分享幸福。"① 上帝不是我们道德行为的根据(心中的道德律才是道德行为的根据),但却是保证我们的道德行为能够在另一个世界配享幸福的根据,此后我们不用到外部世界中去寻找上帝的身影,只需面对自己的良心就

---

① [德]康德:《实践理性批判》,关文运译,商务印书馆,1960年版,第132页。

会发现上帝的存在。每个人都可以从自己的内心世界感受上帝的存在。这样一来,上帝被康德曲折地给予了道德证明。①

文德尔班公开承认他的普遍价值就是康德作为最高道德原则的绝对命令或良心,也就是上帝的绝对意志。新托马斯主义者马里坦认为,人的活动的最高目的和人生的意义就是趋向最高的善,而只有基督宗教能给人带来超验世界中的绝对幸福,绝对幸福实际上就是占有最高实在的善,就是信仰上帝。什么是善,什么是恶,什么是正当,什么是不正当等,归根结底还是要从上帝身上寻找根据,只有上帝才永久地规定了道德律的内容,只有依靠信仰才能遵循神的戒律而达到最高的善,实现最高的美德。事实上,最高的道德法则是神的永恒法则。按照克尔凯郭尔的说法,宗教是最崇高的,人类需要宗教就像需要爱一样,道德的生活只有走向宗教的生活才是人生的最终的完成。弗兰克说:"本质的道德就是上帝在我们心中,我们在上帝心中,道德不是法则,不是仅仅完成超验的上帝的意志,而是具体的生活,是真实的实体因素,内在于我们的存在中,没有这种有意识或无意识地融于我们的本质深处的神赐生活,没有这种我们人类本质的神人基础,就没有道德生活,没有一种基础来形成、联合并完善我们的生活,同时创造出社会生活。"②

需要特别讨论的是,在西方也有另外一种声音,那就是把宗

---

① 戴茂堂:《西方伦理学》,湖北人民出版社,2002年版,第251页。
② [俄]弗兰克:《社会的精神基础》,王永译,生活·读书·新知三联书店,2003年版,第102页。

教与道德理解为相互反对的关系。如霍尔巴赫就公开指出:"在一切国家中,宗教远没有促进道德反而动摇了和消灭了道德。"①萨特要求把上帝、神等从他的伦理学中清除出去,上帝不存在,意味着统一的伦理道德规范与善恶标准都不存在,只有自己可以救自己。他认为,人的意义、人的价值是由人自己的自由行动来证明、来决定的,人只有在不断选择中才能证明自己的存在、创造自己的人生。萨特认为,价值的唯一基础是人的自由,人的真正本性就是人的自由,善或恶只能是人自己造成的特性。在自由选择中没有善恶标准。没有上帝,没有神灵,没有先天的善或价值,没有现成的为上帝或类似上帝的权威所支持的戒律,人就找不出任何托词或理由来为自己的不当行为进行辩解,或者推卸责任给社会或别人,唯有自己承担起责任的重负。萨特心中渴望的英雄就是那种勇敢地承担起自由选择责任的人,如他的剧本《苍蝇》中的主人公俄瑞斯忒斯那样的人。萨特的信仰就是自由,他通过信仰自由而拒绝了对上帝的信仰,然而他也不过是把自由当成了上帝。

相比之下,对于中国人来说,肯定宗教并把宗教与伦理相关联更是一个不小的难题。在中国人眼里,宗教是一个很奇怪的词语,宗教伦理更是显得有些隔阂。中国人是务实的民族,喜欢把一切都放在实用理性和经世致用的天平上加以衡量和处理,具有强烈的入世精神。这种实用主义的态度使得中国人非常执

---

① [法]霍尔巴赫:《自然的体系》下卷,管士滨译,商务印书馆,1977年版,第200页。

着于此生此世的现实人生，没有什么来世拯救或灵魂不朽的观念，不朽就在此生的世间功业文章中，不朽就在变易不居的人世中。因此，不需要抛弃世俗生活而把自己交托于上帝，去另外追求灵魂的超度、精神的安慰和理想的世界。根据儒家的说法，人与天是可以通约的，人可以受命于天而自居为天命，进而像天一样主宰一切。既然如此，就无须宗教了。总体而言，中国人对鬼神和彼岸世界多抱着将信将疑或置之不论的态度，而把主要注意力放在现实生活中，放在世俗人伦方面。庄禅即使厌恶现实世界，追求虚无寂灭，也依然透露出对人生、生命的情趣与肯定。道家讲了许多超脱的话，骨子里却有对现实人生的深深眷恋和爱护。而在孔子看来，不需要超凡入圣的佛菩萨的指引，却同样可以具有自我牺牲的献身精神和拯救世界的道德理想。孔子没有把人的情感心理引向外在的崇拜对象，而是把它内化在以亲子关系为核心的世间关系中，把一种宗教性神秘性的东西变成人情日用之常。正因为肯定了日常世俗生活的合理性和身心需求的正当性，它也就避免了另行建立伦理信仰大厦。儒家的"道"是一条达到最高理想境界的世俗道路（"道在伦常日用之中"）。作为中国本土宗教的道教，渐渐脱离了道家老庄思想的初衷，把黄帝、老子神化，把"清净无为"变成了养生修仙，成为一种现世的、贵生的世俗宗教，其信仰目标并非到彼岸做尊神，道士们修炼内丹外丹术，目的只有一个，即长生不老。中国文化在理论上、思想上很超脱，但在行为上却很实际、很功利，表现出对伦常日用的深深眷恋。自百家争鸣以降的两千余年，中国思想家一直围绕着天人关系、历史之变、心性、治乱、道德等问题展开争论，而较少表现出神学性的终极关怀，以致儒学变成了处世术，道学变成了养生术，儒道释合流变成了统治术。中国人的精神归宿不在现实之上，而在现实之中，不是要超越现实，而是要适应现实，一切都实用化、世俗化了，很少有超越性的信念和形而上的追求，因此，中国人的心理难以容纳严格意义上的宗教。这种伦理化宗教具有宗教伦理的形式，而无宗教伦理的实质。①因此，在中国学术界凸显宗教与伦理的张力具有特殊的意义。

三、艺术与宗教

如果说信仰是宗教与伦理的契合点，情感是伦理与文艺的契合点，那么超越构成了宗教与文艺的契合点。人是一个有限的存在，首先呈现于人面前的感性的东西都是有限的，而人自身作为一种物质存在必有一死更是其有限性最显明的体现。但人不同于一般动物之处就在于其不甘心停止于有限的范围之内，总想超越有限，总在向往无限。人的自我实现的过程就是一个由有限向无限扩展的过程，在这里，超越是相对于时间性、世俗性而言的，表达的是人的存在的不确定性，人总要不断地突破自己对于存在的时间性、有限性的期望。人处于时间之流中，处于时间与永恒的冲突中，这是一种特定的处境。人因为处于时间

---

① 罗金远、戴茂堂：《伦理学讲座》，人民出版社，2012年版，第199-210页。

之中，所以没有永恒，而人不同于世间万物，又渴望超越时间，以求永恒。只要我们承认人的时间性和世俗性，就无法拒绝超越。正是由于有限性的约束与不完善的纠缠，人才会要求自己不断地突破任何当下环境设置的特定舞台，而走向超越之境。在所有生物中，只有人对自身的生存有一种不满足感，有说"不"的勇气，总希望人生无限可能。人虽然处于事实性中，但人的超越性使自身处于追求自由的无限可能性中。人生的超越性正是人与永恒"打交道"的一种精神通道，它通向自由，使人总是前瞻性地生存着。超越性把人同自然客体区别开来，从而彰显出人与世俗生活之间的某种对立，并显示出人的存在的开放性和自由性。

当生命在时间上的有限性成为无可回避的事实时，人们便寄希望于借助信仰来充实自己的生命，为生命寻找精神上的依托和意义，给生命的继续存在提供无限的向度。精神性的信仰让人们不甘平庸，时时刻刻对自己进行磨砺，激励自己抛弃世俗、告别有限、寻找无限。每个人都希望给生活和世界找到确定的依据和解释，而宗教足以提出这样一种永恒的超越信念。永恒是人的唯一期望，也正是宗教的力量。宗教源于人在时间上的有限性和对永恒的渴求，最终意味着摆脱时间走向永恒的努力。有限的个体在宗教信仰的深处可以领会到无限，如果没有宗教之维，人就不能超越时间，永恒就遥遥无期。没有永恒，人就不需要任何理想、任何目标，从而被有限性所窒息，在庸庸碌碌中消磨一生，随时间之流而逝去。宗教说到底就是要实现灵魂对现实的超越，宗教的超越性把人从时间性的桎梏中解脱出来，向往永恒和无限，从而达到一种形而上的高度。

在某种意义上，宗教的超越性可以解释为是对彼岸世界与此岸世界之间的巨大裂痕的自觉意识与勇敢承担，企图人为地使彼岸世界与此岸世界拉平、重合，只会抹去宗教的神圣性。人既是有限的（具有此岸性），又是无限的（具有彼岸理想）。此岸的人渴望无限，而无限又不可能在此岸世界中获得，所以人只有在某种超验的理想感召下不断地以自我否定的姿态实现自己的无限性。这样一来，人生注定充满悲剧色彩。正是这种悲剧色彩不断地超越人类各种已有的现实状态，超越肤浅的功利主义和享乐主义，推动着人类文明不停地追求那美丽的可望而不可即的崇高理想。有限与无限、此岸与彼岸的张力与紧张使人处于精神的煎熬过程中，也注定了人生的无法逃匿的悲剧性。悲剧性不同于悲惨性。基督宗教是受难之宗教，但这一宗教在让人面对苦难时却唤醒了人的价值感，给人以充分发挥生命力的余地。悲剧性以自身的苦难反衬出生命的光亮，折射出生命的壮美。宗教的悲剧类似于普罗米修斯的苦难、俄狄浦斯的流浪、苔丝狄蒙娜或考狄利娅之死，就像永不间歇地推动着历史这块沉重巨石的西西弗斯一样，越是奋斗，就越显现出强烈的悲剧性。所以，一个坚定的超越者注定是孤独的。克尔凯郭尔作为一个"超越的骑士"曾经表示，他死后唯一的希望就是在他的墓碑上刻上："那孤独个体"。

说到悲剧，自然会说到文学。文学意义上的悲剧并非仅指生命的苦难与毁灭，更重要的是在面对无法避免的苦难与死亡来临时，人所秉持的敢于抗争的态度和勇于超越的精神。其实，悲剧最吸引人的地方也正在于此。倘若一个人被苦难、不幸和灾祸压倒了，从此一蹶不振，那也就没有悲剧了。正如朱光潜所言："对悲剧说来紧要的不仅是巨大的痛苦，而且是对待痛苦的方式。没有对灾难的反抗，也就没有悲剧。引起我们快感的不是灾难，而是反抗。"①悲剧所表现的是人的痛苦和不幸，其悲之甚，其惨之烈，都足以引起观赏者巨大的痛感。悲剧审美的痛感却能起到将某种负情绪转化为积极的正情绪的作用，因为人们在欣赏悲剧的过程中，尽管可能由于紧张的精神活动而导致筋疲力尽，但在悲剧表演结束之后，人们往往"会感到生命力更加旺盛，双目炯炯发光，步伐轻松有力"，甚至"感到一种崇高的昂扬之气，言谈之中语气肯定，坚强有力，他整个的心情都大为高涨"②，因此，悲剧引起的美感是"甜蜜的痛苦"和"悦人的忧伤"。在欣赏悲剧的过程中，欣赏者与主人公同呼吸、共命运，感受着狂风暴雨般的生命灾难，为英雄们的遭遇扼腕叹息，同时又被他们不屈的意志所折服，进而使自己汲取满腔的激情，拥有了不可战胜的力量，并使灵魂达到了前所未有的高度。

悲剧作品暗示了危险，但又不是真正的危险。悲剧感是一种由对对象的恐惧而产生的痛感转化为由肯定主体的尊严而产生的快感，是把对象本身的巨大力量转移到和扩张到自己身上

---

① 朱光潜：《悲剧心理学》，人民文学出版社，1983年版，第206页。
② ［德］古斯塔夫·弗莱塔克：《论戏剧情节》，张玉书译，上海译文出版社，1981年版，第72页。

来所产生的自豪感和胜利感。在对象面前,人感到自身的渺小,于是奋起直追,从而提升了自身的精神境界,并唤起自信与自尊。对象给了人茫茫无定、浩浩无际、渺渺无限的观念,当人的无限感被对象的无限所激活时,就有了去超越一切有限事物的勇气。对象力量的巨大和数量的众多压倒不了人内心的自由,反而激起振奋人心的力量。悲剧作品往往会去描写一个人在面对躲不开的世界边缘时,始终保持着热情、持久奋斗的精神。而这种奋斗精神指向的是永无实现之日的无限和永难确定的不确定性,需要的是义无反顾的热情与冒险,需要的是面对不确定性时的坚强和毅力。在这种持久的抗争与冒险中,人超越自己的懒散、怯弱,从而不断上升。

我们还可以借助于作为人的典型的审美活动的文艺进一步说明这种超越性。文艺不是对有限事物的简单模仿,而是以有限表现无限、言说无限,或者说,就是超越有限,使有限的事物获得完全真实的存在,就是通过感性的具体物(有限物)写出具有普遍性的典型(无限物)。按照当代美学的理解,文艺就是要通过在场的东西显现不在场的东西,从而显现当前在场物背后所深藏的无限关联。就是要由现成的有限的存在出发,通过想象,引发和表现一个意蕴无穷的新世界,从而让我们在有限的人生中去追寻无限。海德格尔以凡·高的《农鞋》为例,指出这幅画之所以具有魅力,在于它超越了有限,不是对农鞋这个有限物本身的复写,而是凝聚、显现了与农鞋相关联的无限画面,如农夫在寒风凛冽中艰辛的步履,对面包的渴望,在死神面前的战栗等。加达默尔说:"艺术一般来说并在某种普遍的意义上给存在带来某种形象性的扩充。语词和绘画并不是单纯的模仿性说明,而是让它们所表现的东西作为该物所是的东西完全地存在。"①在张世英看来,艺术的这种扩充就是超越人生的有限,达到人与周围事物合一,与宇宙万物"一气流通"。人在这种"一气流通"中忘了一切限制,获得了永生,变成了无限。张世英说:"艺术的本质就是以无限的观点看事物。艺术乃是以有限的事物显现无限,以有限言说无限。……真正的艺术品只能是把原型当作一个跳板,艺术家由此有限的跳板跳进宇宙无限关联的深渊中去,从而也让鉴赏者'听到无底深渊的声音'(德里达语),或者也可以说,让宇宙的无限关联通过艺术品而闪现在鉴赏者面前。艺术品的表现之本质在于'无底深渊'的闪现,而不在于有限的原型是如何。换言之,艺术品不在于指向某有限之物,而在于它的表现本身就具有自足自主的权利。这自足自主的权利相对于有限的原型来说是自足自主的,但又有其自身的来源,即来源于唯一宇宙的无限性。"②

人毕竟是一种有灵性的生命,不可能长久地生活在一种无美感的精神荒漠中,人需要艺术的生活正如需要物质的生活一样。对于人类来说,天国理想的真实含义并不在于它最终是否能奇迹般地在大地上实现,而在于它所产生的对人类美好生活

---

① [德]汉斯-格奥尔格·加达默尔:《真理与方法——哲学诠释学的基本特征》,洪汉鼎译,商务印书馆2011年版,第206页。
② 张世英:《哲学导论》,北京大学出版社,2008年版,第154-155页。

的鼓舞力量和感召作用。对天国的信仰实际上是人类对于一种更美好的生活前景的企盼。对于宗教来说,艺术的存在只是标志出人的生活的另一种更好的样态,在这种样态中,人超越了自身的有限性和局限性,而体验到一种超凡脱俗的美妙而神性的生活。叔本华认为,在宗教那里,特别是在佛教那里,不是以理智外在地剖析事物,而是凭直觉内在地融合事物,由此人生进入最高境界。卡莱尔曾经说过:"一代又一代的文学家组成了永恒的教会团体,他们教导人们,上帝依然在他们生活之中;不论我们在世界上看到什么'显现',都只不过是'世界的神圣观念'的外衣,是'存在于显现基础中的东西'的外观。因而在真正精通文学的人中间,总是存在一种也许不是由世界做出的、但却得到人们承认的信条:他是世界之光;是世界的牧师;在世界消耗时光的幽暗的朝圣途中,像一柱神圣的火炬引导着世界。"① 西田几多郎说:"正如不懂得数理的人,无论怎样也不能从深远的数理得到任何知识,不懂得美的人,无论看怎样美妙的名画也不能使他受到任何感动一样,平凡而浅薄的人总认为神的存在似乎是空想,并且感到似乎没有任何意义,从而把宗教等看作是无用的。想认识真正的神的人,必须相应地锻炼自己,使自己具有能够认识神的眼光。这样的人便能作为直接经验的事实感到,在整个宇宙中有神的力量,像名画中的画家精神那样在活跃

---

① [英]托马斯·卡莱尔:《论历史上的英雄、英雄崇拜和英雄业绩》,周祖达译,商务印书馆,2010年版,第187页。

着。"①这都说出了宗教与文艺的融通性。

西方学术界有"宗教是艺术的摇篮"或者"艺术起源于宗教"等说法，在西方文学艺术史上，杰出的宗教文艺作品层出不穷。但现代诗歌之父艾略特指出，如果"宗教文学"或"宗教艺术"要实现其更高的意义的话，那它应该是一种不自觉地、无意识地表现宗教思想感情达成了"一种默契"的文学艺术，而不是一种故意地和挑战性地为宗教辩护的文学艺术。② 这就表明，宗教与文艺的结合虽是高难度的，但若完美结合就可以产生旷世杰作。

例如，自基督宗教成为罗马国教的一千多年来，从格里高利圣咏里的《末日经》到亨德尔的《弥赛亚》，从巴赫的《马太受难曲》到贝多芬的《庄严弥撒》、斯特拉文斯基的《诗篇交响曲》，作曲家们试图以神圣音乐的语言与上帝对话，赞美上帝的光辉与荣耀。这些作品都可以称为旷世杰作，可以说，基督信仰是欧洲古典音乐的灵魂，基督宗教音乐史几乎等同于欧洲音乐史，莫扎特、亨德尔、巴赫、贝多芬、海顿、门德尔松等大师级音乐家都是敬虔的基督信徒，甚至为数不少的音乐家一度担任过大教堂的专职乐师，而这些大师及其创作的圣乐成果也是后来的世俗音乐领域难以攀越的一座座的高峰。音乐较之其他艺术形式，更能在超越性上实现与宗教的契合。音乐的神秘性和宗教的神秘

---

① ［日］西田几多郎：《善的研究》，何倩译，商务印书馆，2017年版，第85页。
② 参见［英］托斯·艾略特：《宗教和文学》，转引自李赋宁译注：《艾略特文学论文集》，百花洲文艺出版社，1994年版，第242页。

性是很契合的,人们发现,许多音乐家都是"如有神助"的、具有与生俱来的音乐天赋的天才,例如莫扎特、肖邦等,他们的创作被自身源源不断、取之不尽的灵感所充满。斯宾格勒在《西方的没落》中直接指出,西方音乐是宗教信仰的产物。

概而言之,宗教是艺术的摇篮,宗教的超验性造就、保护并提升了艺术的纯粹性,具有超越性的艺术之美展现并丰富了宗教信仰的形式与内涵。鉴于宗教与道德伦理的深刻联系,我们可以说:人类历史上最杰出的宗教艺术作品往往就是最优秀的艺术作品,而这样的艺术作品普遍具有感化、教化、净化人类心灵、提升人类道德伦理境界的强大作用。诗人荷尔德林说:"美,人性的美,神性的美,她的第一个孩子是艺术。……美养育的第二个女儿是宗教。宗教就是爱的美。智者爱宗教自身,爱这个无限的、包罗万象的宗教。"①美可以提升宗教意蕴,在美之中,真和善得以更天衣无缝地统一。荷尔德林、谢林和黑格尔在《德国唯心主义最古老的系统纲领》(1794)中声明:"我确信,理性的最高行动,也就是那个含纳所有思想的行动,是一种审美的行动,而真和善只有统一于美的时候才成为姐妹。"②真、善、美,或者说信、望、爱,达到了高度的和谐统一,三者结合所创造的艺术品,无疑将成为我们所推崇的"感受真理和表达真理的中介与综合体"。我们将在这样的艺术之中看到所有根本性话语(宗教、

---

① 转引自刘小枫主编:《人类困境中的审美精神——哲人、诗人论美文选》,东方出版社,1994年版,第89页。

② Friedrich Wilhelm Joseph Schelling. System of Transcendental Individual, trans. Peter Heath, Charlottesville: University Press of Virginia, 1978, p. 231.

哲学、美学、诗学、伦理学等），看到人类意识活动的丰富性，以及正在进行中的容纳个体独特性的人类整体性的有效构建。

第二节——
艺术让美学成为美学自身

一、"爱的自我感的丧失"与美学的缪斯原则

正如"哲学是什么"与"什么是哲学"并不是同一个问题，"美学是什么"与"什么是美学"也不是同一个问题。"美学是什么"关注的是美学的抽象本质，"什么是美学"则更关注美学的开放性和可能性。本书主要站在后者的角度探讨问题。德勒兹在一次访谈中说："哲学史在哲学上行使着明显的镇压职能，这就是狭义的哲学的俄狄浦斯：'只要你没读过这个或那个，没读过关于这个的那个和关于那个的这个，你就不敢以你的名义讲话。'……我非常喜欢反哲学史理性传统的哲学著作者……后来我读了尼采的著作，他使我抛弃了这一切……它使你产生一种反常的爱好（无论马克思还是弗洛伊德，全都与之相反，从不曾使任何人产生这样的爱好）。这种爱好就是个人以个人的名义说出简单的东西，凭感受、激动、经验、实验讲话。以个人的名义说出简单的

东西,这太稀奇了。因为并不是当人们将自己视为一个自我,一个个人或一个个体的时候,人们才以个人的名义讲话。相反,在经历过严重的自我感丧失之后,当个人倾心于贯穿其整个身心的多样性和强烈感觉时,他才获得真正的个人名义。这个名义,作为对一种强烈感觉的多样性的即时感知,构成了哲学史所造成的自我感丧失的对立面。哲学史所造成的这种自我感的丧失,是一种爱的自我感的丧失,而非服从的自我感的丧失。"[1]尼采开创了新的哲学和哲学史的书写方式,为德勒兹等后来的哲学家所欣赏和追随。德勒兹认为哲学应该作为一种强烈的对"多样性的即时感知",哲学尤其是美学不应该失去"爱的自我感"。哲学是爱智慧,不能只追求智慧而忘记了爱智慧,美学是爱美的智慧,不能因为追求美而忘记了爱美。

阿甘本在《什么是哲学》一文中说:"今天的哲学只能作为对音乐的重构才是可能的……艺术家和哲学家必须同心协力,携手并进……如果我们将思想作为每一次试图接近词语的缪斯原则的经验时敞开的空间,那么,今天我们需要面对的就是思考的不可能。如果按照汉娜·阿伦特的说法,思想与打破句子和声音的无意义流动的能力相一致,那么打破这种流动,让其回到缪斯性的位置,这就是今天哲学的终极任务。"[2]当然,更是美学的终极任务。

---

[1] [法]吉尔·德勒兹:《在哲学与艺术之间——德勒兹访谈录》,刘汉全译,上海人民出版社,2020年版,第6-8页。
[2] [意]吉奥乔·阿甘本:《什么是哲学》,蓝江译,上海社会科学院出版社,2019年版,第186页。

什么是阿甘本说的"思想作为每一次试图接近词语的缪斯原则的经验时敞开的空间"？什么是"词语的缪斯原则的经验"？为什么说思想是一种"敞开的空间"？思想"接近词语的缪斯原则的经验"会敞开什么样的空间？缪斯原则，简单说就是向物、向人、向世界，尤其是向生活世界全面敞开的原则。人们常常认为艺术是在模仿现实，或者是通过模仿现实时空来打造艺术时空，而阿多诺认为"现实在一种微妙的意义上应该模仿艺术作品，而不是艺术作品来模仿现实"①。艺术品的现实性是为可能者的可能性而创造的，因此，我们看到作为形而上学的艺术事实上一直在产生，艺术与哲学的界限是可以在关注可能者的可能性（也就是全面敞开）上被打通的。关注可能者的可能性的哲学与艺术一样，能够实现对"多样性的即时感知"，重拾"爱的自我感"，并以个体的名义发声：这样的哲学美学是理性的，也是感性的；是经验的，也是超验的；是认识，也是实践；是当下，也是历史；是过去，也是未来；是差异，也是重复；是个性，也是普遍性；是断裂，也是延续；是瞬间，也是永恒；是虚构，也是真相；是想象，也是局部的真理。

二、"出发再涌回"实际生活经验

海德格尔认为实际生活经验不仅是哲学的出发点，也应该

---

① ［德］阿多诺：《美学理论》，王柯平译，四川人民出版社，1998年版，第231页。

是美学的出发点，并且应该成为美学的目标，然而，"至今哲学家恰好一直致力于把实际生活经验当作自明的次要之物加以弃置，尽管哲学刚好就是从实际生活经验发源的，并通过一种——当然完全是本质性的——转向又重新涌回其中"①。当然，海德格尔说实际生活经验不等同于一般意义的经验，他的实际生活经验指的是："(1)经验着的活动；(2)由这个活动所经验到的东西。"②艺术就是实际生活经验的一种，既是经验着的活动，又是由这个活动所经验到的东西。从艺术出发的美学是回归实际生活经验的美学，是海德格尔认为的真哲学，是有血有肉的、开放的、活动的、行动的、不断生成的美学。

为什么需要一种"活的哲学""活的美学"？近现代以来，叔本华、克尔凯郭尔、尼采、弗洛伊德、海德格尔、德里达等思想家共同宣告了一种哲学的"死亡"，这种"死亡"如同尼采所说的"上帝已死"的"哲学已死"。正如尼采所说的"上帝已死"是概念的"上帝已死"，"哲学已死""美学已死"即"概念主义"、抛弃生活的"旧哲学已死""旧美学已死"。与此同时，新哲学、新美学正在生成。哲学成为活的哲学，美学成为涌动的美学，与生活、生命息息相关。对于思想者来说，人是生活的人，世界之美是生生不息的世界之美。"在《存在与时间》中，海德格尔事实上在描述现象

---

① 海德格尔：《宗教生活现象学》，欧东明、张振华译，商务印书馆，2018年版，第15页。
② 海德格尔：《宗教生活现象学》，欧东明、张振华译，商务印书馆，2018年版，第9页。

学意义上人在生活世界的种种境遇。"①

在柏拉图的"理想国"那里,哲学高于艺术,哲学家是王,艺术家则被扫地出门。这种思想对后世哲学发展的影响巨大。直到叔本华之后,哲学与艺术的关系似乎才逐渐缓和起来,出现了一大批令人尊敬的艺术哲学家、美学家,例如尼采、萨特、德里达等,还出现了各式各样引人注目的诗化哲学。西方现代美学从西方现代文学艺术那里吸取了大量的养分,获取了大量的灵感。现代哲学美学和现代艺术几乎同时呈现出生活化的特征,所谓哲学美学生活化,不是哲学美学等同于生活,而是指哲学美学变得有生气、有活力、有生命力。这样的美学愿意从发掘生活中的美出发,又回到生活本身,愿意从人出发,又回到人本身,成为围绕"如何生活得更好""如何成为更美好的人""如何构建更美好的世界"等问题展开的行动的美学,成为具有源源不断的生长力的哲学美学。正如列维纳斯说:"存在不过是生活的对应物。"②

以往的哲学美学喜欢以各种方式解释美,但问题在于解释之后的世界依然不是很美。正如马克思说哲学的关键是如何改变世界,阿尔都塞也曾经将哲学假定为:首先,"哲学不是一种理论,而是一种独立的活动,一种在思想中进行区分的思考",其次,"哲学没有对象。……哲学是一种行为,其效果严格来说是

---

① 尚杰:《如何提哲学问题》,转引自先锋哲学微信公众号。
② Levinas, The Theory of Intuition of Husserl's Phenomenology, Northwest University Press, 1973, p. 92.

内在的"①。两位思想家的说法其实充满了新哲学的智慧,哲学家应该去改变世界,哲学家的改变世界当然不同于政治家、革命家的改变世界,哲学家帮助人们"沉浸""沉醉"于世界之美好,或者说"爱上世界"。新哲学美学家要向艺术家学习,去观察世界、爱世界、享受世界、表达世界,因为以艺术家的眼光来看,每一天、世界的每一个角落、每一个人、每个物种,都是崭新的、独特的、有趣的、沐浴光芒的、开放的、有无限可能性的、多样的、可塑的,而最重要的则是审美的,可以被各种情感、感受填满的,可以直观的、被爱充盈的,可以用色彩、线条、思想、设计再次塑造和表达的,值得希望、渴望和盼望的,欣喜地去期待、拥抱、迎接与融入的。

三、哲学美学与追寻真理的多重路径

真理是伟大的自知无知者持之以恒地追寻、却难以达到且最大的可能也仅仅是无限接近的目标。我们需要警惕自称"绝对真理"持有者所声称的一切,也要警惕善恶不分的相对主义。如果说,哲学主要尝试以思想揭示真理,那么艺术主要尝试以想象力通达真理。揭示和通达这两种路径是不同的:揭示是一种

---

① 参见[法]巴迪欧:《阿尔都塞:没有主体的主体性》,转引自张一兵编《社会批判理论纪事》第五辑,蓝江译,江苏人民出版社,2013年版。

传统的形而上学的思路,过于依赖理性①,似乎更直接,逻辑更清晰、更绝对,但缺乏温度与灵活性;通达则更倾向于融通、可感受、可触及,是迂回的到达。哲学美学则处在两者之间,或者说兼具两者的优点。

有观点认为,"艺术的本质是现实生活的反映与真实再现","艺术美的本质在典型,而艺术的本质在于反映与再现现实"②。其实,艺术的真不等于现实的真实,艺术的真在欣赏之中得以激活,在想象之中得以传达。对于艺术来说,真理性首先就是被想象力把握到的、深刻的、具有穿透力的意象/异象,被感受力捕捉到的一种生生不息的生命力,除此之外,别无其他。艺术的真理性尤其感通于后现代哲学的真理观,即真理性不是唯一的,乃是"多",真理"不断建构""不断生成",同时又"不断解构"和"重构"的。也就是说真理性不是通过揭示、证明出来的,乃是源源不断生成的。传统哲学美学过于关注确定性、可分析性、可言说性和普遍必然性层面,而原初知觉的鲜活性、易逝性、模糊性和杂多性则被忽略了,这些往往又是艺术和诗歌所关注的。在艺术想象力的统领之下,哲学美学一旦向艺术的虚构、象征、想象、直觉、意象、激情、情境性、身体性敞开,便如同被注入无限活力,并且哲学美学一旦在艺术的启发下学会重视原初知觉的鲜活性、

---

① 叶秀山先生指出:"传统的形而上学——将超越经验范围的问题当作经验以内的问题来处理,固是理性的'越权'行为。"参见《叶秀山全集》第九卷,江苏人民出版社,2019年,第401页。

② 《美学论丛》编辑部编:《蔡仪美学思想研究》,中国展望出版社,1986年版,第62-63页。

易逝性、模糊性和杂多性,就能避免"哲学因僵化而遮蔽真理"。因此,柏格森说"真相就是我们永不止息地变化"①,"哲学从确定性结束的地方开始"②。

胡塞尔曾经说过:"在完美的肖像的例子中,这个肖像完美地表现了一个人的全部。事实上,即使我们观看并没能达到完美的肖像,我们也会感觉到好像肖像之中的人就在我们的面前。肖像之中人的原型,从属于另外一个与图像对象完全不同的序列。现实中的人运动、说话;但肖像之中的人是静止的、沉默的形象。"③想象活动超越传统美学所确定和追求的真实性,拒绝以理性主义或经验主义验证真理的方式加以检验,具有"非修正性"(non-corrigibility)。想象活动的"非修正性"归缘于想象仅仅是想象者的表象,仅仅相关于想象者自身,不存在外在于想象活动自身的领域,也没有任何可以与想象性表象相比较的东西,在现实之中无法找到和想象对象相符合的经验对应物,想象对象永远无法被证实。当代美国著名现象学家凯西在《意向——一个现象学的研究》中认为:"我们应该把想象活动的独断性态度叫作纯推断(sheer supposal)或自娱自乐(self-entertainment),以及通过这种种态度而被设定的独断论特征,即纯粹可能性。纯推断和纯粹可能性这两个要素在每一个想象

---

① Henri Bergson, Creative Evolution, trans. ArthurMitchell, New York: Macmillan, 1998, p. 2.
② Henri Bergson. La pensée et le mouveant, PUF, 1955, p. 136.
③ Phantasy Husserl. Image Consciousness, and Memory (1898-1925). trans. John Brough. Collected Words Vol. XI. Springer, 2005, p. 33.

活动的经验中都是相互吻合的。去想象就是去推断某事,作为纯粹可能性的某个对象、某个事件或某个事态。这种纯粹可能性的自娱自乐不能被理解为是对经验性的现实的否定活动。"①

想象力的真理性在于想象力自身并不需要任何外部性确证,它就是人的精神自由的表现,是人与世界本真性关系的发生之所。这正是哲学所要揭示的人类生存活动的整体的基本特征。海德格尔存在主义哲学相信,艺术就是一种可以让人类生存活动得以澄明和显现的新的追问方式。海德格尔说:"美乃是作为无蔽的真理的一种现身方式。"②尼采哲学的核心是将美、美感和艺术的本性理解为陶醉即人的生命力的丰盈和剩余。他的哲学以生命即存在来反对理性,使艺术成为人生的出口和生存活动的直接表达。狄尔泰哲学解释学的核心概念是体验,艺术就是生命的体验和表达;加达默尔则认为,因为艺术是人的自我理解的基本形态,所以艺术也属于解释学。解释学一方面用理解转换了传统的理性,另一方面使理解特别是艺术审美经验成为人的存在的揭示。巴迪欧甚至认为艺术不是哲学美学的对象,而是哲学美学的条件,他说:"通过非美学,我想提出一种艺术与哲学的关系,艺术自身就是真理的生产者,这意味着艺术无论如何都不是哲学的对象,与美学思辨相反,非美学描绘了一些

---

① Edward S. Casey. Imagining: A Phenomenological Study, Bloomington and Indianapolis: Indiana University Press, 2000, p. 112.
② [德]马丁·海德格尔:《艺术作品的本源》,孙周兴译,载《林中路》,上海译文出版社,1997年版,第40页。

艺术作品的独立存在所产生的严格的内哲学的效果。"①也就是说,巴迪欧认为艺术自身作为真理的生产者,并不是哲学美学的对象,其内在是哲学的,同时也就是哲学本身。

四、走向艺术之美学,塑造艺术的真理性

阿甘本回到缪斯原则的哲学,是思想出于自身的审美化,即走向艺术之哲学美学、开启另类时空之哲学、不断创新之哲学、使现实来模仿的有生命的哲学。我们不难发现20世纪伟大的文学大师普鲁斯特深受哲学家柏格森的"绵延"(duration)学说的影响,其代表作《追忆似水年华》所传递出来的思想也与德里达的"延异"(différance)学说相呼应。柏格森的"绵延"、德里达的"延异"和《追忆似水年华》开启了另类的时空,不可以用绝对时间概念和绝对空间概念去阅读《追忆似水年华》,就如同不可以用绝对时间概念和绝对空间概念去理解"绵延"和"延异",而是要在时间里进入空间,在空间里进入时间,时空本身就是交错的。换句话说,走向艺术的哲学美学与走向哲学的艺术一样,在随时变化着的场景、情节、事件及其痕迹之中不断生成,又彼此塑造、再生成。

艺术与哲学具有内在的亲和性。"但这是不同之物的亲和性。艺术品的标志是'模仿与合理性的辩证造型',它们包含未

---

① Alain Badiou. Petit Manuel D'inesthétique, Paris: Seuil, 1998, p. 7.

被概念所僵化的认识,因为它们关联模仿与表达。这种认识潜力首先呈现给概念性反思。'艺术品的真理性内涵就是一个个别者的秘密的客观绽露,它绽露之时便指明了真理,而这只能靠哲学反思来获得。'反思,即思维及其媒介、概念,始终都以'被思之物,非概念之物,非同一之物'为前提。这一点,反思始终不能忘记。"①走向艺术的哲学美学可以塑造艺术,具体而言,首先,哲学可以赋予艺术"普遍性",从而弥补艺术家有时候过于自我陶醉、孤芳自赏,艺术作品有时候过于"异类"的缺陷,在一定程度上帮助当代艺术避免陷入公共性缺失的危机。其次,哲学可以有效避免艺术沦为某种意义的拜物主义。最后,哲学使当代艺术脱离具象的束缚,越来越走向抽象,或者说走向"形而上学",尽管这样的走向未必是最好的艺术发展方向,但却是势不可挡的一种趋势。当人们看不懂抽象艺术时,或许可以读一点哲学。

阿多诺认为:"哲学和艺术在真理性内容上是有一致见地的。艺术作品那逐渐展开的真理性恰恰就是哲学概念的真理性……真理性内容并非是艺术作品所显示出的意义,而是决定作品是真是假的准则。"②当然,"艺术在渴望成为自然之映像的程度上,所再现的则是'非在'或'无'的真理性(the truth of non being)。艺术意识到它存在一种非同一的异样事物中(其工具

---

① [德]施威蓬豪依塞尔:《阿多诺》,鲁路译,中国人民大学出版社,2008年版,第82页。
② [德]阿多诺:《美学理论》,王柯平译,四川人民出版社,1998年版,第228页。

性的、假定同一性的理由转化为一种物质,并被称之为自然)。该异样事物并非某个统一性概念,而是一个多样性概念,因为艺术中的真理性内容也是一个多样性而非抽象或一般性概念"①。这与哲学是一致的。"哲学尝试着考察一切事物,并从拯救的立场出发来展示自身。"②事物拥有自身的内涵,意味着这样一种哲学:"不以任何模式为准的对象的多样性纷纷涌现出来,或者说哲学正在搜寻这种多样性;哲学真正沉浸于多样性中,不是将多样性当作镜子,从中再度解读出自身来,不是将自身的映象与具体之物混淆起来。哲学无非就是以概念反思为中介的、完整的、未经删减的经验。"③

走向艺术的哲学美学使哲学更能成为哲学自身,美学更能成为美学自身。走向艺术之哲学美学与艺术一样,关注的是更整全的人性,或者说是复杂的生命性。走向艺术之哲学美学不仅关注人的理性,也关注人的非理性;不仅关注人的悟性,也关注人的感性/情感性,甚至追踪人的情绪;不仅关注人的意识,也关注人的无意识和潜意识;不仅关注人的认识,也关注人的感知;不仅关注人的意志力,也关注人的软弱性;不仅关注人的精神性,也关注人的身体性/欲望;不仅关注人的道德性,也关注人

---

① [德]阿多诺:《美学理论》,王柯平译,四川人民出版社,1998年版,第230页。
② [德]施威蓬豪依塞尔:《阿多诺》,鲁路译,中国人民大学出版社,2008年版,第79页。
③ Theodor W. Adorno. Gesammelte Schriften, hrsg. von Rolf Tiedermannunter Mitwirkung von Gretel Adorno, Susan Buck-Morssu. KlausScultz, Framkfurt, 1997, p. 62.

的信仰/灵性；不仅关注人的社会性，也关注人的个体性。受艺术的影响，哲学美学不仅关注人之为人的所有活泼的性质，而且关注这些性质之间的相互作用与深层次的彼此生成、互相冲突、互相渗透、交错变化的复杂关系，这些性质其实就是一种活生生的生命性。

哲学美学与艺术具有内在的亲和性与有待挖掘的互补性：哲学美学需要艺术，因为哲学美学需要向艺术学习敞开，面向人本身、生命本身、事实本身、物本身、世界本身；艺术也尤为需要哲学美学，因为艺术要借助哲学美学来弥补其任意性的缺陷，开启其抽象的认识与表达形式。哲学美学追求美的真理和表述美的真理，一旦哲学美学走向艺术，哲学美学就会反过来塑造艺术，使之成为真正的艺术或者说成为"真理性"的艺术，使艺术品更好地成为感受真理和表达真理的中介与综合体。

参考文献

[1] [阿根廷]博尔赫斯.博尔赫斯全集·散文卷(上)[M].王永年,等译.杭州:浙江文艺出版社,1999.

[2] [奥地利]维特根斯坦.维特根斯坦全集[M].江怡,译.石家庄:河北教育出版社,2002.

[3] [德]施莱尔马赫.论宗教[M].邓安庆,译.北京:人民出版社,2011.

[4] [德]李秋零.康德书信百封[M].上海:上海人民出版社,2006.

[5] [德]H.李凯尔特.文化科学和自然科学[M].涂纪亮,译.

北京:商务印书馆,1986.

[6] [德]阿多诺.美学理论[M].王柯平,译.成都:四川人民出版社,1998.

[7] [德]奥特,奥托编.信仰的回答——系统神学五十题[M].李秋零,译.香港:香港道风书社,2005.

[8] [德]费尔巴哈.费尔巴哈哲学著作选集:下卷[M].北京:商务印书馆,1984.

[9] [德]费希特.伦理学体系[M].梁志学,李理,译.北京:商务印书馆,2010.

[10] [德]汉斯-格奥尔格·加达默尔.真理与方法——哲学诠释学的基本特征:上卷[M].上海:上海译文出版社,2004.

[11] [德]古斯塔夫·弗莱塔克.论戏剧情节[M].张玉书,译.上海:上海译文出版社,1981.

[12] [德]海德格尔.存在与时间[M].陈嘉映,王庆节,译.北京:生活·读书·新知三联书店,1987.

[13] [德]海德格尔.海德格尔诗学文集[M].成穷,余虹,作虹译.武汉:华中师范大学出版社,1992.

[14] [德]海德格尔.林中路[M].孙周兴,译,上海:上海译文出版社,1997.

[15] [德]黑格尔.精神现象学:上卷[M].贺麟,王玖兴,译.北京:商务印书馆,1979.

[16] [德]黑格尔.精神哲学[M].杨祖陶,译.北京:人民出版

社,2006.

[17] [德]黑格尔.美学[M].朱光潜,译.北京:商务印书馆,1979.

[18] [德]黑格尔.小逻辑[M].贺麟,译.北京:商务印书馆,1980.

[19] [德]黑格尔.哲学史讲演录:第1卷[M].贺麟,等译.北京:商务印书馆,1959.

[20] [德]埃德蒙德·胡塞尔.欧洲科学危机和超验现象学[M].张庆熊,译.上海:上海译文出版社,1988.

[21] [德]康德.纯粹理性批判[M].邓晓芒,译.北京:人民出版社,2004,

[22] [德]康德.判断力批判[M].邓晓芒,译.北京:人民出版社,2002.

[23] [德]康德.实践理性批判[M].关文运,译.北京:商务印书馆,1960.

[24] [德]立普斯.论移情作用、内模仿和器官感觉[M]//伍蠡甫主编.西方现代文论选.上海:上海译文出版社,1983.

[25] [德]洛采.论美的概念[J].张灯,译.当代中国价值观研究,2017(6).

[26] [德]赫伯特·马尔库塞.爱欲与文明——对弗洛依德思想的哲学探讨[M].黄勇,薛民,译.上海:上海译文出版社,1987.

[27] 中共中央马克思恩格斯列宁斯大林著作编译局.马克思

恩格斯全集[M].北京:人民出版社,1979.

[28] 中共中央马克思恩格斯列宁斯大林著作编译局.马克思恩格斯选集[M].北京:人民出版社,1995.

[29] [德]马克思.1844年经济学—哲学手稿[M].北京:人民出版社,1979.

[30] 马克思.1844年经济学哲学手稿[M].北京:人民出版社,1985.

[31] 马克思.1844年经济学哲学手稿[M].北京:人民出版社,2000.

[32] [德]玛克斯·德索.美学与艺术理论[M].兰金仁,译.北京:中国社会科学出版社,1987.

[33] [德]尼采.悲剧的诞生——尼采美学文选[M].周国平,译.北京:生活·读书·新知三联书店,1986.

[34] [德]舍勒.价值的颠覆[M].罗悌伦,等译.北京:生活·读书·新知三联书店,1997.

[35] [德]舍勒.伦理学中的形式主义与质料的价值伦理学——为一种伦理学人格主义奠基的新尝试[M].倪梁康,译.北京:商务印书馆,2011.

[36] [德]舍勒.舍勒选集:下卷[M].上海:上海三联书店,1999.

[37] [德]施威蓬豪依塞尔.阿多诺[M].鲁路,译.北京:中国人民大学出版社,2008.

[38] [德]席勒.审美教育书简(第27封信)[M].冯至,范大

灿,译.北京:北京大学出版社,1985.

[39] [俄]别尔嘉耶夫.美是自由的呼吸[M].济南:山东友谊出版社,2005.

[40] [俄]别尔嘉耶夫.自由精神哲学——基督教难题及其辩护[M].石衡潭,译.上海:上海三联书店,2009.

[41] [俄]弗兰克.人与世界的割裂[M].济南:山东友谊出版社,2005.

[42] [俄]弗兰克.社会的精神基础[M].王永,译.北京:生活·读书·新知三联书店,2003.

[43] [俄]陀思妥耶夫斯基.卡拉马佐夫兄弟[M].耿济之,译.南京:译林出版社,2012.

[44] 张一兵.社会批判理论纪事:第五辑[M].蓝江,译.南京:江苏人民出版社,2013.

[45] [法]埃蒂安·巴利巴尔.马克思的哲学[M].王吉会,译.北京:中国人民大学出版社,2007.

[46] [法]巴什拉.水与梦——论物质的想象[M].顾嘉琛,译.长沙:岳麓书社,2005.

[47] [法]霍尔巴赫.自然的体系:下卷[M].管士滨,译.北京:商务印书馆,1977.

[48] [法]吉尔·德勒兹.在哲学与艺术之间——德勒兹访谈录[M].刘汉全,译.上海:上海人民出版社,2020.

[49] [法]加缪.西西弗的神话[M].杜小真,译.北京:生活·读书·新知三联书店,1987.

[50] [法]卢梭.爱弥尔:下卷[M].李平沤,译.北京:商务印书馆,1978.

[51] [法]米盖尔·杜夫海纳.美学与哲学[M].孙非,译.北京:中国社会科学出版社,1985.

[52] [法]皮埃尔.象征主义艺术[M].狄玉明,江振霄,译.北京:人民美术出版社,1988.

[53] [法]萨特.存在与虚无[M].陈宣良,等译.北京:生活·读书·新知三联书店,1997.

[54] [法]萨特.萨特小说选[M].郑永慧,译.西安:西安交通大学出版社,2015.

[55] [法]托克威尔.论美国的民主:下卷[M].北京:商务印书馆,1994.

[56] [法]雅克·德里达.一种疯狂守护着思想[M].何佩群,译.上海:上海人民出版社,1997.

[57] [法]雅克·马利坦.艺术与诗中的创造性直觉[M].刘有元,罗选民,等译.北京:生活·读书·新知三联书店,1991.

[58] [古希腊]柏拉图.理想国[M].郭斌和,张竹明,译.北京:商务印书馆,1986.

[59] [古希腊]柏拉图.文艺对话集[M].北京:人民文学出版社,1963.

[60] [古希腊]亚里士多德.亚里士多德选集——形而上学卷[M].北京:中国人民大学出版社,2000.

[61] [荷]斯宾诺莎.伦理学[M].贺麟,译.北京:商务印书馆,1997.

[62] [加拿大]谢大卫.圣书的子民——基督教的特质和文本传统[M].李毅,译.北京:中国人民大学出版社,2005.

[63] [加拿大]瑞斯特.真正的伦理学——重审道德之基础[M].向玉乔,等译.北京:中国人民大学出版社,2012.

[64] [美]哈灵顿.艺术与社会理论[M].周计武,等译.南京:南京大学出版社,2010.

[65] [美]奥尔曼.异化:马克思论资本主义社会中人的概念[M].王贵贤,译.北京:北京师范大学出版社,2011.

[66] [美]奥尔森.基督教神学思想史[M].吴瑞诚,徐成德,译.北京大学出版社,2003.

[67] [美]狄克森.短篇小说写作指南[M].朱纯深,译.沈阳:辽宁教育出版社,1998.

[68] [美]多迈尔.主体性的黄昏[M].万俊人,译.桂林:广西师范大学出版社,2013.

[69] [美]约翰·贝拉米·福斯特.生态危机与资本主义[M].耿建新,等译.上海:上海译文出版社,2006.

[70] [美]汉娜·阿伦特.人的境况[M].王寅丽,译.上海:上海人民出版社,2009.

[71] [美]吉尔伯特,[德]库恩.美学史[M].夏乾丰,译.上海:上海译文出版社,1989.

[72] [美]雷内·韦勒克.现代文学批评史:第5卷[M].杨自

伍,译.上海:上海译文出版社,2002.

[73] [美]理查德·加纳罗,特尔玛·阿特休勒.艺术:让人成为人[M].舒予,吴珊,译.北京:北京大学出版社,2012.

[74] [美]帕克.美学原理[M].张今,译.南宁:广西人民出版社,2001.

[75] [美]乔治·桑塔耶纳.美感——美学大纲[M].缪灵珠,译.北京:中国社会科学出版社,1982.

[76] [美]阿尔文·施密特.基督教对文明的影响[M].汪晓丹,赵巍,等译.上海:上海人民出版社,2013.

[77] [美]韦勒克.近代文学批评史:第5卷[M].杨自伍,译.上海:上海译文出版社,2002.

[78] [美]尼尔·唐纳德·沃尔什.与神对话[M].李维宏,译.上海:上海书店,2009.

[79] [美]约翰·克罗·兰色姆.新批评[M].王腊宝,张哲,译.南京:江苏教育出版社,2006.

[80] [日]今道有信.东西方哲学美学比较[M].李心峰,等译.北京:中国人民大学出版社,1991.

[81] [日]西田几多郎.善的研究[M].何倩,译.北京:商务印书馆,2017.

[82] [英]艾略特.四个四重奏[M].裘小龙,译.桂林:漓江出版社,1985.

[83] [苏]托尔斯泰.艺术论[M].丰陈宝,译.北京:人民文学出版社,1958.

[84] [匈牙利]卢卡奇.历史与阶级意识——关于马克思主义辩证法的研究[M].杜章智,任立,燕宏远,译.北京:商务印书馆,1992.

[85] [意]吉奥乔·阿甘本.什么是哲学[M].蓝江,译.上海:上海社会科学院出版社,2019.

[86] [意]克罗齐.美学原理·美学纲要[M].朱光潜,译.北京:外国文学出版社,1987.

[87] [意]维科.新科学[M].朱光潜,译.北京:商务印书馆,1997.

[88] [英]T.S.艾略特.艾略特诗学文集[M].王恩衷,编译.北京:国际文化出版公司,1989.

[89] [英]托·斯·艾略特.艾略特文学论文集[M].李赋宁,译.南昌:百花洲文艺出版社,1994.

[90] [英]艾略特.诗的效用与批评的效用——关于英国诗与批评的研究[M].杜国清,译.台北:台北纯文学出版公司,1972.

[91] [英]艾耶尔.语言、真理与逻辑[M].尹大贻,译.上海:上海译文出版社,1981.

[92] [英]鲍桑葵.美学史[M].张今,译.北京:商务印书馆,1985.

[93] [英]彼得·阿克罗伊德.艾略特传[M].刘长缨,张筱强,译.北京:国际文化出版公司,1989.

[94] [英]彼得·琼斯.意象派诗选[M].裘小龙,译.桂林:漓

江出版社,1986.

[95] 张世英.新黑格尔主义论著选辑[M].北京:商务印书馆,2003.

[96] [英]麦基.思想家——当代哲学的创造者们[M].周穗明,翁寒松,译.北京:生活·读书·新知三联书店,1987.

[97] [英]丹皮尔.科学史[M].李珩,译.北京:商务印书馆,1992.

[98] [英]海伦·加德纳.宗教与文学[M].江先春,沈弘,译.成都:四川人民出版社,1998.

[99] [英]罗素.哲学问题[M].何兆武,译.北京:商务印书馆,2007.

[100] [英]罗素.中国问题[M].秦悦,译.上海:学林出版社,1996.

[101] [英]约翰·斯图尔特·密尔.精神科学的逻辑[M].李涤非,译.杭州:浙江大学出版社,2009.

[102] [英]萨缪尔·亚历山大.艺术、价值与自然[M].韩东辉,张振明,译.北京:华夏出版社,1999.

[103] [英]托马斯·卡莱尔.论历史上的英雄、英雄崇拜和英雄业绩[M].周祖达,译.北京:商务印书馆,2010.

[104] [英]休谟.道德原则研究[M].曾晓平,译.北京:商务印书馆,2017.

[105] [英]亚当·斯密.道德情操论[M].蒋自强,等译.北京:商务印书馆,1997.

[106] [美]门罗·C.比厄斯利.美学史:从古希腊到当代[M].高建平,译.北京:高等教育出版社,2018.

[107] [波]瓦迪斯瓦夫·塔塔尔凯维奇.西方六大美学观念史[M].刘文潭,译.上海:上海译文出版社,2006.

[108] [法]巴尔迪纳·圣吉宏.美学权力[M].骆燕灵,郑乐吟,译.上海:华东师范大学出版社,2022.

[109] [法]夏尔·巴托.归结为同一原理的美的艺术[M].高冀,译.北京:商务印书馆,2022.

[110] 《新建设》编辑部编.美学问题讨论集:第六集[M].北京:作家出版社,1964.

[111] 叶秀山.叶秀山全集:第九卷[M].南京:江苏人民出版社,2019.

[112] [古罗马]奥古斯丁.忏悔录[M].周士良,译.北京:商务印书馆,1963.

[113] [英]希·萨·柏拉威尔.马克思和世界文学[M].梅绍武,等译.北京:生活·读书·新知三联书店,1980.

[114] 北京大学哲学系美学教研室编.西方美学家论美和美感[M].北京:商务印书馆,1980.

[115] 北京大学哲学系外国哲学史教研室编译.古希腊罗马哲学[M].北京:商务印书馆,1982.

[116] [苏]毕达可夫.文艺学引论[M].北京大学中文系文艺理论教研室,译.北京:高等教育出版社,1958.

[117] 蔡仪.美学论著初编:上册[M].上海:上海文艺出版

社,1982.

[118] 蔡仪.美学原理[M].长沙:湖南人民出版社,1985.

[119] 蔡元培.中国伦理学史[M].北京:东方出版社,1996.

[120] 残雪.残雪的文学观点[J].延安文学,2007(4).

[121] 柴惠庭.英国清教[M].上海:上海社会科学院出版社,1994.

[122] 陈鼓应.悲剧哲学家尼采[M].北京:生活·读书·新知三联书店,1987.

[123] 陈庆勋.艾略特诗歌隐喻研究[M].上海:上海人民出版社,2008.

[124] 戴茂堂.超越自然主义的美学革命——康德"审美判断力批判"的现象学解读[J].哲学研究,2007(11):109-115,129.

[125] 戴茂堂.超越自然主义——康德美学的现象学诠释[M].武汉:武汉大学出版社,1998.

[126] 戴茂堂.杜夫海纳论审美对象[J].湖北大学学报(哲学社会科学版),1992(2):83-88.

[127] 戴茂堂.西方伦理学[M].武汉:湖北人民出版社,2002.

[128] 罗金远,戴茂堂.伦理学讲座[M].北京:人民出版社,2012.

[129] 戴茂堂,李家莲.哲学引论[M].北京:人民出版社,2014.

[130] [法]雅克·德里达.马克思的幽灵——债务国家、哀悼

活动和新国际[M].何一,译.北京:中国人民大学出版社,1999.

[131] 邓安庆.美的欣赏与创造[M].长沙:湖南师范大学出版社,1997.

[132] 邓晓芒,易中天.黄与蓝的交响——中西美学比较论[M].北京:作家出版社,2019.

[133] 邓晓芒.康德哲学讲演录[M].南宁:广西人民出版社,2005.

[134] 邓晓芒.康德哲学诸问题[M].北京:生活·读书·新知三联书店,2006.

[135] 邓晓芒.实践唯物论新解:开出现象学之维[M].北京:文津出版社,2019.

[136] 邓晓芒.西方美学史纲[M].武汉:武汉大学出版社,2008.

[137] 邓晓芒.新批判主义[M].武汉:湖北教育出版社,2000.

[138] 邓晓芒.哲学起步[M].北京:商务印书馆,2017.

[139] 杜小真.萨特引论[M].北京:商务印书馆,2007.

[140] 庄子.庄子[M].方勇,译注.北京:中华书局,2010.

[141] 冯契.认识世界和认识自己[M].上海:上海人民出版社,2011.

[142] 高尔太.论美[M].兰州:甘肃人民出版社,1982.

[143] 高尔泰.美是自由的象征[M].北京:人民文学出版社,1986.

[144] [英]哈奇森.论美与德性观念的根源[M].高乐田,等译.杭州:浙江大学出版社,2009.

[145] [德]海德格尔.海德格尔选集(上)[M].上海:上海三联书店,1996.

[146] [德]海德格尔.宗教生活现象学[M].欧东明,张振华,译.北京:商务印书馆,2018.

[147] 何兆武.西方哲学精神[M].北京:清华大学出版社,2002.

[148] [德]黑格尔.美学:第1卷[M].北京:商务印书馆,1979.

[149] 黄晋凯,张秉真,杨恒达.象征主义·意象派[M].北京:中国人民大学出版社,1989.

[150] 李泽厚.李泽厚哲学美学文选[M].长沙:湖南人民出版社,1985.

[151] 李泽厚.美学四讲[M].北京:生活·读书·新知三联书店,2004.

[152] 李泽厚.美学旧作集[M].天津:天津社会科学院出版社,2002.

[153] 李泽厚.美学论集[M].上海:上海文艺出版社,1980.

[154] 李泽厚.哲学纲要[M].北京:北京大学出版社,2011.

[155] [英]理查德·斯坦普.教堂建筑的秘密语言[M].萧萍,译.北京:文化发展出版社,2018.

[156] 梁启超.梁启超全集:第7册[M].北京:北京出版

社,1999.

[157] [法]亨利·列斐伏尔.马克思的社会学[M].谢永康,等译.北京:北京师范大学出版社,2013.

[158] 林季杉,刘灿.康德论艺术:以哲学人类学为视域[J].世界哲学,2019(2):72-79.

[159] 林季杉.中西审美取向之差异与融通[J].哲学研究,2018(9):97-103.

[160] 林语堂.中国人[M].郝志东,沈益弘,译.上海:学林出版社,1994.

[161] 刘放桐.新编现代西方哲学[M].北京:人民出版社,2000.

[162] 刘锋.圣经的文学性诠释与希伯来精神的探求[M].北京:北京大学出版社,2007.

[163] 刘小枫:《沉重的肉身——现代性伦理的叙事纬语[M].上海:上海人民出版社,1999.

[164] 刘小枫.拯救与逍遥[M].上海:上海三联书店,2001.

[165] 刘小枫.二十世纪西方宗教哲学[M].上海:上海三联书店,1991.

[166] 刘燕.现代批评之始:T.S.艾略特诗学研究[M].桂林:广西师范大学出版社,2005.

[167] 吕大吉.宗教学通论新编:下卷[M].北京:中国社会科学出版社,1998.

[168] 彭富春.论大道[M].北京:人民出版社,2020.

[169] 彭富春.论中国的智慧[M].北京:人民出版社,2010.

[170] 彭富春.漫游者说——一个哲学家的心路历程[M].北京:团结出版社,2016.

[171] 彭富春.生命之诗——人类美学或自由美学[M].石家庄:花山文艺出版社,1989.

[172] 彭富春.哲学美学导论[M].北京:人民出版社,2005.

[173] 祁志祥.乐感美学[M].北京:北京大学出版社,2016.

[174] 祁志祥.论美是有价值的乐感对象[J].学习与探索,2017(2).

[175] 钱逊注.论语诵读本[M].北京:中华书局,2011.

[176] 苏联科学院哲学研究所,艺术史研究所编.马克思列宁主义美学原理:上册[M].陆梅林,等译.北京:生活·读书·新知三联书店,1961.

[177] 孙伟平,等.创建"中国价值"——社会主义核心价值体系研究[M].北京:社会科学文献出版社,2015.

[178] [美]特拉亨伯格,海曼.西方建筑史:从远古到后现代[M].王贵祥,等译.北京:机械工业出版社,2011.

[179] 王朝闻.美学概论[M].北京:人民出版社,2005.

[180] 王南湜.追寻哲学的精神:走向实践哲学之路[M].北京:北京师范大学出版社,2006.

[181] 《美学论丛》编辑部.蔡仪美学思想研究[M].北京:中国展望出版社,1986.

[182] 伍蠡甫,胡经之.西方文艺理论名著选编[M].北京:北

京大学出版社,1989.

[183] [瑞士]希格弗莱德·吉迪恩.空间·时间·建筑——一个新传统的成长[M].武汉:华中科技大学出版社,2014.

[184] 刘小枫.人类困境中的审美精神——哲人、诗人论美文选[M].北京:东方出版中心,1994.

[185] 休谟.人性论:下册[M].关文运,译.北京:商务印书馆,1983.

[186] 徐卫翔.超越现代:马利坦对现代世界的批判[M].上海:同济大学出版社,2004.

[187] 杨祖陶.德国古典哲学逻辑进程[M].北京:人民出版社,2016.

[188] 叶朗.胸中之竹——走向现代之中国美学[M].合肥:安徽教育出版社,1998.

[189] 叶秀山.美的哲学[M].北京:北京联合出版公司,2016.

[190] 叶秀山.哲学作为创造性的智慧——叶秀山西方哲学论集(1998—2002)[M].南京:江苏人民出版社,2003.

[191] 张法.美学导论[M].北京:中国人民大学出版社,2001.

[192] 张剑.T.S.Eliot:诗歌和戏剧的解读[M].北京:外语教学与研究出版社,2006.

[193] 张世英.美在自由——中欧美学思想比较研究[M].北京:人民出版社,2012.

[194] 张世英.哲学导论[M].北京:北京大学出版社,2008.

[195] 张世英.中西哲学对话:不同而相通[M].北京:东方出版中心,2020.

[196] 张志扬.渎神的节日[M].上海:上海三联书店,1997.

[197] 赵林.基督教与西方文化[M].北京:商务印书馆,2013.

[198] 赵汀阳.纯粹哲学有多纯粹[J].中国社会科学评价,2019(3):4-12,141.

[199] 赵汀阳.论可能生活——一种关于幸福和公正的理论[M].北京:中国人民大学出版社,2004.

[200] 赵毅衡."新批评"文集[M].天津:百花文艺出版社,2001.

[201] 朱光潜.悲剧心理学[M].北京:人民文学出版社,1983.

[202] 朱光潜.西方美学史[M].北京:人民文学出版社,1979.

[203] 朱雯,等.文学中的自然主义[M].上海:上海文艺出版社,1992.

[204] 庄威.散漫的严格:一种私人现象学的形成[M].北京:中央编译出版社,2014.

[205] Alain Badiou. Petit Manuel D'inesthétique[M]. Paris:Seuil, 1998.

[206] Barry Spurr. Anglo-Catholic in Religion:T. S. Eliot and Christianity[M].[s. l.]. 2010.

[207] Bosanquet. A History of Aesthetic [M]. London:Swan Sonneschein Co. ,1892.

[208] C. K. Stead. The New Poetic:From Yeats to Eliot[M].

Pennsylvania: Harper & Row, 1987.

[209] Caroline Behr. T. S. Eliot: A Chronology of His Life and Works[M]. London: Macmillan, 1983.

[210] Charles Side Steinberg. The Aesthetic Theory of St. Thomas Aquinas[J]. The Philosophical Review, 1941 (5).

[211] Edward S. Casey. Imagining: A Phenomenological Study [M]. Bloomington and Indianapolis: Indiana University Press, 2000.

[212] Edward O. Wilson. Consilience: The Unity of Knowledge [M]. New York: Alfred A. Knopf, 1998.

[213] Emmanuel. Levinas, Le temps et l'autre[M]. PUF, 1985.

[214] Essays Ancient and Modern[M]. London: Faber & Faber, 1936.

[215] Karl Schlechta. Friedrich Nietzsche Werke, Bd. III [M]. München: Hanser, 1959.

[216] Friedrich Schleiermacher. Christian Faith [M]. Edinburgh: T. & T. Clark, 1999.

[217] Friedrich Wilhelm Joseph Schelling. System of Transcendental Individual[M]. trans, Peter Heath, Charlottesville: University Press of Virginia, 1978.

[218] George Bornstein. Transformations of Romanticism in Yeats, Eliot and Stevens[M]. Chicago: University of

Chicago Press,1976.

[219] H. Bradley. Ethical Studies [M]. London: Oxford University Press.

[220] Henri Bergson. Creative Evolution[M]. trans. Arthur Mitchell, New York: Macmillan, 1998.

[221] Henri Bergson. La pensée et le mouveant [M]. PUF,1955.

[222] Husserl. Phantasy, Image Consciousness, and Memory (1898-1925)[M]. Trans, John Brough. Collected Words Vol. XI. Springer,2005.

[223] Jacques Maritain. Integral Humanism-temporal and spiritual problems of a new christendom[M]. Trans, Joseph W. Evans, University of Notre Dame Press edition,1973.

[224] Jean-Paul Sartre. L'Etre et le néant [M]. Paris: Gallimard, 1943.

[225] John Salis. Phenomenology and the Return to Beginnings [M]. Pittsburgh: Duquesne University Press,1973.

[226] John Salis. Shades of Panting at the Limit [M]. Bloomington: Indiana University Press, 1998.

[227] John Salis. The Force of Imagination: The Sense of The Elemental[M]. Bloomington: Indiana University Press, 2000.

[228] John Sallis. Delimitations[M]. Bloomington:Indiana University Press, 1995.

[229] Lancelot Andrewes[M]. London:Faber & Faber,1928.

[230] Levinas. The Theory of Intuition of Husserl's Phenomenology[M]. Evanston:Northwest University Press,1973.

[231] Louis Roberts. The Theological Aesthetics of Hans Urs von Balthasar [M]. Washington, D. C.:The Catholic University of America Press,1987.

[232] Mary A. McCloskey. Kant's Aesthetic [M]. London: The Macmillan Press,1987.

[233] Michae Levenson, ed. The Cambridge Companion to Modernism [M]. Cambridge:Cambridge University Press, 1999.

[234] Michel Foucault, Noam Chomsky. Sur la Nature Humaine- Comprendre le pouvoir[M]. Bruxelles, 2006.

[235] Peter Ackroyd. T. S. Eliot:A Life[M]. New York: Simon and Schuster, 1984.

[236] Ronald Tamplin. A Preface to T. S. Eliot[M]. London: Longman,1988.

[237] T. S. Eliot. For Lancelot Andrewes:Essays on Style and Order [M]. London:Faber & Feber,1928.

[238] T. S. Eliot. Selected Prose of T. S. Eliot:Religion and

Literature[M]. London: Feber & Feber,1975.

[239] Schaper. Studies in Kant's Aesthetics [M]. Edinburgh:Edinburgh University Press,1979.

[240] T.S. Eliot. Selected Essays[M]. London: Faber and Faber,1932.

[241] T.S. Eliot. The Idea of a Chritian Society [M]. London: Faber and Faber,1939.

[242] T.S. Eliot. On Conversion [J]. The Listener, 1932 (16).

[243] T.S.Eliot. Selected Essays[M]. London: Faber and Faber Limited, 1951.

[244] T.S. Eliot. Selected Essays [M]. New York: Harcourt, Brace & Jovanovich, 1960.

[245] T.S. Eliot. The Sacred Wood [M]. London: Methuen, 1920.

[246] T.S. Eliot. On Poetry and Poets [M]. New York: Farrar,Straus & Girous,1957.

[247] Hans urs von Balthasar. The Glory of the Lord—A Theological Aesthetics, New York: Seeing the Form, Ignatius Crossroad, 1982.

[248] Valerie Eliot(ed.). The Letters of T. S. Eliot, vol. I [M]. London:Faber&Faber,1988.

[249] William Adams. Aesthetics: Liberating the Senses

[M]// in the Cambridge Companion to Marx, edited by Terrell Carver, Cambridge: Cambridge University Press,1991.

图书在版编目(CIP)数据

美学前沿问题研究/林季杉著. —武汉:华中科技大学出版社,2023.5
(爱智学术文库)
ISBN 978-7-5680-9491-7

Ⅰ.①美… Ⅱ.①林… Ⅲ.①美学-研究 Ⅳ.①B83

中国国家版本馆CIP数据核字(2023)第093061号

美学前沿问题研究

林季杉　著

Meixue Qianyan Wenti Yanjiu

策划编辑：周晓方　杨　玲
责任编辑：唐梦琦
装帧设计：原色设计
责任校对：张汇娟
责任监印：周治超

出版发行：华中科技大学出版社(中国·武汉)　　电话：(027)81321913
　　　　　武汉市东湖新技术开发区华工科技园　　邮编：430223
录　　排：华中科技大学惠友文印中心
印　　刷：湖北恒泰印务有限公司
开　　本：710mm×1000mm　1/16
印　　张：21　插页:2
字　　数：242千字
版　　次：2023年5月第1版第1次印刷
定　　价：168.00元

本书若有印装质量问题，请向出版社营销中心调换
全国免费服务热线：400-6679-118　竭诚为您服务
版权所有　侵权必究